Lección 101 de «*Un curso de milagros*»: perfecta felicidad

Un camino a la alegría

Lección 101 de «*Un curso de milagros*»: perfecta felicidad

Un camino a la alegría

JON MUNDY, Ph. D.

 EL GRANO Ð MOSTAZA

Publicado originalmente en Estados Unidos por Sterling Publishing Co., Inc.
con el título:
Lesson 101: Perfect Hapiness, A Path to Joy from A Course in Miracles
Copyright © 2014 por Jon Mundy

Título en castellano: *Lección 101 de «Un curso de milagros»: perfecta felicidad*
Subtítulo: Un camino a la alegría
Autor: Jon Mundy
Traducción: Miguel Iribarren

Este libro se negoció a través de Ute Körner Literary Agent, S. L.
Barcelona - <www.uklitag.com>.

© 2014 para la edición en España
El Grano de Mostaza

Impreso en España
Depósito Legal: B 21476-2014
ISBN: 978-84-942796-1-4

EDICIONES EL GRANO DE MOSTAZA S. L.
C/ Balmes, 394, ppal. 1ª.
08022 Barcelona, SPAIN

<www.elgranodemostaza.com>.

Este es un libro que habla de esperanza, de nuestro hogar, de la felicidad y del Cielo. Trata sobre la luz, la vida, la risa y el amor. Trata sobre la verdad, la confianza y lo intemporal. Trata sobre Dios, la bondad y la gracia.

Si el Amor Real es posible, si Dios, el Cielo, la Verdad y la Eternidad son Reales, entonces la Perfecta Felicidad no solo es posible, sino que es lo único que existe.

Marianne Williamson, autora de *Volver al amor*

Contenidos

Sobre el *Curso*

La Fundación para la Paz Interior registró *Un curso de milagros* en 1975 y lo publicó el 26 de junio de 1976. Fue transcrito (a través de un proceso de dictado interno) por la doctora Helen Schucman (1909-1981). Helen escribía el *Curso* en taquigrafía. A continuación leía las notas a Bill Thetford (1923-1988), que mecanografiaba lo que ella había anotado. El proceso comenzó en octubre de 1965 y terminó en septiembre de 1972. Helen y Bill eran profesores de la Facultad de Medicina y Cirugía de la Universidad de Columbia, en la ciudad de Nueva York.

El *Curso* está compuesto por un «Libro de Texto», un «Libro de Ejercicios», el «Manual para el maestro» y dos anexos que proceden de la misma fuente que el *Curso*. Son: «Psicoterapia: propósito, proceso y práctica» y «El canto de la oración».

En inglés se han vendido más de dos millones y medio de copias del *Curso*. Ha sido traducido a veintidós idiomas y están en marcha algunas traducciones más. Sumando todas las traducciones, las ventas totales superan los tres millones de volúmenes. El respeto por el *Curso* ha crecido continuamente desde su publicación. Habiendo superado la prueba del tiempo, ahora muchos lo consideran un clásico de la espiritualidad moderna.

Referencias a *Un curso de milagros*

A menos que se indique otra cosa, las citas y paráfrasis de *Un curso de milagros* están tomadas de la tercera edición, publicada por la Fundación para la Paz Interior. La ubicación de las diversas citas y paráfrasis aparece inmediatamente después de la referencia indicando el capítulo, la sección, el párrafo y la frase; como en T-4.III.5:7: «T»significa 'Texto', «4»es el 'capítulo', «III»es la 'sección', «5»es el 'párrafo' y «7»es la 'frase'.

T: hace referencia al «Libro de texto».
L: hace referencia al «Libro de ejercicios».
M: hace referencia al «Manual para el maestro».
C: hace referencia a la «Clarificación de términos».
P: hace referencia a «Psicoterapia: propósito, proceso y práctica».

S: hace referencia a «El canto de la oración».

In: hace referencia a «Introducción».

R: hace referencia a «Revisión».

Aparte de en la introducción, nos vamos a referir a *Un curso de milagros* como el *Curso*.

A menudo pongo frases del *Curso* en negrita para darles énfasis.

El *Curso* raras veces pone una palabra o frase en negrita.

A veces he puesto palabras entre paréntesis dentro de las citas del *Curso* (se añaden para que el lector comprenda a qué se refiere la palabra «ello», o «aquí», etc.).

Las citas de la Biblia están tomadas de la versión Rey Jaime, la versión referenciada dentro del *Curso* y la traducción favorita de la doctora Helen Schucman.

Si después de un poema, rima, aforismo o aliteración no se menciona la fuente, es mío.

PRIMERA PARTE

INTRODUCCIÓN

Si Dios te creó perfecto, eres perfecto.

T-10.IV.1:4

No vives aquí. Estamos tratando de llegar a tu verdadero hogar. Estamos tratando de llegar al lugar donde eres verdaderamente bienvenido. Estamos tratando de llegar a Dios.

L-49.4:5-8

El camino a la felicidad

• Cómo sería vivir sin preocupaciones, problemas, ansiedades ni grandes inquietudes? ¿Cómo sería no albergar resentimientos, no sentirse herido, no emitir juicios? ¿Cómo sería sentirse constantemente en calma, paciente y sereno? ¿Cómo sería experimentar el amor de Dios fluyendo desde nuestros corazones a todos aquellos con los que nos encontramos, en todo momento? ¿Cómo sería no tenerle miedo a la muerte, no sentir limitaciones? ¿Cómo sería saber que no somos un cuerpo? ¿Cómo sería conocer la eternidad? ¿Cómo sería conocer a Dios?

Ningún copo de nieve cae nunca en el lugar equivocado. Todo ocurre *como* debe, *cuando* debe y tal *como* puede. Toparse con *Un curso de milagros* no es un accidente, un tropezón, un error, ni una caída. Nadie está donde está por accidente, y la casualidad no existe en el universo de Dios. Descubrir *Un curso de milagros* es una experiencia auspiciosa y propicia en el camino de autodescubrimiento. Habiendo encontrado el *Curso,* se nos pide que nos enfoquemos consistentemente en él. Se nos pide hacer lo que siempre hemos querido hacer, ser quienes estamos destinados a ser —quienes siempre hemos sido—: seres despiertos, vivos, libres de sueños e ilusiones.

El libro llamado *Un curso de milagros* tiene «algo»: una cualidad diamantina de claridad, brillo, durabilidad y excelencia literaria que solo se halla en las obras más inspiradas del mundo. El *Curso* posee«dignidad», «presencia» y «espíritu». Es poético y profundo. Y no hace concesiones en su afirmación de que el Cielo es nuestro hogar y la voluntad de Dios para nosotros es perfecta felicidad. El *Curso* ofrece una manera completamente nueva de mirar más allá de la loca perspectiva del ego. Contiene una esperanza tremenda para cada uno de nosotros.

Abre el *Curso* en cualquier página, lee un párrafo, o dos, y pronto te preguntarás: «¿Quién ha escrito esto?». No lo ha escrito ningún cuerpo ni ningún «ego». Nos llegó a través de la mente y de las manos de la doctora Helen Schucman. Helen, que era una escriba, no fue la autora. Podríamos decir que lo escribió Jesús como manifestación del Espíritu Santo. Podríamos decir que lo escribió la mente iluminada, o que lo escribió la mente recta. O, puesto que «Dios solo crea mentes despiertas» (L-167.8:1), lo escribiste «tú» antes de que comenzara el tiempo, antes de que nos quedáramos dormidos y nos perdiéramos en un mundo de fantasías.

> *Este manual está dedicado a una enseñanza especial, y dirigido a aquellos maestros que enseñan una forma particular del curso universal. Existen muchas otras formas, todas con el mismo desenlace. Su propósito es simplemente ahorrar tiempo.*
>
> M-1.4:1-3

Una de las cosas que te van a encantar del *Curso* es que no tienes que hacerlo. Existen *muchos miles* de caminos para volver a casa en Dios. *Muchos miles* es un número muy grande. *Muchos miles* significa miles y miles, trillones y trillones. Existen tantos caminos de vuelta a Dios como escisiones de la Mente de Dios, cada una buscando su camino a Casa. Habiendo distintos egos, su deshacimiento adquiere una «forma» distinta para cada uno. Cuanto más claramente nos aproximemos al centro, más clara se hace la luz, y las distintas sendas empiezan a parecerse más a una única y misma senda; todas ellas nos llevan de devuelta a casa en Dios.

Una hueste de místicos, maestros, santos y sabios de distintas épocas y confesiones han dicho lo que dice el *Curso*. Lee las enseñanzas gnósticas, los *sutras* budistas o la cábala, y encontrarás muchas imágenes iguales. Estudia el sistema Vedanta del hinduismo y encontrarás numerosas similitudes. Sin embargo, todas estas obras fueron escritas hace cientos de años, cuando no miles, para un tiempo diferente, para otra era del desarrollo humano.

Lo interesante del *Curso* es que se trata verdaderamente de una obra del siglo XXI. Contiene un nivel de sofisticación psicológica que incorpora y al mismo tiempo trasciende los hallazgos de Sigmund Freud (1856-1939), y otras psicologías profundas. Pero lo más interesante del *Curso* es que «funciona». De manera sutil, ha mejorado las vidas de millones de personas, y sin duda cambiará sutilmente para mejor las vidas de muchos millones más.

> *Este curso ha afirmado explícitamente que su objetivo es tu*
> *felicidad y tu paz.*
>
> T-13.II.7:1

La felicidad es un estado mental, y la felicidad perfecta es perfectamente posible porque *ya es*. Nada que se desee completamente puede ser difícil (T-6.V.B.8:7). El Cielo es la conciencia de la perfecta unicidad (T-18.VI.1:6), y perfecta unicidad = perfecta felicidad.

> *La felicidad es tu naturaleza. No está mal desearla. Lo que es*
> *equivocado es buscarla fuera cuando está dentro.*
>
> Ramana Maharshi (1875-1941), sabio indio

Automejoramiento o autodescubrimiento

Cuando compartí mis ideas para este libro con mi editor, él me expresó su escepticismo diciendo: «Ahí fuera hay muchos libros sobre la felicidad y no estoy seguro de que ninguno de ellos esté ayudando a la gente a ser más feliz». Muchos de los libros sobre la felicidad describen cómo ser más feliz teniendo un cuerpo mejor, un trabajo más seguro, más dinero en el banco y/o mejores relaciones. No hay nada de malo en tener dinero en el banco, buenas relaciones y un cuerpo saludable. Sin embargo:

> *Debes haber notado una descollante característica en todo fin*
> *que el ego haya aceptado como propio. Cuando lo alcanzas te*
> *deja insatisfecho.*
>
> T-8.VIII.2:5-6

> *El mundo que ves es ciertamente despiadado, inestable y cruel,*
> *indiferente en lo que a ti respecta, presto a la venganza y lleno*
> *de odio inclemente. Da únicamente para más tarde quitar, y te*
> *despoja de todo aquello que por un tiempo creíste amar. En él*

no se puede encontrar amor duradero, porque en él no hay amor. Dicho
mundo es el mundo del tiempo, donde a todo le llega su fin.

W-129-2:3-6

Empecemos por algunas premisas básicas.
1. No hay perfección en este mundo.
2. Si tienes un cuerpo, tienes un ego.
3. Si tienes una mente, tienes un espíritu.
4. El Cielo es un estado de perfección. Nunca nos fuimos de Él.
5. El reino del Cielo está en ti.
6. No está en el cuerpo. Está en la mente.
7. El cuerpo es físico. Morirá.
8. La Mente es informe y eterna. Habiendo sido siempre, no puede morir.
9. La función de Dios es la nuestra, y la felicidad no puede hallarse aparte de la Voluntad conjunta que compartimos con Dios. (T-11.V.12:4)

Casi toda la humanidad es más o menos infeliz
porque casi todos desconocen el verdadero Ser.
La felicidad Real solo reside en el Autoconocimiento...
Conocer el propio Ser es ser dichoso siempre.

Ramana Maharshi

La Lección 101: La Voluntad de Dios para mí es perfecta felicidad

En el mundo anglosajón, el número 101 se emplea para designar una clase básica: como Inglés 101, Filosofía 101, o Sociología 101. La «Lección 101» del «Libro de ejercicios» de *Un curso de milagros* dice: «La Voluntad de Dios para mí es perfecta felicidad».

La Voluntad de Dios para ti es perfecta felicidad, toda vez que el
pecado no existe y el sufrimiento no tiene causa. La dicha es justa y
el dolor no es sino señal de que te has equivocado con respecto a ti
mismo. No tengas miedo de la Voluntad de Dios. Por el contrario,
ampárate en ella con la absoluta confianza de que te liberará de todas

> *las consecuencias que el pecado ha forjado en tu febril*
> *imaginación. Di:*
> La Voluntad de Dios para mí es perfecta felicidad.
> El pecado no existe y no tiene consecuencias.
>
> L-101.6:1-7

> *La Expiación es, por lo tanto, la lección perfecta.*
>
> T-3.1.7:8

La lección perfecta

En las próximas páginas vamos a explorar un «proceso» llamado *expiación*. Se trata de un proceso mediante el cual cancelamos el error, «despejamos los obstáculos que impiden experimentar la presencia del Amor» y restauramos a nuestra conciencia la verdad de nuestro ser, alcanzando así la felicidad perfecta. La conciencia de la presencia del Amor es la conciencia de la presencia de Dios. Dios es vida. La Santidad creó vida y tú eres vida.

> *… tu vida no forma parte de nada de lo que ves. Tu vida*
> *tiene lugar más allá del cuerpo y del mundo, más allá de todos*
> *los testigos de lo profano, dentro de lo Santo, y es tan santa*
> *como Ello Mismo. En todo el mundo y en todas las cosas Su*
> *Voz no te hablará más que de tu Creador y de tu Ser, el Cual*
> *es uno con Él.*
>
> L-151.12:1-3

Este mundo es una escuela. El cuerpo es la *herramienta de apren-dizaje* y esto es un *curso* de milagros. Estamos aquí para aprender una lección. Puedo tener cáncer. Es posible que me haya declarado en bancarrota y que esté divorciándome. Es posible que tenga que lidiar con un niño que chilla o con un accidente automovilístico. Yo mismo me he dado estas experiencias, pero no porque sea malo y tenga que ser castigado. Me he dado a mí mismo estas tareas para poder sentirme libre de pecado, culpa, temor, dolor, sufrimiento y de todas las cosas que generan infelicidad. La «Lección 337» del *Curso* nos pide que nos digamos a nosotros mismos:

> *Mi estado solo puede ser uno de felicidad, pues eso es lo único que se me da. ¿Qué debo hacer para saber que todo esto me pertenece? Debo aceptar la expiación para mí mismo, y nada más.*
>
> L-337.1:2-4

El cuerpo es una herramienta de aprendizaje; también es el *hogar elegido* por el ego (T-20.II.4:6) y fácilmente caemos en la trampa de sentirnos limitados por él. Es fácil caer en esta ilusión. Vernos a nosotros mismos como cuerpos no es más que una adicción difícil de superar. Frecuentemente se nos presenta un amplio abanico de placeres y dolores, y la tentación de dejarnos seducir por la comida, la bebida o las drogas está muy extendida. El *Curso* trata de ayudarnos a salir de la historia ilusoria del ego/cuerpo, a salir del tiempo y volver a la eternidad, y así, a la perfecta felicidad. «Perfección»significa 'llegar hasta el final' —volver a casa en Dios—, el único lugar donde se puede estar completamente seguro y ser totalmente libre.

> *¿Por qué esperar al Cielo? Los que buscan la luz están simplemente cubriéndose los ojos. La luz está en ellos. La iluminación es simplemente un reconocimiento, no un cambio.*
>
> L-188.1:1-4

Perfecta felicidad = iluminación. La iluminación es la conciencia de la perfecta unicidad. Lo que está ausente en la iluminación es la dualidad. No hay dualidad en la unicidad. Esta es la razón por la que *primero todas las cosas deben ser perdonadas* (T-30.V.1:6). No puedo ser feliz y al mismo tiempo albergar pensamientos de enfado, agresivos o de ataque. Si tengo este tipo de pensamientos, pongo un obstáculo entre la puerta del Cielo y yo.

> *Cada uno de nosotros es la luz del mundo, y al unir nuestras mentes en esa luz proclamamos el Reino de Dios juntos y cual uno solo.*

T-6.II.13:5

Umeuswe

N o hay *tú y yo*. No hay sujeto y objeto en la perfecta unicidad. Empecé a escribir una historia infantil sobre un niño africano llamado Umeuswe. Umeuswe es todos nosotros combinados. Umeuswe es «tú», «yo» y «nosotros». Aquí solo hay uno de nosotros. Solo hay una Mente. Se nos llama a estar dispuestos a devolver nuestra pequeña mente a la gran Mente, al Pensamiento del Universo (L-52). Volver a la mente de Dios nos conduce a la perfecta felicidad y al alegre «reconocimiento» o «recuerdo» de la unidad, y, por lo tanto, a la experiencia de lo perfecto.

Los sueños felices se vuelven reales no porque sean sueños, sino únicamente porque son felices. Por lo tanto, no pueden sino ser amorosos. Su mensaje es: «Hágase Su Voluntad», y no: «Quiero que sea de otra manera.».

T-18.V.4:1-3

El sueño feliz

E l objetivo del *Curso* es transformar nuestras desdichadas vidas, que a veces se convierten incluso en pesadillas —«los sueños de dolor y sufrimiento»—, en sueños felices. El sueño feliz sigue siendo un sueño, pero en él empezamos a despertar, y así vamos soltando el mundo ilusorio. El sueño feliz nos conduce más allá de las ilusiones, a la verdad. El sueño feliz es un sueño de perdón. A medida que liberamos las proyecciones que hemos impuesto al mundo, vamos viendo las cosas tal como son. Entonces podemos ser felices sabiendo que nos estamos alejando cada vez más de una «realidad» artificial (es decir, fabricada) y demente, y vamos entrando cada vez más profundo en la conciencia de la verdad de nuestro perfecto ser.

La salvación, perfecta e íntegra, sólo pide que desees, aunque

*sea mínimamente, que la verdad sea verdad; que estés dispuesto,
aunque no sea del todo, a pasar por alto lo que no existe; y que abrigues un leve anhelo por el Cielo como lo que prefieres a este mundo,
donde la muerte y la desolación parecen reinar. Y la creación se alzará
dentro de ti en jubilosa respuesta, para reemplazar al mundo que ves
por el Cielo, el cual es completamente completo e íntegro. ¿Qué es el
perdón sino estar dispuesto a que la verdad sea verdad?*

T-26.VII.10:1-3

Estamos embarcándonos en un viaje trascendente. Las ideas que estamos a punto de explorar son revolucionarias, pero no porque sean nuevas.
Son revolucionarias porque son lo contrario de todo lo que el mundo ha
enseñado y continúa enseñando.

CAPÍTULO 1

¿Quién quiere saber?

¿Quién es el «tú» que vive en este mundo? El espíritu es inmortal, y la inmortalidad es un estado permanente. El espíritu es tan verdadero ahora como siempre lo fue y lo será siempre, ya que no entraña cambios de ninguna clase.

T-4.II.11:8-10

¿Me pregunto si he sido cambiado por la noche? Déjame pensar. ¿Era el mismo cuando desperté esta mañana? Creo que casi puedo recordar haberme sentido un poco distinto. Pero, si no soy el mismo, la siguiente pregunta es: «¿Quién demonios soy yo?».

Alicia, de *Alicia en el país de las maravillas* (1865), de Lewis Carroll (1832-1898)

Este cuerpo llamado «Jon» creció en una granja en la zona central de Missouri durante las décadas de los años cuarenta y cincuenta; era el único hijo varón y tenía una hermana más pequeña llamada Ann. Ann y yo éramos increíblemente afortunados. Teníamos unos padres y unos abuelos muy amorosos, y también varios tíos y tías abuelos que vivían en granjas cercanas. Acababa de terminar la Segunda Guerra Mundial, pero no sabíamos nada de ella. Era una época simple. Teníamos una preciosa granja que en aquella época que era casi autosuficiente. Mamá y papá la habían comprado en 1941, dos años después de casarse. Pero no pudieron empezar a trabajar en ella hasta que papá volvió del ejército, al final de la Segunda Guerra Mundial. Nuestra casa no tenía electricidad, ni instalaciones sanitarias, ni calefacción central. Papá fue añadiendo estas comodidades una por una posteriormente.

Podías ponerte en el jardín delante de casa y mirar en cualquier dirección: Norte, Sur, Este u Oeste. Desde allí se divisaba una vista bucólica de campos, colinas y árboles que se extendían muchos kilómetros a la redonda. El rasgo más fácil de distinguir era la columna de humo que salía de una planta generadora situada en un lugar llamado México, Missouri, varios kilómetros al sur.

De nosotros, los chicos de campo, se esperaba que estuviéramos disponibles para trabajar en todo momento. Pero, si por algún motivo tenías tiempo libre, lo que había que hacer era ir de caza. El bosque quedaba justo detrás del granero y yo podía estar allí en pocos minutos. Había una vivacidad tranquila en los árboles, había serenidad en la tierra, el musgo, los estanques y el cercano río Salt. También había muchas ardillas rojas. Las ramas caídas y amontonadas por doquier eran hogares seguros para los conejos y las codornices. Los estanques y ríos estaban repletos de siluros y ranas. Conejos, codornices, peces, ranas y, a veces, especies más exóticas, como los faisanes, solían acabar en nuestro plato.

En lo alto de la colina, detrás del granero, había un bosque de castaños. Allí podía sentarme apoyando la espalda contra un árbol y contemplar los campos que se extendían muchos kilómetros hacia el sur, más allá del río y de los maizales de Paul West, en el valle que quedaba debajo. Había otros niños uno o dos años mayores, o más pequeños, en las cuatro o cinco granjas cercanas. Sin embargo, no había niños de mi edad, y fui el único alumno de mi clase desde primer grado hasta octavo. Nuestra escuela rural, que tenía una única aula, estaba en el rincón de un prado donde pastaban las vacas. Cuando el tiempo lo permitía, íbamos a la escuela a caballo. Si después de la escuela no había trabajo que hacer, dejaba los libros en casa, tomaban mi 410, una combinación de pistola y rifle, y me iba al bosque a cazar durante una hora, o más, antes de iniciar mis tareas nocturnas.

Quedarse congelado

Cuando cazas, tienes que aprender a «quedarte congelado»: vas caminando por el bosque, te detienes, te quedas completamente quieto, y simplemente miras y escuchas. Si no haces ruido al caminar (para que los animales no puedan oírte), y si ellos no tienen el viento a favor (para poder olerte), es posible que se topen de bruces contigo, como si no estuvieras allí; porque, en lo que les atañe, tú *no* estás allí.

Un soleado día de otoño de 1957, con catorce años, estaba cazando en el bosque situado en la colina detrás del granero. Aún era un niño. Y, mientras estaba «congelado», decidí jugar un juego. Pretendí que no existía. Me quedé completamente quieto durante largo rato y de repente caí en un estado no analítico. De repente, era como si...

Allí no había «nadie»: ni un cazador cazando ni un pensador pensando.

Solo había un par de ojos mirando fijamente, como una cámara de vídeo, registrando sin mente una escena del bosque.

Había observación sin comentario ni análisis.

Había conciencia y una trascendencia sorprendente.

Lo que me trajo de vuelta fue el pensamiento: «¿Qué está teniendo esta experiencia?».

Y una voz interna dijo: «¿Quién quiere saberlo?».

¡Eso fue todo! Fue simple. Fue profundo.

Antes o después
algo parece llamarnos a un camino particular.
Es posible que recuerdes ese «algo» como un momento señalado de la niñez
cuando un impulso surgido de la nada, una fascinación,
un giro particular de los acontecimientos te impactó como una anunciación:
Esto es lo que debo hacer,
esto es lo que debo tener. Esto es quien yo soy.

The Soul's Code, James Hillman, (1926-2011)

En ese momento supe que pasaría el resto de mi vida intentando responder a esa pregunta. Cualquiera puede ganar dinero, tener una profesión, criar una familia. Albert Einstein (1879-1955) dijo que lo único que quería conocer era los «pensamientos de Dios». Einstein era un genio de la física. Yo era un niño granjero de Missouri, un «futuro» predicador rural y profesor de Filosofía. Einstein y yo estábamos planteándonos la misma pregunta. *Un curso de milagros* la responde.

Cincuenta años después, en junio de 2007, mientras facilitaba un retiro en un lago de New Hampshire, me picaron un montón de mosquitos. Las picaduras se inflamaron. Empezaron a tener mal aspecto y yo me sentí como si tuviera gripe. Me sentí tan mal que fui a la unidad de urgencias del hospital local, donde el médico me dijo que, ciertamente, tenía gripe, y que debería ir a casa y acostarme. Al día siguiente me levanté y me esforcé por ir a la oficina que tengo en mi propia casa. Estaba allí, en la oficina, cuando mi asistente, Fran, me dijo:

—¿Qué estás haciendo?

—Me estoy durmiendo —respondí—.

—¿De pie?

Esto es lo último que recuerdo de toda una semana. Esto es lo que me han contado de lo que me ocurrió a continuación.

Fran llamó a mi esposa, Dolores, al trabajo y le dijo:

—A tu marido le pasa algo. Debes venir inmediatamente.

Dolores y Fran me plantearon algunas preguntas más, a las que di respuestas sin sentido. Al darse cuenta de que tenía mucha fiebre, llamaron a una ambulancia. Tenía la temperatura por encima de cuarenta y un grados centígrados: cuarenta y uno y medio, me dijo Dolores. El mismo médico que se había negado a admitirme en el hospital el día anterior volvió a negarse diciendo que solo tenía una gripe. El asistente de la ambulancia insistió en que aquello era algo más que una gripe y, mientras discutían, yo tuve un ataque repentino y entré en coma. Rodearon inmediatamente mi cuerpo de hielo para bajar la fiebre y, pensando que podría ser un caso de meningitis contagiosa y mortal, el personal del hospital me puso en cuarentena.

Los médicos del hospital local no pudieron diagnosticar lo que me estaba pasando. Finalmente, después de realizarme una punción lumbar y enviar las muestras a un laboratorio nacional, llegó el diagnóstico: encefalitis viral La Crosse (LACV, por sus siglas en inglés), un virus que se transmite a los humanos por la picadura de mosquitos infectados. Solo se registran setenta casos al año en todo Estados Unidos. ¡Qué suerte! Las probabilidades son menores que las de ganar la lotería. La encefalitis La Crosse produce ataques y coma, que a menudo degeneran en parálisis y daños cerebrales permanentes. No existe tratamiento para ella. Sales de ella o no sales; muchos se quedan en estado vegetativo y necesitan tratamientos veinticuatros horas al día durante el resto de su vida.

¿Aprendiste el secreto del río: que no hay tiempo?

Siddharta, hablando al hombre de la barcaza, en *Siddharta*, de Hermann Hesse (1877-1962)

En el estado de coma no hay tiempo. No hay personas ni cosas. No hay responsabilidades. No hay conciencia de tener una vida corporal. No se piensa en comer, ni en nada mundano o físico. Estaba en un lugar oscuro y «de un brillo cegador». Floté silenciosamente en el espacio negro y vacío, mirando luces blancas con tintes dorados, como las estrellas nocturnas, cada una de ellas conectada por rayos de luz que iban del centro de una al centro de otra. Lo intrincado de los dibujos resultaba asombroso, un interminable patrón caleidoscópico moviéndose más lejos hacia fuera y más profundamente hacia dentro. La experiencia era pacífica. Era serena. Y había mucho más. Había Amor, pero un Amor que no es de este mundo.

*… y en la silenciosa oscuridad observa cómo unas luces que no son
de este mundo se van encendiendo una por una, hasta que deja de ser
relevante dónde comienza una y dónde termina la otra…*

L-129.7:5

Los cuerpos dan mucho trabajo, y fue un gran alivio estar libre de él, libre de dolor. No estaba limitado por un cuerpo. No había un lugar donde yo empezara y otro donde acabara. Todo era silencioso e inmediato. Tardé muchos días en regresar a este lugar de nombre equivocado, a este sueño llamado cuerpo, y a la «realidad». Hizo falta algún tiempo para que se reanudara el «diálogo mental». En el asombro profundo, la mente no tiene nada que comentar. Fui allí, según creo, a aprender algo, a tener una charla «con los poderes fácticos». Creo que todos los que entran en coma tienen una experiencia parecida a la mía, aunque son muy pocos los que la recuerdan. El doctor Eben Alexander (1953-presente), en su libro *Proof of Heaven,* nos ofrece un maravilloso ejemplo de lo que puede ocurrir en el estado de coma. Había imágenes, pero no palabras. En realidad me olvidé del mundo de cada día, como nos ocurre cuando estamos soñando. Creo que esto es lo que nos ocurre a todos cuando soltamos nuestro cuerpo, lo que prueba el hecho de que no somos cuerpos.

En Dios estás en tu hogar, soñando con el exilio, pero siendo
perfectamente capaz de despertar a la realidad.

T-10.I.2:1

No nos sintamos mal por nuestros seres queridos que abandonan el cuerpo, a menudo frágil y dañado. No hay permanencia en ningún cuerpo. Los cuerpos son temporales, son personajes oníricos. Los cuerpos son «herramientas de aprendizaje», y nuestra misión es simple. Se nos pide que vivamos de tal modo que demostremos que no somos un ego (cuerpo) (T-4. IV.6:2). No somos esclavos del tiempo. Somos parte de lo eterno.

Transcurrida aproximadamente una semana, salí del coma, pero en realidad tardé mucho más en estar «de vuelta». Ocurrió una noche a última hora. Una pequeña luz roja brillaba sobre mi cama. No había nadie por allí. Tomé mi mano derecha y me la puse delante de la cara. Treinta años antes, había tenido esta misma experiencia de poner lentamente la mano delante de mi cara tras regresar de un intenso viaje por el espacio interno, producido por el uso de drogas psicotrópicas durante un viaje chamánico en las junglas de Chiapas, al sur de México. Al salir de aquella experiencia también me quedé mirándome fijamente la mano. En aquella ocasión me había resultado imposible hablar, y en esta también. Si has visto alguna vez la cara de alguien que está saliendo del coma, tal vez por televisión, habrás visto que la persona mira fijamente. Es posible que le hables: te mirará como si no te entendiese, porque de hecho no te entiende.

¡Esto es una mano!

Miré mi mano derecha y pensé: «¡Esto es una mano!». Es posible que ahora esto no parezca profundo, pero en su momento sí que lo fue. Moví los dedos: ¡qué experiencia más increíble! ¿Qué estaba moviendo estos dedos? ¿Un pensamiento? ¿De dónde venían los pensamientos? ¿Qué estaba pensando estos pensamientos? «Yo» (cualquier cosa que eso fuese) estaba de algún modo conectado con ese pensamiento. Continué moviendo los dedos. «¡Vaya! ¡Esto es estupendo!».

> *El ego planteó entonces la primera pregunta que jamás se hizo,*
> *pregunta que él jamás podrá contestar. La pregunta: «¿Qué eres?»*
> *representó el comienzo de la duda. Desde entonces el ego jamás ha*
> *contestado ninguna pregunta, aunque ha hecho muchas.*
>
> T-6:IV.2:6-8

Me miré la mano y me pregunté cómo sabía el nombre de este objeto. Y, por segunda vez en cincuenta años, escuché una voz interna decir: «¿Quién quiere saber?». Dolores me dijo que durante muchos días después de eso jugaba con mis manos, poniéndomelas delante de la cara como si fueran juguetes. Una enfermera de pediatría me dijo que, hacia la edad de tres meses, los bebés se quedan fascinados mirándose las manos, jugando con ellas, aprendiendo a adquirir control sobre esos apéndices maravillosos que llamamos dedos, y cómo están sujetos a las manos.

El ego siempre habla primero. Y el ego dice: «Quiero saber». Las palabras son etiquetas que empleamos para definir las «cosas». En el estado de coma no hay palabras. Había estado sin palabras durante algún tiempo y poco a poco iba adaptándome al mundo que me rodeaba. Fue un largo y lento despertar. Tardé varias semanas en volver al pensamiento ordinario o mundano. Durante un periodo, había conciencia sin objeto, no tenía un verdadero sentido del yo. No tenía recuerdos de cosas particulares ni de ser un individuo. ¿Y si no existiera el pasado? ¿Y si no sintieras culpabilidad que te mantenga aquí? ¿Y si no hubiera un futuro en el que pensar y no se necesitara nada? Había un sentir. Había un ver. Había «lo que había»: un observador, testificando. Sospecho que los animales viven en este estado buena parte del tiempo. Volví lentamente, y eso estuvo bien, porque esa lentitud ya me pareció bastante rápida. Había muchas cosas que ver, incluyendo un cuadro tridimensional con un paisaje pastoril situado frente a mi cama. A mi alrededor había personas que llevaban gorros, guantes y máscaras, que cuidaban de mí y limpiaban mi cuerpo. Incluso tenían los pies dentro de cubiertas de plástico. Al principio pensé que eran ángeles, porque me di cuenta de que estaban intentando ayudarme, y sentí un amor muy profundo por ellos. Traté de hablar con ellos, incluso de bromear. Posteriormente me di cuenta de que estaba experimentando lo que en términos médicos se denomina «psicosis de la UCI».

Dolores vino a verme, pero lo único que podía hacer era mirarla fijamente a la cara, a los ojos y a su increíble pelo rojo. Tardé algún tiempo en poder hablar. Había muchas cosas que me parecían divertidas, como si mirara la vida desde fuera. Había perdido casi quince kilos. Estaba muy débil y mis músculos se habían atrofiado significativamente. Extendiendo mis manos para tomar la de Dolores, pronuncié mi primera frase consciente: «¿Quieres casarte conmigo?».

> *¡Me desperté para comprobar [que] el resto del mundo seguía durmiendo!*
>
> Leonardo Da Vinci (1452-1519), artista renacentista italiano

El bebé recién nacido vive sin lenguaje. No analiza, compara, juzga ni es una referencia para sí mismo. El niño simplemente ve, siente, huele, oye y saborea. Durante los días siguientes, la vida estuvo llena de nuevas aventuras y descubrimientos, junto con una profunda y pacífica continuidad. *Tranquilidad* sería una buena palabra para este estado. Me sentía feliz simplemente siendo, y podía ver la interconexión entre todas las cosas. Me limitaba a «observar el mundo». A continuación, después de que hubiera transcurrido otra semana, surgió el pensamiento que me hizo tocar tierra: «¡Tienes facturas que pagar!». Dolores dijo: «Una de las partes más extrañas de esta experiencia es que dejaste de planear». De vuelta en casa solo podía comer con lentitud, si es que comía algo. Me sentaba en la mesa y miraba comer a Dolores y a nuestra hija Sarah. Cuando no se come durante algún tiempo, se pierde el apetito. Comer es un acto muy «inconsciente». Los dientes son cosas extrañas, mastican el alimento, y a menudo comen otros cuerpos. Jugaba con la comida e intentaba comer porque se suponía que debía haberlo. Tardé tiempo en recuperar el hábito.

Estar vivo y no conocerte a ti mismo es creer que en realidad estás muerto. Pues, ¿qué es la vida sino ser lo que eres? Y ¿qué otra cosa sino tú podría estar viva en tu lugar? ¿Quién es el que duda? ¿De qué es de lo que duda? ¿A quién le pregunta? ¿Quién le puede responder?

W-139.3:2-7

¿Quién es el buscador? ¿Quién quiere saber? ¿Quién está leyendo o escuchando este libro, quién está estudiando el *Curso*? ¿Quiénes seríamos sin nuestras neurosis, nuestros problemas, nuestra locura? Un cuerpo es un objeto, una limitación en la forma. No es quienes somos. Cuando le planteaban preguntas, el sabio indio Ramana Maharshi, solía decir: «¿Quién quiere saber?». ¿Quién está planteando la pregunta? Esa es la cuestión. Las cosas que decimos ser —nuestro nombre, dónde vivimos, nuestra historia, nuestro currículo, el material que parece hacer que seamos «algo»— no son sino proyecciones. «¿Quién es el proyector y quién quiere saber?».

… solo la mente es real porque es lo único que se puede compartir. El cuerpo es algo separado, y, por lo tanto, no puede ser parte de ti. Ser de una sola mente tiene sentido, pero ser de un solo cuerpo no tiene ningún sentido. De acuerdo con las leyes de la mente, pues, el cuerpo no tiene ningún sentido.

T-6.V.A.3:2-5

SEGUNDA PARTE

LA PERFECCIÓN ES
Y NO PUEDE SER NEGADA

En el amor perfecto no hay miedo. No haremos otra cosa que mostrarte la perfección de lo que ya es perfecto en ti. No tienes miedo de lo desconocido sino de lo conocido. No fracasarás en tu misión porque yo no fracasé en la mía. En nombre de la absoluta confianza que tengo en ti, confía en mí aunque sea solo un poco, y alcanzaremos fácilmente la meta de perfección juntos. Pues la perfección simplemente «es» y no puede ser negada. Negar la negación de lo perfecto no es tan difícil como negar la verdad, y creerás en lo que podemos realizar juntos cuando lo veas realizado.

T-12.II.8.1-7

CAPÍTULO 2

Un libro perfecto

Introducción a *Un curso de milagros*

Tiene que haber otra manera

En junio de 1965, durante un día particularmente duro en el trabajo, el doctor William Thetford, director del Departamento de Psicología del Colegio de Médicos y Cirujanos de la Universidad de Columbia en la ciudad de Nueva York, se sintió frustrado por las recriminaciones, las intrigas y las luchas dentro de su departamento. Se giró hacia su compañera de trabajo, la doctora Helen Schucman, y dijo exasperado:

—¡Tiene que haber otra manera!

Refiriéndose a que debía haber una manera de que todos ellos pudieran llevarse bien. Prevaleció un milagroso momento de cordura y Helen respondió:

—¡Tienes razón! ¡Voy a ayudarte a encontrarla!

La disposición de Bill y Helen de «ver las cosas de otra manera» fue un punto de inflexión en sus vidas y el estímulo para la transmisión de *Un curso de milagros*.

Helen estaba acostumbrada a tener sueños vívidos y experiencias visionarias. Como amigo y psicólogo, Bill animaba a Helen a anotar sus sueños y las imágenes que veía, y en octubre de 1965, mientras anotaba una de sus experiencias, oyó la frase: «Esto es un curso de milagros, por favor, toma notas». Imagina que eres poeta y que empiezas a escuchar las palabras de un poema, o que eres músico y empiezas a oír las notas de una canción.

Conocí a Helen y a Bill en 1973, cuando vinieron a una conferencia que estaba dando en un congreso patrocinado por Spiritual Frontiers Fellowship en Chicago. Hugh Lynn Cayce (1907-1982), el hijo de Edgar Cayce, era el orador estrella del congreso. Mientras se estaba dando el *Curso* a Helen, que lo transcribía, ella y Bill empezaron a explorar otros «regalos» similares, como las obras de Edgar Cayce (1877-1945) y el material de Seth, transcrito por Jane Roberts (1929-1984). Mi primer libro, *Learning to Die*, acababa de ver la luz y en aquel congreso estaba dando una conferencia sobre misticismo y las experiencias cercanas a la muerte.

Helen vivía al este de la calle 17 de la ciudad de Nueva York. Yo estaba realizando estudios de doctorado y viviendo en el Seminario Teológico General, entre la calle 20 oeste y la 21, a poca distancia de la casa de Helen. En abril de 1975 Helen me llamó y me dijo que tenía algo para mí. No tenía ni idea de a qué se refería, pero accedí a encontrarme con ella, con Bill, con el doctor Ken Wapnick (1941-2013) y con el padre Benedict Groeschel (1933-presente) en el pequeño estudio de Ken, también en la calle 17 oeste, frente al domicilio de Helen.

Helen estaba sentada en el sofá-cama de Ken y me habló del *Curso*, de cómo había venido a la existencia, y de cómo afectaba a quienes estaban presentes en la habitación. A continuación me dio un anexo recién escrito titulado: «Psicoterapia: propósito, proceso y práctica», surgido de la misma fuente que el *Curso*. Aquella noche caminé hasta casa pensando que «probablemente» me acababa de ocurrir el acontecimiento más importante de mi vida. No tenía ni idea de qué iba.

Las credenciales de Helen, Bill y Ken, y la presentación que hizo Helen del *Curso* me dejaron impresionado. Sin embargo, me sentía escéptico. Cuatro años antes, en 1971, había realizado un viaje por India visitando distintos gurús y pasé tiempo con Muktananda (1908-1982), Osho (1931-1990) y Sai Baba (1926-2011). Osho fue, con diferencia, el que más me impresionó. Era un gran contador de historias y le encantaba reírse, lo que siempre es indicativo de un buen maestro. Disfruté del tiempo que pasé con Osho, pero me desencantó la «adoración del gurú».

Tú eres una creación perfecta y deberías sentir reverencia solamente en presencia del Creador de la perfección.

T-1.II.3:3

Los hermanos y hermanas mayores merecen respeto por su mayor experiencia, y obediencia por su mayor sabiduría (T-1.II.3:7). Sin embargo, hacer la reverencia y adorar a alguien echándose a sus pies me pareció una percepción errónea. Por suerte, la «autoestima» de Helen nunca quedó definida por el hecho de haber sido la escriba del *Curso*, y yo admiraba el modo que Helen, Bill y Ken se mantenían fuera de los focos en lo tocante al *Curso*. Helen simplemente hizo lo que se le había pedido. Ojalá que todos nosotros hiciéramos lo mismo.

La piedra filosofal

Seis semanas después de que Helen me presentara el *Curso*, ella conoció a Judy Whitson. Tanto Judy como yo éramos profesores de la Escuela Universitaria para la Educación Continuada de Nueva York, y también éramos miembros de la Sociedad Americana para la Investigación Psíquica. Por aquel tiempo yo salía con Vera Feldman, que era la secretaria del presidente de la sociedad, y una de las mejores amigas de Judy. Cuando Judy descubrió el *Curso*, se entusiasmó con él, pensando que era lo que había estado esperando toda su vida. Animado por el entusiasmo de Judy Skutch, el profundo compromiso de Ken, y sobre todo por la lectura del propio *Curso*, pronto me di cuenta de que era lo que en la literatura mística se denomina la «Piedra Filosofal», un camino claro hacia la perfecta unicidad, y por tanto hacia la perfecta felicidad.

Como todos nosotros, Helen iba y venía entre dos tipo de mentalidad. Sin embargo, en su caso, los movimientos entre una y otra eran extremos. Ella podía dejar de lado completamente su mente-ego y oír la voz del Espíritu Santo, la Voz de Dios. Cuando no estaba en su mente recta, podía deslizarse hacia la mente errónea y tener una aguda tendencia a juzgar.

Todos podemos sentir simpatía por su humanidad. Helen «conocía» *el Curso*. Pero nunca pretendió haberlo dominado, aunque entendía claramente el «proceso» que conlleva y sabía enseñarlo. No hay que estar iluminado para comprender el objetivo y el proceso.

El nombre de Helen no apareció en la primera edición (1976) del *Curso*, y fue añadido posteriormente a la segunda (1992), publicada once años después de su deceso. Helen a veces se refería a sí misma como una «atea militante», un oxímoron maravilloso (¿cómo puedes estar enfadado con alguien en quien no crees?). Estuve presente en su funeral en 1981. Ken Wapnick hizo el panegírico. Y todo él versó sobre su devoción a Dios. A pesar de sus resistencias, Helen desarrolló una relación dinámica con Dios y entró en diálogo con Jesús. Dentro de cada uno de nosotros se produce un diálogo similar. En el caso de Helen, ese diálogo quedó «escrito en voz alta» para que todo el mundo pudiera leerlo.

Helen y Ken trabajaban juntos casi cada día. Ken siempre era su «hijo número uno». Judy Whitson era la «hija». Helen llamaba a Judy con el cariñoso nombre de «gatita», y llamaba a su hija «minina». Judy, a su vez, llamaba a Helen «mama». Judy cuenta una historia maravillosa de una ocasión en la que estuvo con Helen antes de su muerte. Helen le dijo:

—Ya sabes por qué me voy, gatita.

—No, mama, ¿por qué? —respondió Judy.

—Tengo que apartarme de su camino —dijo Helen.

Se refería al *Curso*. Helen no hablaba en las reuniones públicas. Se negó a ser entrevistada en la radio o en televisión. Estas tareas recaían en Judy, Ken o Bill.

Tres personas a quienes Helen ayudó

Yo me cuento entre las personas a las que Helen ayudó en este proceso, en nuestro viaje por la vida. Por otra parte estaba Joe Janis, que falleció en 1991. Joe estudió para ser jesuita, pero nunca llegó a ser un miembro de pleno derecho de la orden; y puso en marcha uno de los primeros grupos de estudio del *Curso*.

La Fundación Joe Janis, de Carolina del Norte, continúa con su trabajo. Después estaba el indio Tara Singh (1909-2006), un yogui que vio la verdad del *Curso* reflejada en las enseñanzas de la filosofía oriental. Su trabajo ha continuado a través de la Fundación Joseph Plan. Helen hacía terapia a un futuro sacerdote católico, a un yogui indio y a un ministro protestante.

Helen «tomó mi mano» a lo largo de los últimos cinco años de su vida, ayudándome a entender este extraño mundo. Aún no conocía a Dolores, y durante esos años pasé por muchos altibajos emocionales, incluyendo tres relaciones que me desgarraron el corazón. Me veía obligado a realizar demasiadas elecciones, y parecía que siempre rompía el corazón a alguien o bien tenía el corazón roto. A menudo me abrumaba la culpa; no era un buen alumno y caía con frecuencia.

La Iglesia

Helen también me ayudó a resolver mis tensiones con la Iglesia. A nivel de la parroquia, las cosas iban bien. A nivel jerárquico, sin embargo, mi incapacidad de establecerme como hombre casado y mi interés por el misticismo, la parapsicología, las filosofías esotéricas, la metafísica, la psicología humanista, los asuntos interconfesionales e interespirituales y las filosofías de la nueva era constituían serios obstáculos. Sobre todo quería responder a la pregunta surgida en la granja de Missouri.

Ser ministro puede ser una profesión gratificante. Buena parte del ministerio es simplemente ser amable con la gente. Eso es fácil, además de divertido y satisfactorio. La preparación del sermón es una maravillosa disciplina semanal, los funerales son momentos de profunda conexión y las bodas siempre son una alegría. Si bien disfrutaba de los aspectos «pastorales» del ministerio, no era un «hombre de la iglesia». No estaba creciendo *en* la Iglesia; mi crecimiento me estaba sacando de ella. Finalmente la brecha se hizo demasiado grande y, en 1989, después de dieciséis años de intentar llevar el *Curso* a la iglesia, renuncié. La reverenda Diane Berke y yo fundamos la Hermandad Interconfesional. Ofrecíamos servicios dominicales en Cami Hall, frente a Carnegie Hall, en la ciudad de Nueva York. Trece años después, a comienzos de 2002, abandoné completamente el ministerio en la parroquia porque me resultaba más gratificante ser un «ministro invitado» que el administrador de una iglesia.

Mantuve contacto con Helen cuando ella estaba en «actitud de ayudar», y también de socializar. La única fotografía en la que aparezco con ella se tomó en una boda; Helen me había reclutado para casar a dos de sus amigos. Conocía por Judy y otras personas que Helen tenía un aspecto gruñón, pero esa no fue mi experiencia. Helen era un poco mayor que mi madre, y tuve la suerte de conocer su lado amoroso y maternal. Como mi propia madre, Milly, ella nunca me juzgaba. Simplemente fue una guía muy sabia y amable, y siempre estaba disponible.

Regalos de Dios

Mahoma (570-632) dijo que el Corán le fue dictado por el arcángel Gabriel. Como el *Curso,* el Corán dice que solo haciendo la voluntad de Dios podemos conocer la verdadera felicidad.

Santa Hildegarda de Bingen (1098-1179), esta famosa vidente católica tuvo visiones a lo largo de toda su vida y sintió que le ordenaban que «escribiera lo que oyera». Dijo que cada una de sus revelaciones y muchas de sus canciones fueron recibidas «en un instante».

Santa Brígida de Suecia (1303-1373), fundadora de la orden religiosa que lleva su nombre, dijo que se le dio todo un libro en un «relámpago». Otros autores han dicho lo mismo; a veces incluso una historia detallada puede aparecer repentinamente.

Santa Teresa de Ávila (1515-1582), la mística más destacada del siglo xvi. Dijo que ella no había escrito su libro, que le había «sido dado».

Wolfgang Amadeus Mozart (1756-1791), el brillante y prolífico compositor austríaco, dijo que él no había escrito sus sonatas; le habían «sido dadas». Por supuesto, Mozart sabía escribir música.

Srinivasa Ramanujan (1887-1920), un famoso matemático indio y un hombre profundamente religioso dijo que los casi 3.900 teoremas que produjo durante su corta vida le «fueron dados». Ten en cuenta que Ramanujan sabía formular las matemáticas. De hecho, solo podía pensar en términos matemáticos.

Edgar Cayce (1877-1945), fue conocido como el «profeta durmiente», y solo fue a la escuela hasta noveno grado. Dejó muy claro que las palabras que pronunciaba en su «estado como de sueño» le eran dadas, y que él no las formulaba.

Richard Bach (1936-presente), aviador norteamericano y autor del clásico de la década de los setenta, de *Juan Salvador Gaviota*, del que vendió más de cuarenta millones de copias, dijo que él no había escrito su libro; más bien le «había sido dado». Buena parte del libro describe movimientos aéreos detallados y a veces bastante acrobáticos. Richard es un experto aviador y piloto de pruebas.

Helen Schucman (1909-1981) no escribió *Un curso de milagros*. Le fue dado. Si bien Helen no «escribió» el *Curso*, conocía el lenguaje psicológico, y en particular el trabajo de Sigmund Freud. Entendía cómo funciona el ego. Entendía los mecanismos de negación, represión y proyección. Fue la elección perfecta para escribir este profundo documento psicoespiritual.

Hágase tu voluntad

> *El Dios de la resurrección no exige nada, pues no es su Voluntad quitarte nada. No exige obediencia, pues la obediencia implica sumisión. Lo único que quiere es que te des cuenta de cuál es tu voluntad y que la hagas, no con un espíritu de sacrificio y sumisión, sino con la alegría de la libertad.*
>
> T-11.VI.5:6-8

Cuando Jesús dijo a sus discípulos que salieran a predicar, los discípulos le dijeron que él no les había enseñado a predicar. Él les dijo que no se preocuparan: lo único que tenían que hacer era abrir la boca, y lo que tuvieran que decir les sería dado. Cuando se dice la verdad, las palabras fluyen con simpleza y continuidad. El ego, que sabe mentir, es astuto y listo.

> *No puedes ser feliz a menos que hagas lo que realmente es tu voluntad, y esto no se puede cambiar porque es inmutable. Es inmutable porque es la Voluntad de Dios y la tuya, pues de otro modo su Voluntad no podría extenderse. Tienes miedo de saber cuál es la voluntad de Dios porque crees que no es la tuya. Esta creencia es lo que da lugar a la enfermedad y al miedo.*
>
> T-11.I.10:1-4

> *No tienes que saber que el Cielo es tuyo para que lo sea. Lo es. Mas para saberlo, tienes que aceptar que la Voluntad de Dios es tu voluntad.*
>
> T-13.XI.10:5-7

> *La Voluntad de Dios es que seas completamente feliz ahora.*
>
> T-9.VII.1:8

La Voluntad de Dios es que seamos felices. La Voluntad de Dios es inmutable. Cuanto antes aceptemos nuestro afortunado destino, más felices seremos. En el fondo, todos sabemos lo que Dios quiere que hagamos con nuestras vidas. No es cuestión de que no lo sepamos; es cuestión de *hacer* lo que se nos pide que hagamos para poder oír Su Voz aún mejor. Tal como creer en el «pensamiento» de separación conduce al sueño que llamamos ego, elegir creer en la unicidad conduce a la unicidad. La única pega es que debemos estar *dispuestos* a devolver nuestra mente a la Mente.

> *Es posible alcanzar un estado en el que dejas que yo guíe tu mente sin ningún esfuerzo consciente por tu parte, mas ello requiere un grado de buena voluntad que tú aún no posees.*
>
> T-2.VI.6:1

La salvación, perfecta e íntegra, solo pide que desees, aunque sea
mínimamente, que la verdad sea verdad; que estés dispuesto, aunque
no sea del todo, a pasar por alto lo que no existe; y que abrigues un
leve anhelo por el Cielo como lo que prefieres a este mundo, donde la
muerte y la desolación parecen reinar. Y la creación se alzará dentro
de ti en jubilosa respuesta, para reemplazar al mundo que ves por el
Cielo, el cual es completamente perfecto e íntegro. ¿Qué es el perdón
sino estar dispuesto a que la verdad sea verdad?

T-26.VII.10:1-3

La Biblia dice que Adán cayó en un profundo sueño. Pero no dice
en ninguna parte que haya despertado. Todos los sueños parecen reales cuando los estamos soñando. Ningún redespertar o renacimiento es
posible mientras continuemos soñando, y por tanto creando falsamente
(T-2.I.3:6-7).

No obstante, la capacidad de extender tal como Dios te extendió Su
Espíritu permanece todavía dentro de ti. En realidad, esta es tu úni-
ca alternativa, pues se te dio el libre albedrío para que te deleitaras
creando lo perfecto.

T-2.I.3:9-10

Sabiendo por qué fue creado este mundo onírico, empezamos a invertir
el proceso por el que el mundo fue hecho a fin de volver a casa. Lo que
hace que el proceso parezca difícil es nuestro deseo de «arreglar» el sueño
en lugar de despertar de él. Al intentar «arreglar» el sueño, nos identifica-
mos «con» él.

Ser conscientes de que están soñando es la verdadera función de los
maestros de Dios, quienes observan a los personajes del sueño ir y
venir, variar y cambiar, sufrir y morir. Mas no se dejan engañar por
lo que ven.

M-12.6.6-8

Hay una vía de salida

Hacia el final de su vida, Sigmund Freud (1856-1939), el neurólogo austríaco y padre del psicoanálisis, seguía siendo ateo, y llegó a describir la creencia en Dios como una neurosis colectiva. La neurosis colectiva es el «sueño del mundo». Al ego todo le resulta útil para persuadirnos de que el mundo es real. Lo que vemos en las noticias cada noche, o leemos en las revistas, nos informa del estado actual del sueño global. En privado, nos guardamos nuestros sueños para nosotros mismos; en sociedad soñamos conjuntamente. Este soñar está tan omnipresente que no lo vemos. La revelación, o la iluminación, implica despertar del sueño.

Freud comprendió lo infelices que nos hace el ego. También pensaba que era una maldición para nosotros; es decir, que nos quedamos atascados en él. Según Freud, el ego se fortalece a medida que envejecemos, y morimos con él; este es el final de la historia. Si Freud hubiera estudiado la filosofía oriental, es posible que hubiera tenido una visión un poco más amplia y profunda. Lo cierto es que, en realidad, en la perfección no podemos estar malditos. Hay una vía de salida. Es posible ser libre. Es posible ser feliz. Es posible ahora mismo.

Si no puedes oír la Voz de Dios,
Es porque estás eligiendo no escucharla

T-4.IV.1:1

En el *Curso* no existen reglas, dogmas, credos, doctrinas, cánones ni códigos que dictan lo que se debe creer. Hay, sin embargo, muchas proposiciones positivas con respecto a cómo deberíamos vivir si queremos ser felices.

La única regla que contiene el *Curso* es el requerimiento de que no hagamos más de una lección del «Libro de ejercicios» al día. Puedes ir más lento si lo deseas, pero no más rápido.

En el *Curso* no hay organización central ni jerarquía. ¡Gracias a Dios! Mantengamos al ego fuera. El *Curso* es un libro. Es un curso de estudio. Es un proceso espiritual que nos lleva a recordar nuestro hogar. No tenemos que morir para recordar el Cielo. Dios nunca nos abandonó y nunca nos fuimos del Cielo.

Mira con detenimiento el aspecto egoísta, autocentrado, interesado en sí mismo de la separación. Dejar expuesto al ego produce resistencia y temor. Un hombre me dijo que había cogido un cuchillo y había apuñalado repetidamente el *Curso*. Otro arrancó las páginas, las lanzó al retrete y tiró de la cadena. Más de una persona ha lanzado el libro desde un puente. Muchos libros han sido tirados al suelo, a la otra punta de la habitación o al fuego. Quémalo si lo deseas. Redúcelo a cenizas, no importa. La verdad no se encuentra en la materia, sino en la Mente, y elegir la verdad nos hace libres.

El subtítulo de *Así habló Zaratustra*, un libro del filósofo alemán Friedrich Nietzsche (1844-1900), es *Un libro para todos y para nadie*. Ken Wapnick ha sugerido que este subtítulo también podría servir para *Un curso de milagros*. El *Curso* es un libro para todos por su universalidad, y es un libro para nadie por la tremenda resistencia que tenemos a hacer lo que nos pide que hagamos.

Es tiempo de contar una historia

Érase una vez un joven muy brillante cuyos padres estaban tan orgullosos de que hubiera sido admitido en Harvard para cursar estudios de derecho que le premiaron con un viaje a India. Allí conoció a un gurú que le convenció para que renunciara a los caminos del mundo y su búsqueda de prestigio, dinero y fama, diciéndole que en estas cosas se perdería a sí mismo en lugar de encontrarse. Él se sintió tan impresionado por el gurú que escribió una carta a casa, a sus padres, diciéndoles que no iba a ir a la facultad de derecho de Harvard: había tomado la decisión de quedarse en India y dedicarse a vivir una vida simple y contemplativa.

Transcurrido un año, los padres recibieron otra carta en la que les contaba lo feliz que era. En el *ashram* no había rivalidad ni competición, no había tensiones para ver quién ganaba más dinero. En solo un año él se había convertido en el discípulo número dos, y pensaba que, si jugaba bien sus cartas, probablemente llegaría a ser el número uno. Nadie quiere examinar ni admitir las ataduras sutiles que el ego mantiene sobre nuestra psique y, sin embargo, cada vez que se reconoce al ego tal como es, queda debilitado.

> *El Reino de los Cielos es como un mercader que busca perlas*
> *preciosas, y cuando encuentra una perla muy preciada, vende*
> *todo lo que tiene para comprarla.*
>
> Mateo 13,45-46

Me he referido al *Curso* diciendo que es como un diamante. También podemos pensar en él como una perla de inmenso valor, porque nos muestra claramente cómo regresar a la mente, y así, despertar del sueño; un sueño que para muchos es una pesadilla.

Vivir el *Curso* significa *reconocer* una dimensión mental que trasciende el espacio/tiempo y la «realidad» tal como la conocemos. El *Curso* es lento y cuidadoso. Empezamos nuestro viaje dedicando unos minutos al comienzo del día a leer o escuchar su amable mensaje. Así nos situamos en el camino que nos lleva a casa, confiando en que Dios es nuestro guía. Volvemos a dirigirnos a Dios antes de dormir, buscando dulces sueños.

> *Nos despertamos oyéndolo a Él, le permitimos que nos hable*
> *durante cinco minutos al comenzar el día, el cual conclui-*
> *remos escuchando de nuevo durante cinco minutos antes de*
> *irnos a dormir. Nuestra única preparación consistirá en dejar*
> *a un lado los pensamientos que constituyen una interferencia,*
> *no por separado, sino todos a la vez.*
>
> L-140.11.1-2

Empezamos soltando todas las proyecciones, todos los pensamientos que interfieren, todos los juicios, todos los temores y las ansiedades. No hay nada como el *Curso*. Los que estudian el *Curso* lo consideran un regalo. La verdad está inviolada y, gracias a Dios, es inevitable: la verdad es «Tú eres amor».

No podrás por menos que buscar, ya que en este mundo no te sientes a gusto. Y buscarás tu hogar tanto si sabes dónde se encuentra como si no. Si crees que se encuentra fuera de ti, la búsqueda será en vano, pues lo estarás buscando donde no está. No recuerdas cómo buscar dentro de ti porque no crees que tu hogar esté ahí. Pero el Espíritu Santo lo recuerda por ti y te guiará a tu hogar porque esa es Su misión. A medida que Él cumpla Su misión, te enseñará a cumplir la tuya, pues tu misión es la misma que la Suya. Al guiar a tus hermanos hasta su hogar estarás siguiéndolo a Él.

T-12.IV.5:1-7

CAPÍTULO 3

Un camino perfecto

El Plan de Dios para la Salvación

La Voluntad de Dios es que seas completamente feliz ahora. ¿Cómo podría ser que esa no fuera también tu voluntad? ¿Y sería posible que esa no fuera también la voluntad de tus hermanos?

T-9.VII.1:8-10

Un hombre va al psiquiatra y le dice:
—Mi médico ha insistido en que venga a verle. ¡Quién sabe por qué! Estoy sano, felizmente casado y tengo un trabajo seguro, mucho dinero en el banco, muchos amigos, no me preocupa nada...
—Vaya —dijo el psiquiatra tomando su cuaderno—y ¿cuánto tiempo llevas así?

Cada día, cada hora y cada minuto, e incluso cada segundo, estás decidiendo entre la crucifixión y la resurrección; entre el ego y el Espíritu Santo. El ego es la elección a favor de la culpabilidad; el Espíritu Santo, la elección a favor de la inocencia. De lo único de que dispones es del poder de decisión.

Eres culpable o inocente, prisionero o libre, infeliz o feliz.

T-14.III.4:1-3&6

La felicidad es una experiencia subjetiva. Es un sentimiento. Es un pensamiento. Es una elección. Mi cuerpo puede estar limitado a verse confinado en una silla de ruedas o en una prisión, pero mi mente puede estar perfectamente en orden. Es posible que tenga un coche caro y que viva en una mansión, pero mi mente puede estar acosada por la culpabilidad y el temor. Lo importante es dónde está la mente, no el cuerpo. Cuando la mente está alineada con la Mente, prevalecen la paz y la felicidad, independientemente de las circunstancias externas.

Dios me da únicamente felicidad.
Él me ha dado mi función.
Por lo tanto, mi función tiene que ser felicidad.

L-66.5:2-4

Dentro del marco de este mundo, la perfección es imposible. En último término, lo que en realidad significa ahora, no hay ego, y esto nos conduce a la perfecta felicidad.

El Espíritu Santo comienza percibiendo tu perfección.

Percibirte a ti mismo de esta manera es la única forma de hallar felicidad en el mundo. Eso se debe a que es el reconocimiento de que tú no estás en este mundo, pues el mundo es un lugar infeliz.

T-6.II.5:1&6-7

Este es un mundo de guerra, enfermedad y muerte. Es un mundo donde a las mujeres se las maltrata, se abusa de los niños y los jóvenes van por ahí matando y mutilando a personas inocentes. La totalidad del mundo ha comprado el juego del ego.

Somos *adictos al ego*, adictos a nuestros sueños. Resulta difícil deshacer una adicción si no sabes que la tienes. No obstante, muchos tienen la sospecha soterrada de que el mundo no es tal como se nos presenta en televisión, en los medios de comunicación, a través de nuestras costumbres religiosas y sociales. Falta algo.

En un breve momento temporal,
vino un pensamiento a la mente.
Vino una suposición.

Tan solo una minúscula cognición.
Un rumor rodó dentro de la mente,
y como muchos mitos, nos cegó.
Una fantasía, una mota de ingenio
nos condujo a una división increíble.
¿Y si fuera posible cometer un fraude fantástico?
¿Y si pudiera pensar un pensamiento fuera de la Mente de Dios?

La historia de Adán y Eva, de la Biblia, es una herramienta útil para comprender cómo llegó tanta infelicidad al mundo. La experiencia de Adán se describe como una «caída». Como cuerpos, «caímos» al espacio y al tiempo. Los que tienen experiencias cercanas a la muerte a menudo hablan del retorno al cuerpo como de «volver a caer» en la forma.

La separación no fue una pérdida de la perfección, sino una interrup-
ción de la comunicación. La voz del ego surgió entonces como una
forma de comunicación estridente y áspera.

T-6.IV.12:5-6

Dependiendo de cómo veamos el tiempo histórico, a lo largo de los últimos cientos de miles, sino millones, de años, varios miles de millones de nosotros hemos estado tratando de hacer lo que Adán y Eva intentaron: pensar un pensamiento fuera de la Mente de Dios. ¡No puede hacerse! Sin embargo, es lo que dio lugar a este mundo, a todos y cada uno de sus aspectos.

Antes de la 'separación', que es lo que significa la «caída", no se care-
cía de nada. No había necesidades de ninguna clase. Las necesidades
surgen debido únicamente a que tú te privas a ti mismo. Actúas de
acuerdo con el orden particular de necesidades que tú mismo estable-
ces. Esto, a su vez, depende de la percepción que tienes de lo que eres.

La única carencia que realmente necesitas corregir es tu sensación
de estar separado de Dios. Esa sensación de separación jamás habría
surgido si no hubieses distorsionado tu percepción de la verdad, perci-
biéndote así a ti mismo como alguien necesitado.

T-1.VI.1:6-10;2:1-2

¿Qué nos hace infelices?

Los cuatro paisajes pasajeros

Según las enseñanzas budistas, después de que naciera el príncipe Siddharta (que se convirtió en Buda), su padre pidió a ocho brahmines que predijeran el futuro de su hijo. Siete de los brahmines dijeron que se convertiría en un gran rajá (rey) o en un buda, un ser iluminado. Solo un brahmín predijo que se convertiría en un buda y no en un rajá. El padre de Siddharta quería que su hijo fuera un gran rey. También sabía que para que Siddharta fuera un buda, antes tendría que convertirse en *sadhu,* un renunciante y buscador de la verdad. Tendría que renunciar a todas las actividades y a todos los placeres mundanos.

El primer paso de ese camino era sentirse insatisfecho con las cosas del mundo. Por lo tanto, el padre de Siddharta intentó mantenerlo alejado de cualquier sufrimiento o decepción que le hiciera cuestionar la naturaleza de lo que llamamos la realidad. Su padre confinó al joven príncipe dentro de palacio y se aseguró de que tuviera satisfechas todas sus necesidades, ocultándole las realidades del mundo.

Inevitablemente, Siddharta se sintió inquieto. Finalmente, a la edad de veintiún años se liberó y salió de palacio en un carro tirado por Channa, su auriga y guía. Al hacerlo, se expuso a la verdad del mundo y a la brevedad de la vida corporal. En sus viajes, experimentó los cuatro «encuentros pasajeros»:

1. En primer lugar, Siddharta vio a un anciano, que le reveló los efectos de la vejez y la ilusión del tiempo.

2. En segundo lugar, vio a un enfermo que padecía una enfermedad. Channa le explicó que todos los seres están sometidos a la enfermedad y al dolor.

3. El tercer lugar, Siddharta vio un cadáver, y Channa le explicó que la muerte es un destino inevitable que nos sobreviene a todos.

4. Finalmente, Siddharta vio un *sadhu* que se mantenía pacífico y sereno. Entonces resolvió seguir el ejemplo del *sadhu* y buscar la iluminación.

Si bien el contexto de *Un curso de milagros* es cristiano, también tiene una sorprendente cantidad de similitudes con el budismo. El objetivo de ambos es la iluminación, o la realización de Dios. Dios es perfecto. El Cielo es perfecto y tú eres una creación perfecta (T-1.II.3:3). Lo que Dios crea es Espíritu y, como Espíritu, eres perfecto. Nuestros cuerpos, que forman parte del mundo, nunca serán perfectos. Todos los cuerpos acaban colapsando. Todos envejecen, enferman y mueren. Siguiendo la guía del ego, nunca seremos felices. Sin embargo, Dios ha establecido un plan para nuestra salvación y nos ha dado un guía para ayudarnos a avanzar por este camino.

Ancha es la puerta y espaciosa la senda que lleva a la
perdición, y son muchos los que por ella entran. Estrecha es la puerta
y angosta la senda que lleva a la vida, y cuán pocos son los que dan
con ella.

Mateo 7,13-14

Pero pregúntate si es posible que Dios hubiera podido elaborar un
plan para tu salvación que pudiese fracasar. Una vez que aceptes su plan
como la única función que quieres desempeñar, no habrá nada de
lo que el Espíritu Santo no se haga cargo por ti sin ningún esfuerzo
por tu parte. Él irá delante de ti despejando el camino, y no dejará
escollos en los que pudieras tropezar ni obstáculos que pudiesen
obstruir tu paso.

T-20.IV.8:3-5

El Plan de Dios para la Salvación

Un curso de milagros hace referencia en cuarenta y ocho ocasiones al Plan de Dios para la Salvación. Este proceso puede compararse con un GPS (Sistema de posicionamiento global). Es notable cómo funciona el GPS. Tomas «una pequeña caja de color negro». Escribes en ella el destino al que deseas llegar. El dispositivo tiene un botón llamado «casa». Si estas en Anchorage, Alaska, y tu casa está en Miami, Florida, cuando pulsas ese botón llamado «casa», instantáneamente (a la velocidad de la luz), esta pequeña caja hace contacto con tres seres angélicos plateados y dorados (satélites) que están orbitando alrededor de la Tierra a unos veinte mil kilómetros por hora, con sus brazos extendidos para captar la energía de los dorados rayos del Sol.

> *¿Qué no ibas a poder aceptar si supieses que todo cuanto sucede, todo acontecimiento, pasado, presente y por venir, es amorosamente planeado por Aquel cuyo único propósito es tu bien? Tal vez no hayas entendido bien Su plan, pues Él nunca podría ofrecerte dolor. Mas tus defensas no te dejaron ver Su amorosa bendición iluminando cada paso que jamás diste. Mientras hacías planes para la muerte, Él te conducía dulcemente hacia la vida eterna.*

L-135.18:1-4

La palabra «satélite»viene del latín *satelles*, que significa 'asistente'. La palabra «ángel»viene del griego *angelos*, que significa 'asistente celestial', 'mensajero', o 'enviado'. Así, el *Curso* habla simbólicamente de ángeles (mensajeros) que «alumbran el camino». El cuarto principio de los cincuenta «Principios de los milagros», en la primera página del *Curso*, dice:

> *Todos los milagros significan vida, y Dios es el Dador de la vida. Su Voz te guiará muy concretamente. Se te dirá todo lo que necesites saber.*

T-1.I.4

El GPS se establece a través de un sistema de triangulación. Un satélite lee la latitud, otro lee la longitud y otro la altitud. En lo tocante al Plan de Dios para la Salvación, lo que se lee es tu actitud. Los tres satélites celebran una pequeña conferencia (una vez más, a la velocidad de la luz). Combinan toda esta información y, en pocos segundos, te envían las directrices, diciéndote dónde tienes que ir, paso a paso, para llegar al destino elegido.

La mente-ego, que se busca a sí misma y no se centra en el plan de Dios, deambula por la senda y le resulta difícil mantenerse en la buena dirección. Cuando nos salimos de la ruta marcada, el GPS, de manera consistente y sin queja ni malicia, simplemente «recalcula» nuestra posición y nos dice lo que tenemos que hacer para volver al «camino recto» que conduce a la «puerta estrecha». Practicar el *Curso* nos ayuda a reajustar repetidamente nuestra posición para poder enfocarnos más perfecta y específicamente en regresar al hogar.

> *Ninguna decisión que se haya tomado y que cuente con el respaldo del poder del Cielo puede ser revocada. Tu camino ya se decidió. Si reconoces esto, no habrá nada que no se te diga.*
>
> T-22.IV.2:3-5

Haz lo que te pida el GPS y llegarás a casa por la ruta más corta y recta posible. Pero, en lugar de seguir la guía de Dios, solemos decir: «Prefiero hacerlo a mi manera». En la introducción al *Curso,* leemos: «Tener libre albedrío no quiere decir que tú mismo puedas establecer el plan de estudios. Significa únicamente que puedes elegir lo que quieres aprender en cualquier momento dado» (T-In.1:4). Todos los deseos obstinados de escribir el plan de estudios por nosotros mismos —es decir, de crear nuestro propio mundo— nos hacen infelices.

> *Si me interpusiese entre tus pensamientos y sus resultados, estaría interfiriendo en la ley básica de causa y efecto: la ley más fundamental que existe. De nada te serviría el que yo menospreciase el poder de tu pensamiento. Ello se opondría directamente al propósito de este curso.*
>
> T-2.VII.1:4-6

En la parábola del hijo pródigo (Lucas 15,11-32), cuando el hijo pide su herencia, el padre (refiriéndose claramente a Dios) no le niega lo que pide. El padre no le dice: «Bien, vamos a hablarlo una vez más. ¿Crees que es una buena idea?». La tercera línea de la parábola dice: «… y el padre dividió sus propiedades y le dio su parte, y el joven emprendió un viaje a un país lejano, allí derrochó la herencia en una vida disoluta». Asimismo, en el clásico de John Bunyan, *Pilgrim Progress*, de 1678, una tentadora llamada «Wanton»(que significa 'obstinada', 'libertina' o 'extravagante') trata de distraer al peregrino y sacarlo de su curso. Lo que anima el cuerpo es el Espíritu. En el «sueño del mundo», el ego evita el Espíritu y hace del cuerpo su hogar. En este sentido, todos somos adictos, o estamos «poseídos» por el ego.

Mientras quede una sola mente poseída por sueños de maldad, el pensamiento del infierno será real.

M-28.6:2

Tu mente puede estar poseída por ilusiones, pero el espíritu es eternamente libre.

T-1.IV.2:8

Perfecta comunicación

El *Curso* nos recuerda permanentemente el poder de nuestras mentes y nuestra capacidad de elegir. La felicidad consiste en aprender a devolver la toma de decisiones al Espíritu, la única parte de nosotros que puede seguir la dirección del Espíritu Santo, y así recordar a Dios. La única Voz que Jesús escucha es la del Espíritu Santo. En este sentido, Jesús y el Espíritu Santo son uno. Tal como Jesús y el Espíritu Santo son uno, tu Espíritu es uno con el del Espíritu Santo. Tal como dice Jesús en Juan 15,5: «Yo soy la vid, vosotros los sarmientos». Nosotros moramos en él; él mora en nosotros.

Un instante santo es un momento en el que se establece la «perfecta comunicación». La perfecta comunicación se produce cuando estamos en nuestra mente recta, cuando nuestro sintonizador está encendido y estamos siguiendo el Plan de Dios para la Salvación. Cuando las personas se aman y solo se desean lo mejor unas a otras, se produce la perfecta comunicación. Cuando el ego dirige el espectáculo, cuando la ira, la hostilidad y el resentimiento predominan, la comunicación se corta.

La oración es el vehículo de los milagros. Es el medio de comunicación entre lo creado y el Creador. Por medio de la oración se recibe amor, y por medio de los milagros se expresa amor.

T-1.I.11:1-3

El Maestro Perfecto

Helen Schucman, la escriba de *Un curso de milagros*, dijo que el propósito del *Curso* es ayudarnos a ser cada vez más conscientes de la presencia del Maestro Interno.

El Espíritu Santo es el maestro perfecto. Se vale únicamente de lo que tu mente ya comprende para enseñarte que tú no lo comprendes. El Espíritu Santo puede tratar con un alumno reacio sin oponerse a su mente porque parte de ella está todavía de parte de Dios. A pesar de los intentos del ego por ocultarla, esa parte es todavía mucho más poderosa que el ego, si bien este no la reconoce. El Espíritu Santo la reconoce perfectamente porque se trata de su propia morada: el lugar de la mente donde Él se siente a gusto.

T-5.III.10:1-5

El Espíritu Santo está «en» nosotros, en sentido literal —no en el cuerpo, sino en la mente—, mediando siempre a favor del espíritu (T-7.IX.1:5). Así, el Espíritu Santo opera en nuestra mente recta, sirviendo como traductor o como vínculo de comunicación entre Dios y nosotros, transformando la percepción en conocimiento.

... tienes que elegir escuchar una de las dos voces que hay dentro de ti. Una la inventaste tú, y no forma parte de Dios. La otra te la dio Dios, Quien solo te pide que la escuches. El Espíritu Santo se encuentra en ti en un sentido muy literal. Suya es la Voz que te llama a retornar a donde estabas antes y a donde estarás de nuevo. Aun en este mundo es posible oír solo esa Voz y ninguna otra. Ello requiere esfuerzo, así como un gran deseo de aprender.

T-5.II.3:4-10

A la voz del sistema GPS de mi coche la llamo Rhoda. Podríamos pensar en el Espíritu Santo como en la Voz de nuestro GPS interno. Esta Voz es nuestro piloto, nuestro escolta, nuestro acompañante, Aquel que dirige nuestro viaje por este país extranjero. Recuerda: «Nosotros no vivimos aquí». Nuestro verdadero hogar está en el Cielo. Como Pepito Grillo en la historia de Pinocho, el objetivo del Espíritu Santo es supervisar que llegamos a casa de manera segura. Asimismo, el niño héroe del libro y de la película *El Expreso Polar* cuenta con el revisor del tren, que hace de guía en su viaje. Viendo que somos inconscientes (estamos dormidos), como el niño del Expreso Polar, la tarea de nuestro guía es despertarnos del sueño.

> *El bien puede resistir cualquier clase de mal, al igual que la luz disipa cualquier clase de oscuridad. La Expiación es, por lo tanto, la lección perfecta. Es la demostración concluyente de que todas las demás lecciones que enseñé son ciertas. Si puedes aceptar esta generalización ahora, no tendrás necesidad de aprender muchas otras lecciones de menor importancia. Basta con que creas esto para que te liberes de todos tus errores.*

> T-3.I.7:7-11

La Lección Perfecta

Piensa en el Espíritu Santo como en un ordenador maestro que conecta todos los satélites (ángeles) y opera perfectamente a través de cada uno de ellos. Mientras que el ego resalta la separación, el Espíritu Santo nos conduce a la unicidad. El Espíritu Santo es el mecanismo de los milagros, y es consciente tanto del Plan de Dios para la Salvación como de nuestras ilusiones. La expiación es el proceso de «deshacer» la ilusión de la separación y el reconocimiento de nuestro estado perfecto. Es el método de «recalcular» por el que el GPS nos devuelve al buen camino. «Expiar»significa 'deshacer'. Lo que estamos deshaciendo es el ego y el proceso perpetuo de la mente errada. El *Curso* es un curso de entrenamiento mental. La expiación reinstaura al Espíritu, y no al ego, como guía de la mente.

> *En esto se basa el que puedas escaparte del miedo. Te liberas cuando aceptas la Expiación, lo cual te permite darte cuenta de que en realidad tus errores nunca ocurrieron.*

> T-2.I.4:3-4

Un milagro es una corrección que yo introduzco en el pensamiento falso. Actúa como un catalizador, disolviendo la percepción errónea.

T-1.I.37:1-2

El Espíritu Santo separa lo verdadero de lo falso percibiendo *perfectamente* en lugar de parcialmente. Se nos está ofreciendo constantemente la información exacta que necesitamos para encontrar el camino a casa. Sin embargo, debemos prestar atención a lo que se nos pide que hagamos. Siempre podemos hacerlo a nuestra manera si queremos. Pero, ¿cómo vamos a encontrar nuestro camino a casa si no estamos dispuestos a seguir las indicaciones? En diversas ocasiones, Jesús dice en los Evangelios: «Los que tengan oídos para oír, que oigan». El ego no puede seguir las indicaciones de otros, puesto que él mismo suele ser el director, y a menudo el dictador.

¿Preferirías tener razón a ser feliz?

T-29.VII.1:9

Me encanta cuando estoy leyendo otro libro y me topo con una línea del *Curso*. Por ejemplo, en *La guía del autoestopista galáctico* (1979), del autor y humorista inglés Douglas Adams (1952-2001), el capitán de una nave espacial grita: «¡Prefiero tener razón a ser feliz!». Así son las cosas en el mundo del ego. Solo el espíritu puede comunicarse con el Espíritu Santo, y así conducirnos a la felicidad perfecta. Cuando seguimos su guía, el ego nos conduce incesantemente a un estado mental infernal.

Es posible alcanzar un estado en el que dejas que yo guíe tu mente sin ningún esfuerzo consciente por tu parte, más ello requiere un grado de buena voluntad que tú aún no posees. El Espíritu Santo no puede pedirte que hagas nada más que lo que estás dispuesto a hacer. La fuerza para hacer lo que él te pide procede de una firme resolución por tu parte. Hacer la Voluntad de Dios no produce ninguna tensión una vez que reconoces que su Voluntad es también la tuya.

T-2.VI.6:1-4

El punto de mayor desesperación suele producirse cuando nos damos cuenta de que solo el Plan de Dios para la Salvación funcionará. Solo el ego arrogante podría pensar que sabe más que Dios. ¿Seguiré el camino de prueba y error y fracasaré una y otra vez hasta que me sienta tan desdichado que no tenga otra opción que seguir el camino de Dios? O ¿debería confiar en que el plan de Dios para mi despertar es tan perfecto como el ego es falible? (T-14.V.2:5).

Cuando el hijo pródigo regresa a casa y dice: «Padre, he pecado contra el Cielo y contra ti. Ya no merezco ser llamado hijo tuyo», el padre no le dice: «Tienes razón. Eres un niño travieso pero yo, que soy un buen hombre, te perdonaré». El padre no dice una palabra sobre dónde ha estado el hijo pródigo ni sobre lo que haya podido hacer. Lo que dice es: «Traed un anillo de oro y ponédselo en el dedo, traed una capa y ceñídsela, traed unas sandalias y ponédselas en los pies». En otras palabras, se le está devolviendo su estatus. «Matad el ternero cebado, llamad a los músicos, vamos a celebrar una fiesta porque mi hijo estaba perdido y ha sido hallado; estaba muerto y ha vuelto a la vida, y eso es lo único que importa».

Y eso *es* lo único que importa. Donde quiera que «tú» hayas ido, lo que «tú» hayas hecho, el nivel de la ilusión en el que cualquiera de nosotros se ve atrapado (una ilusión es una ilusión)... nada de eso importa. Lo único que importa es que, en algún momento, despertemos, recordemos nuestra casa y retomemos la dirección que acabará conduciéndonos a la perfecta felicidad.

Cuando hayas abandonado ese des-ánimo voluntario, verás
como tu mente puede concentrarse, trascender toda fatiga
y sanar.

T-4.IV.6:3

En cuanto al Plan de Dios para la Salvación, el Espíritu Santo nunca dice: «¿Qué estás haciendo? ¡Te dije que fueras a la derecha y fuiste a la izquierda!». Más bien, el Plan de Dios para la Salvación continúa «recalculando» y ofreciéndonos la «guía recta». Depende de cada uno de nosotros decidir si vamos a seguir esa guía o si seguiremos intentando hacerlo a nuestra manera, a nuestra hora, hasta que el tiempo se agote.

Perfecta Corrección

Sin el GPS (Plan de Dios para la Salvación) adecuado, el ego deambula por ahí, perdido, hasta que finalmente fracasa. Cada paso del camino está claramente marcado y la llegada a destino está asegurada; sin embargo, debemos estar dispuestos a *elegir* dar el paso siguiente que nos lleva a casa.

Un guía no controla, pero sí dirige, dejando a tu discreción el que le sigas o no. «No nos dejes caer en la tentación»significa: 'Reconoce tus errores y elige abandonarlos siguiendo mi dirección'.

T-1.III.4:6-7

Dios Mismo te dio la Corrección para todo lo que has inventado que no esté de acuerdo con Su santa Voluntad. Te estoy haciendo perfectamente explícito Su plan, y te diré cuál es tu papel en él.

T-5.VII.4:3-4

El plan de Dios para nuestro despertar es tan perfecto como falible es el plan del ego.

Una vez que aceptes su plan como la única función que quieres desempeñar, no habrá nada de lo que el Espíritu Santo no se haga cargo sin ningún esfuerzo por tu parte. Él irá delante de ti despejando el camino, y no dejará escollos en los que puedas tropezar ni obstáculos que pudiesen obstruir tu paso. Se te dará todo lo que necesites. Toda aparente dificultad simplemente se desvanecerá antes de que llegues a ella. No tienes que preocuparte por nada, sino, más bien, desentenderte de todo, salvo del único propósito que quieres alcanzar.

T-20.IV.8:4-8

CAPÍTULO 4

Un tú perfecto

Sed perfectos como vuestro Padre celestial es perfecto.

Mateo 5,48

¿Quién podría pedirle a Lo Perfecto que sea imperfecto?

P-3.I.1:10

Un mundo imperfecto no es el mundo de Dios
Y lo que no es de Dios, no es.

La parábola del hijo del rey

Se cuenta la historia de un rey y una reina de la antigüedad que tenían un hijo de tres años que les era muy querido. Este hijo tenía una marca de nacimiento muy notable, con forma de corazón, en el hombro derecho. Una noche, los ladrones entraron en palacio, mataron al rey y a la reina, robaron sus posesiones y secuestraron al joven príncipe. Los ladrones viajaron durante muchos días antes de dar el niño a una pareja de granjeros.

El ministro del rey descubrió los cuerpos del rey y de la reina, pero no el del príncipe. Asumiendo que el niño había sido secuestrado, estuvieron buscando durante muchos años al justo heredero de la corona. Finalmente hallaron al príncipe en un pueblo remoto. El niño no tenía recuerdos de su padre ni de su madre. Con la esperanza de refrescar su memoria, el ministro le contó la historia de un reino en el que habían vivido un rey, una reina y su hijo pequeño, que era el heredero al trono. El ministro le contó que los ladrones habían entrado en palacio, habían matado al rey y a la reina y habían secuestrado al príncipe. Ahora que se había hallado al príncipe —dijo—, se creía que él devolvería al reino su anterior gloria y que aliviaría al pueblo de sus penas y sufrimientos.

Al niño le intrigó la historia contada por el ministro.

—Soy un granjero y algún día conoceré a ese rey —declaró—. Él resolverá todos los problemas de la gente de nuestro pueblo.

—Pero —dijo el ministro—, ¡tú eres ese príncipe!

Cuando el muchacho lo escuchó, miró a derecha y a izquierda antes de decidir que el ministro debía estar equivocado.

—¡Yo no soy nada! —replicó—. Solo soy un niño granjero.

—Tengo una prueba irrefutable y un conocimiento absoluto —dijo el ministro— de que tú eres ese príncipe.

Entonces el ministro habló al niño de la marca de nacimiento con forma de corazón que tenía en el hombro derecho y le describió el aspecto que tenía. Para ofrecerle más pruebas, el ministro preguntó a los padres del muchacho:

—¿Engendrasteis vosotros a este niño?

—No —dijeron—, nos lo dieron hace muchos años unos viajeros que pasaron por nuestro pueblo.

Al oír esto, las dudas del príncipe empezaron a disiparse. No obstante, a pesar de que le aseguraban que él era el rey, continuaba despertándose cada mañana creyendo que era un campesino.

Para que la eficacia de la Expiación sea perfecta, a esta le corresponde estar en el centro del altar interior, desde donde subsana la separación y restituye la plenitud de la mente.

T-2.III.2:1-2

Cada mañana, el joven príncipe tenía que recordarse que era un rey y no un campesino. Cada mañana tenía que recordarse la verdad de su ser. Tenía que practicar cada día para ser consciente de hasta qué punto su pensamiento erróneo le había mantenido alejado de la verdad. Seguía diciéndose a sí mismo: «Nada de lo que veo es como era».

Eres una criatura de Dios, una parte de su Reino de inestimable valor
que Él creó como parte de Sí Mismo. Eso es lo único que existe y lo
único que es real.

T-6.IV.6:1-2

El trabajo meditativo, como la lección diaria del *Curso*, nos despierta lentamente al recuerdo del espíritu. El ego no se creó en un día, y no va a irse rápidamente. Hace falta tiempo para disipar las nociones erróneas y acabar con la confusión. No hubo ningún momento en el que el niño campesino no fuera un príncipe. No ha habido ningún momento en el que tú no seas el perfecto hijo de Dios, ¡nunca! Y, sin embargo, nos aferramos intensamente a los sueños del mundo y a la noción de que somos otra cosa que lo que en realidad somos.

Dios y el Ego

La palabra *Dios* aparece 2.207 veces en el *Curso*. La palabra *ego* aparece 475 veces. Cada una de estas palabras, en el original inglés, tiene tres letras *(God, Ego)*. Y cada una de ellas contiene las letras «go». Una palabra empieza en *go*, y la otra acaba en *go*. El ego pone en marcha este mundo. Ego acaba en *o* (cero). De la nada no sale nada. El ego nunca existió y nunca puede existir excepto como un pensamiento que no tiene eternidad (es decir, realidad). Lo máximo que puede hacer es poseer la mente temporalmente. Es, en el mejor de los casos, una fantasía pasajera, como el sueño de la pasada noche, que pronto se va.

Decimos «Dios es», y luego guardamos silencio.

L-169.5:5

O es la letra central de la palabra «Dios» (God). Dios es la nada y el todo. Dios es la totalidad y la unicidad, de la que *O* es también el símbolo. Dios está mucho más allá de las palabras, tanto que estas no sirven para describirle. Todas las religiones del mundo describen a Dios como amor, pero en realidad no podemos decir lo que es el amor. Miro a mi esposa Dolores y digo: «Te quiero». Quiero decir más, pero «te quiero mucho» o «te quiero un montón» no lo mejora. Escribo un poema, pero los poemas no son suficiente. Las palabras no funcionan para describir a Dios, y tampoco funcionan para describir el amor. «Las palabras son símbolos de símbolos, doblemente alejadas de la realidad» (M-21.1:9). En el mejor de los casos, las palabras solo pueden señalar el camino. A pesar de lo limitantes que son, son las principales herramientas que tenemos para abrirnos camino en medio de este asombroso laberinto, y así volver a casa.

La no-identidad que nos lleva a equivocarnos: no hay ego

Si Dios existe, la perfección existe; y si Dios existe, el ego nunca existió. ¿Cómo podría una fantasía, que es una distorsión de la realidad, ser real? Las fantasías son irrealidades, no son la verdad. Vivir bajo la tiranía del ego significa vivir en un sueño. Ego es un nombre que nos lleva a engañarnos: es una nada que ha tomado una forma en la que parece algo, es el caso de una no-identidad que nos lleva a la equivocación. El ego es el «soñador del sueño» que llamamos «vida». La creencia colectiva en el ego hace que parezca real. Si deshaces la creencia, deja de existir. Es un sueño, un dormir en el que a veces tenemos pesadillas.

Dentro del sueño, el ego sabe «ir a por lo que le interesa y conseguirlo»; está ahí fuera en el mundo: es evidente, está involucrado, es agresivo, no mira hacia dentro. Para el ego, Dios es atemorizante. «Si Dios gana, yo pierdo», piensa. Si pongo mi individualidad en manos de Dios, pierdo toda mi identidad. El ego siempre desaparece ante la faz de Dios. Sin embargo, lo que queda no es una nada, sino el todo. Los que alcanzan este estado lo encuentran mucho más satisfactorio que la individualidad aislada.

Mente recta, mente errónea y Mente Una

Exploremos algunos términos básicos del *Curso*. El *Curso* distingue entre la mente recta y la mente errónea. A medida que avanzamos en él, tomamos conciencia progresivamente de cuándo

estamos en nuestra mente *equivocada* y cuándo estamos en nuestra mente
recta. Alejándonos de la mente equivocada —de la ira, la proyección y el
juicio— y eligiendo consistentemente la mente recta —la parte de nuestra
mente separada que contiene la Voz del perdón y la razón—, llegamos a
conocer nuestra mente-una.

El Hijo perfecto de Dios recuerda su creación. Pero en su culpabilidad
se ha olvidado de lo que realmente es.

T-31.I.9:6

¿Por qué no somos felices?

Cuando miramos las cosas que nos producen dolor, hay una que solemos pasar por alto: la culpabilidad. El ego es el símbolo de nuestra
separación de Dios y el maestro de la culpabilidad. La culpa dice: «He
pecado»; «me he separado de Dios»; «he hecho algo malo». La culpabilidad
nos enferma. Es lo último que deseamos examinar, de modo que la mantenemos enterrada; sin embargo, solo examinándola podemos liberarnos
de ella. Al negarnos a examinar la culpa, no somos conscientes de nuestras
creaciones erróneas. Elegimos creer que nuestras ilusiones son reales y que
nuestras proyecciones están justificadas. Es esencial entender (ver) esto.
Si no vemos que somos los perpetuadores de la ilusión (los soñadores del
sueño), ¿cómo vamos a poder dejar de soñar? Mientras sigamos proyectando nuestros pensamientos sobre el mundo, nos sentiremos infelices y
culpables.

Como no queremos examinar la culpa dentro de nosotros, la desplazamos (proyectamos) en el mundo. La mente puede proyectar la fuente de
la culpabilidad donde quiera, de modo que la oculta en el cuerpo: en la
enfermedad, en las drogas, en la comida, en los licores y en una variedad de
estímulos físicos y gratificaciones. Como estamos distraídos de esta manera
por el mundo externo, nunca miramos dentro.

Mentalidad errónea o equivocada es la parte de nuestra mente dividida que incluye al ego y, por tanto, cree en el pecado, en la culpa, el temor,
la ira, el ataque y en actitudes similares. Resulta fácil ver cuándo estamos
en la mente equivocada porque está desequilibrada. Es demente. Ataca y

niega. Es celosa, arrogante, proyectiva, se siente molesta y le gusta juzgar. Si somos honestos, sabemos cuándo estamos en la mente errónea. Y estar en la mente errónea es ser infeliz. Estamos aprendiendo a estar cada vez más en la mente recta, a ser cada vez más conscientes, y por tanto más felices en todo lo que hacemos. **La mentalidad recta** es la parte de nuestra mente que contiene al Espíritu Santo, el vínculo de comunicación entre nosotros y Dios. La mentalidad recta restaura la cordura a la mente y endereza sus percepciones erróneas. Si somos honestos, resulta fácil ver cuándo estamos en la mente errónea, y también es fácil ver cuándo estamos en la mente recta. En este segundo caso, somos amables, delicados, pacientes, amorosos, sinceros y alegres.

Cualquiera que sea tu estado espiritual, donde quiera que te encuentres en el universo, la elección de la que dispones es siempre la misma: expandir tu conciencia o contraerla.

Del *Manual de Iluminación para holgazanes*, del autor norteamericano Thaddeus Golas (1924-1997)

La mente equivocada percibe pecado, justifica el enfado y trata de dar realidad a las ilusiones. Se contrae en lugar de expandirse. Hasta que estamos plenamente iluminados, vamos y venimos entre estas dos mentes. Nuestra tarea consiste en aprender a mantenernos en la mente recta y soltar progresivamente la demencia, o mentalidad errónea.

Mente recta = mente superior = cordura = conciencia = razón = espíritu = libertad (soberanía, apertura) = amor.

Mente errónea = mente inferior = demencia = inconsciencia = irracionalidad = ego = adicción (compulsiones, obsesiones, anhelos desordenados) = temor.

El tomador de decisiones

Tenemos que encontrar un modo de hablar de la parte de nuestra mente que elige qué voz quiere escuchar. Así, una tercera mente se alza entre la mente recta y la mente errónea. Ken Wapnick la denomina «el tomador de decisiones». La frase tomador de decisiones solo aparece en una ocasión en el *Curso,* en el «Manual para el Maestro» (M-5.II.1:7).

Tanto el milagro como el miedo proceden de pensamientos. Si no eres libre de elegir uno, tampoco serás libre de elegir el otro. Al elegir el milagro, rechazas el miedo aunque solo sea temporalmente.

T-2.VII.3:1-3

Elegir la mente recta significa escuchar la Voz que habla por Dios. Significa seguir el Plan de Dios para la Salvación por la senda recta y estrecha que nos conduce felizmente a nuestro hogar en el Cielo. Cuando elegimos la mente errónea escuchamos al ego y, al hacerlo, recorremos una senda ancha y a menudo tortuosa.

El ego es la parte de la mente que cree en la división.

T-5.V.3:1

Arrogancia

En casi todos los talleres que hago, alguien pregunta: «¿Cómo surgió el ego originalmente? ¿Cómo se puso en marcha?». En cierto sentido, esta no es una buena pregunta porque la «separación» (o la caída) en realidad nunca ocurrió, aunque ciertamente parece haber ocurrido. Y como parece que la separación ocurrió, queremos una respuesta.

En una ocasión dije a una dama que había venido a un seminario: «Puedo responder a tu pregunta, pero no te sentirás feliz con mi respuesta porque, una vez que haya respondido, te preguntarás: «Sí, pero, ¿por qué eso es así?"». Las preguntas que empiezan con «¿por qué?» nos llevan a una regresión infinita. Siempre hay un por qué detrás del por qué. La «respuesta» es que el ego cree que es posible pensar un pensamiento fuera de la mente de Dios. No es posible pensar fuera de la mente de Dios; pero, por un momento, este pensamiento es considerado. Así, se puede decir que el pensamiento de separación procede de la arrogancia. Pero, ¿por qué de la arrogancia?

> *Aceptarte a ti mismo tal como Dios te creó no puede ser arrogancia porque es la negación de la arrogancia. Aceptar tu pequeñez es arrogancia porque significa que crees que tu evaluación de ti mismo es más acertada que la de Dios.*
>
> T-9.VIII.10:8-9

Presunción

Otro término más «psicológico» que podríamos usar en lugar de arrogancia es presunción. El historiador británico Sir Ian Kershaw (1943-presente), considerado por muchos el mayor experto del mundo en Adolf Hitler, escribió dos libros sobre la vida del dictador: el primero lleva por título *Hubris*; el segundo, *Némesis*. Nuestra némesis es aquello que no podemos superar. La presunción nos ciega, y en esa ceguera está nuestra némesis. El primer oponente que no podemos derrotar es nuestra propia arrogancia o hubris.

Orgullo

Otra palabra más «teológica» es orgullo. Como reza el dicho: «El orgullo precede a la caída». El orgullo mira hacia abajo, y si miras hacia abajo, puedes marearte y caer. La experiencia de Adán se describe como la *caída de la humanidad*. Sin embargo, no ocurrió nada. Solo es un mito. Solo podemos abandonar a Dios en nuestras pesadillas, y todos los sueños acaban cuando despertamos. El orgullo se considera el pecado original y el más serio de los siete pecados capitales, pues es la fuente de todos los demás vicios. El poeta italiano Dante (1265-1321) describió el orgullo como «un amor pervertido al propio ser».

La agresión suele acompañar a la arrogancia. Los pensamientos de ataque nos hacen infelices y no nos hacen ningún servicio. La «Lección 23» del «Libro de ejercicios» dice: «Puedo escaparme del mundo que veo renunciando a los pensamientos de ataque».

La mentalidad-una, que es perfecta felicidad, es nuestro objetivo último. Debemos alcanzar la mentalidad recta antes de poder restaurar la mentalidad-una. La mentalidad-una es eternamente íntegra y no puede estar dividida. Cuanto más elijamos la mente recta, más avanzaremos progresivamente hacia la mentalidad-una. La mentalidad-una (nuestro hogar natural) es la mente de Dios o Mente Unificada. *En último término* (y esto incluye el *ahora*), solo existe la mentalidad-una. *En último término*, solo existe el Cielo. *En último término*, no hay nada fuera del Cielo. Sin embargo, dentro del ilusorio mundo onírico podemos «pensar» que es posible vivir fuera del Cielo.

Perfecta unicidad

La perfección es el estado de conocer la verdad desde un punto de plenitud absoluta. La perfección viene primero. Tiene que ser así. No hay modo de evitarlo. Al principio y al final, en el alfa y en el omega, encontramos la perfección. Todo lo que no es de Dios, no es. Una mente dividida no puede, por tanto, conocer la perfección.

O Dios está loco o bien es el ego el que lo está.

T-11.In.1:1

O la perfecta unicidad es verdad, o la separación y la ilusión lo son. Ambas no pueden ser verdad. En cada momento, en cada «ahora», se nos «ofrece» la elección: elige la mente recta (la visión de amor del Espíritu Santo) y despierta a la perfecta unicidad; o elige la mente errónea (la proyección de miedo/separación) y sigue dormido.

Al elegir la mente recta momento a momento despertamos de la ilusión de la división. En la *Guía del autoestopista galáctico*, el autor y humorista inglés Douglas Adams describe una serie de planetas oníricos, creados por la humanidad, que están extendidos a lo largo y ancho del universo, donde los humanos y otros seres pueden ir para convertir sus sueños en realidad.

Tal vez este mundo sea el infierno de otro planeta.

Aldous Huxley (1894-1963), autor inglés

Elegir la ilusión: la máscara externa y el ser interno

La astucia del ego parece ilimitada. Incluso cuando uno avanza en la elección de la mente recta, resulta fácil volver a caer en la mente errónea. A cada tentación que el diablo puso frente a Jesús, este respondió: «Vete de aquí, Satán». (Mateo 4,10). Rendirse a la ilusión del ego conduce a una caída. Rendirse al amor de Dios nos conduce a la perfecta felicidad.

Buscar la perfección: venga a nosotros tu Reino

El autor inglés John Milton (1608-1674), en su poema épico *El paraíso perdido*, describió al diablo alejándose de Dios en un esfuerzo por establecer su propio Reino. Darth Vader, en la serie *La guerra de las galaxias*, trata de fabricar su propio mundo en el «lado oscuro». Creamos reinos aislados en nuestras mentes, en nuestros cuerpos, en nuestros hogares, en el trabajo, en la iglesia, en nuestras comunidades y en el mundo.

Es imposible perdonar a otro, pues es únicamente tus pecados
lo que ves en él.

S-2.I.4:2

¿Dónde están la felicidad y la infelicidad? ¿Dónde está la culpa? ¿Dónde la vergüenza? ¿Dónde están el perdón o la falta de perdón? Cuando perdono a alguien, debo perdonarme a mí mismo por haber reaccionado con el ego. Las circunstancias externas no tienen ninguna importancia en absoluto cuando la mente está sintonizada con Dios. Jesús fue a la cruz sin temor y con paz en su mente, sabiendo que lo que tenía que hacer era «buscar la perfección».

¿Cómo puedes saber cuándo estás viendo equivocadamente
o cuándo no está alguien percibiendo la lección que debería
aprender? ¿Parece ser real el dolor en dicha percepción? Si lo
parece, ten por seguro que no se ha aprendido la lección, y que

en la mente que ve el dolor a través de los ojos que ella misma dirige
permanece oculta una falta de perdón.

L-193.7:1-4

Jesús volvió del desierto teniendo clara su identidad. Negó lo externo y eligió ser el Cristo. Recordó la verdad de su identidad, eligió la perfección sobre la imperfección y, al hacer esa elección, recordó la eternidad.

Qué distracción puede ser el cuerpo.
Me roba tanto tiempo.

El cuerpo domina nuestras vidas. Sin embargo, sabemos que llegará un día en el que nuestro cuerpo se convertirá en cenizas esparcidas al viento o depositadas en la tierra y destinadas a descomponerse. El cuerpo envejece, nuestros sentidos fallan, nuestros ojos se debilitan, perdemos audición. El gusto, el tacto y el olfato también quedan disminuidos. Finalmente vendrá alguna enfermedad, y después la amiga muerte.

¿Y si pudiéramos cuestionar todo este penoso cuadro y también lo que llamamos el mundo «externo»? ¿Y si en lugar de esta triste imagen fueras espíritu puro? ¿Y si supieras que la única permanencia real se halla en la mente de Dios? ¿Y si fuera posible conocer el Cielo estando vivo, despierto y consciente ahora mismo? El Cielo parece como un sueño, y este mundo nos parece la realidad. En verdad, es justo al revés.

Si tu perfección reside en Él, y solo en Él, ¿cómo podrías conocerla sin
conocerlo a Él? Reconocer a Dios es reconocerte a ti mismo. No hay
separación entre Dios y Su creación.

T-8.V.2:6-8

CAPÍTULO 5

La perfecta felicidad

¿Tienes idea de cuántas vidas hemos debido vivir antes de que se nos ocurriera la idea de que en la existencia debe haber algo más que comer, luchar y quién tiene en el poder en la bandada? Mil vidas, Jon, ¡diez mil! Y después otras cien vidas hasta que empezamos a aprender **que existe tal cosa como la perfección**, y otras cien más para que se nos ocurra la idea de que *el propósito de nuestra vida es hallar esa perfección y demostrarla.*

Sullivan, el maestro de Juan Salvador Gaviota en
Juan Salvador Gaviota, de Richard Bach

Fui ordenado ministro de la Iglesia Metodista Unida en 1970. En el momento de la ordenación, tenías que prometer que había ciertas cosas que harías y otras que no harías. Hacer promesas siempre es problemático. Hacer promesas nos encierra en una caja: ata nuestras manos y restringe nuestra libertad. Una vez que haces una promesa, si la rompes, vas a tener problemas. Para ser ordenados:

1. Teníamos que afirmar que habíamos sido «llamados» al ministerio, que teníamos vocación.

2. Teníamos que decir que habíamos aceptado a Jesús como nuestro salvador personal.

3. Teníamos que decir que creíamos en la Trinidad Divina (en lugar de un Dios unitario).

4. Teníamos que decir que creíamos que la Biblia establece las normas sobre cómo se debe vivir la vida.

5. Teníamos que decir que nos abstendríamos de beber alcohol.
6. Los ministros solteros tenían que hacer voto de celibato.
7. Teníamos que decir que nos dirigíamos hacia la perfección.

La perfección es el objetivo

A finales de los sesenta y principios de los setenta se produjo la revolución sexual. El musical *Hair* empezó a representarse en Broadway en 1971; estábamos experimentando el «amanecer de la Era de Acuario». Yo tenía veintiocho años, estaba soltero y me estaba divorciando de un matrimonio en el que había entrado, en parte, para tener una experiencia sexual «legítima». Estaba haciendo estudios de doctorado al tiempo que enseñaba en la Universidad New School de Greenwich Village, en la ciudad de Nueva York. Aún no conocía a mi esposa Dolores. Había muchas mujeres hermosas a mi alrededor.

En un retiro previo a la ordenación, varios de «los que íbamos a ser ordenados» expresamos nuestros sentimientos ambivalentes con respecto a los votos. Cada uno de nosotros había completado tres años de estudios a tiempo completo en el seminario. La mayoría ya trabajábamos como ministros, de modo que no pasar por la ordenación significaría que no avanzaríamos en la Iglesia. Había un joven que se sentía especialmente molesto con respecto a tener que prometer fidelidad a la Biblia, que le parecía un compendio en el que cabían muchas cosas.

Se nos dijo que solo los miembros de la Iglesia más conservadores apoyaban la norma de no tomar alcohol y la insistencia en que los clérigos solteros fueran célibes, y que debíamos contestar «sí» a cada una de estas preguntas, aunque después era posible que no las «observáramos al pie de la letra». Es decir, ¡debíamos mentir! Nadie quería mentir. Nadie quería ser deshonesto. Todos queríamos ser ministros. Íbamos a hacer voto de dirigirnos hacia la perfección y, al mismo tiempo, se nos pedía que mintiéramos. Era una situación contradictoria y desagradable.

Una joven profundamente espiritual, negándose a cometer perjurio, declinó la ordenación. Me sentí orgulloso de ella. Más adelante se convirtió en una respetada profesora universitaria. La mayoría del resto de nosotros mentimos. Hubo dos votos que no me costó tomar: el primero y el último. No tenía dudas con respecto a mi *vocación* ministerial. El ministerio era mi ADN. Aparte de enseñar y escribir (que es parte integral de cualquier ministerio), nunca pensé en dedicarme a otra profesión. La segunda parte con la que estaba plenamente de acuerdo era el último voto: que «estábamos orientados hacia la perfección». El objetivo era ser perfectos.

El «Manual para el maestro» del *Curso* comienza así:

> *Este es un manual para los maestros de Dios, quienes son perfectos, pues, de lo contrario, no estarían aquí. Su misión, no obstante, es alcanzar la perfección aquí, y, por lo tanto, la enseñan una y otra vez, de muchísimas maneras, hasta que la aprenden.*

M-In.5:4-6

> *El Reino está perfectamente unido y perfectamente protegido, y el ego no prevalecerá contra él.*

T-4.III.1:12

¿Dónde está el Reino del Cielo? «Está dentro de ti», no en el cuerpo, sino en la mente. El cuerpo es efímero. Morirá. La Mente nunca duerme, y vive eternamente en un lugar al que llamamos la eternidad. Podemos sacar a Dios temporalmente de nuestras mentes, sin embargo, Él siempre está con nosotros. No podemos separarnos de Dios, tal como Él tampoco puede separarse de nosotros.

¿Tienes sexo Dios?

En una ocasión di un sermón titulado: «¿Tienes sexo Dios?». El tema atrajo una atención considerable. No fue nada extraordinario ni dramático. La palabra «sexo» viene del latín *secare*, que significa 'dividir en dos': es decir, masculino y femenino, los dos sexos. Dios no tiene sexo. Dios es Uno e indiviso. Existen tradiciones religiosas en las que el Cielo está dividido en distintos niveles y estadios, en los que la gente camina aprisionada en cuerpos como los nuestros. Todo esto es mitología y proyección.

> *El espíritu no tiene niveles, y todo conflicto surge como consecuencia del concepto de niveles.*
>
> T-3.IV.1:6

El *Curso* se refiere a Dios como nuestro Padre. Dios no es una persona. Dios no tiene cuerpo. Dios no es hombre ni mujer. En cualquier caso, resulta útil usar «imágenes» y hablar de la función paternal o maternal de Dios, referirnos a Él como eso que nos creó y nos ama, cono nuestra eterna identidad espiritual, como eso que está dentro de nosotros. Jesús y el Espíritu Santo son símbolos de la mente recta, o del verdadero Ser, que está dentro de cada uno. Representan un amor «que no es de este mundo». Ellos no son cuerpos ni tampoco son personas.

Si se usa la palabra *Él* para describir a Dios, no la tomes literalmente. Dios no es un hombre. Hay un maravilloso proverbio judío que dice: «*Madre* es el nombre de Dios en los corazones y en los labios de los niños». En este mundo solo es posible tener dos sexos. A menudo atribuimos a Dios el papel de padre, como en la historia del hijo pródigo. La imagen de madre sirve igualmente bien. En Dios no hay sexo porque no hay división. La perfecta unicidad no tiene nada que ver con los cuerpos.

> *La meta de la vida es hacer que el latido de tu corazón sintonice con el latido del universo, que tu naturaleza esté en concordancia con la Naturaleza.*
>
> Autor y mitólogo norteamericano Joseph Campbell (1904-1987)

Perfecta felicidad

Cierto, la felicidad duradera es perfectamente posible. Esto es la «iluminación». Podemos experimentar júbilo o una alegría temporal, o deleitarnos en una nueva idea, en una nueva oportunidad, en un nuevo coche, en mejorar nuestra salud, en un nuevo amor, en tener dinero extra en el banco o en un buen informe del médico. Pero ninguna «forma» de felicidad es duradera.

Las ideas no abandonan su fuente. Esta es la historia del Curso.

El mundo es un sueño infeliz. Pensamos (dentro del sueño) que la Verdad aún está por ser y, sin embargo,

> *Todos ya saben.*
> *Todos ya son libres.*
> *Todos ya son perfectos.*
> *Todos ya pueden ver.*

Nuestra única realización es volver a lo que ya conocemos. Hay una vida que compartimos con Dios. «El sueño del olvido no es más que nuestra renuencia a recordar Tu perdón y Tu amor» (T-16.VII.12.4).

El tiempo es un truco, un juego de manos, una gigantesca ilusión en la que las figuras parecen ir y venir como por arte de magia.

L-158.4:1

La irrealidad del pecado

Cuando leemos la palabra *pecado* en el *Curso,* podemos sustituirla por la palabra *separación.* El pecado es la creencia de que es posible hacer algo contra Dios. Y habiendo hecho algo contra Dios, el ego cree que, para ser feliz, es necesario sufrir o «pagar un precio» como penitencia por los pecados. El pecado llama al castigo. Los errores piden una corrección de la percepción. El ego cree que el castigo «es» corrección. Entonces no hay esperanza para los pobres pecadores del mundo. Serán hallados y castigados. Por lo tanto, es imposible creer que el pecado es verdad sin creer que el perdón es una mentira (L-134.4:2).

Si el pecado es real, la felicidad no puede sino ser una ilusión, porque ambas cosas no pueden ser verdad.

L-101.2:3

La Voluntad de Dios para ti es perfecta felicidad ahora

El mundo siempre es cambiante. El tiempo cambia, nacen niños, los cuerpos envejecen y la gente muere. Tal es la naturaleza del tiempo. La inmutabilidad del Cielo es perfecta. En el Cielo no hay tormentas ni guerras. La perfecta felicidad no puede hallarse en un mundo cambiante. Sin embargo, la perfecta felicidad es posible porque no hay un mundo aparte de lo que nosotros pensamos. La «Lección 138» del *Curso* dice: «El Cielo es la alternativa por la que me tengo que decidir». Cada uno de nosotros acabará eligiendo inevitablemente el Cielo, entonces, ¿por qué no hacerlo ahora?

La culpa es una ilusión basada en el pensamiento de que he pecado al separarme de Dios. Solo puedo separarme de Dios en una pesadilla. Si estoy en mi cama durmiendo, me despertaré en el lugar del que nunca me fui. Mi cuerpo sigue estando allí, en la misma cama.

> *¿Qué es lo que hace que este mundo parezca real sino tu negación de la verdad que se encuentra más allá de él? ¿Qué otra cosa sino tus pensamientos de aflicción y de muerte ensombrecen la perfecta felicidad y vida eterna que la Voluntad de tu Padre dispone para ti? ¿Y qué otra cosa sino las ilusiones podrían ocultar lo que no puede ser ocultado? ¿Qué podría privarte de lo que te pertenece sino tu propia decisión de no verlo, al negar que se encuentra ahí?*
>
> L-165.1:1-4

Una mujer que está alojada en un hotel llega al mostrador de recepción y dice:

—Hay un hombre desnudo paseándose por el apartamento que está justo al otro lado de la calle, frente a mi habitación. ¡Tiene que hacer algo!

El director sube a la habitación a investigar. Mira al otro lado de la calle y dice:

—Señora, solo puede verle hasta la cintura. Usted no sabe si está desnudo. Es posible que solo se haya quitado la camisa.

—No, no —dice ella— está completamente desnudo.
—¿Cómo lo sabe? —pregunta el director—.
—Póngase de pie en la cama y lo verá.
Recuerda:

Lo importante no es aquello a lo que miramos,
¡sino lo que vemos!

Manifestamos aquello sobre lo que hacemos juicios, y seguiremos manifestando todo aquello sobre lo que emitamos juicios hasta que dejemos de juzgar lo que manifestamos. Si no te gusta lo que estás manifestando, deja de juzgarlo. Cuando no juzgamos dónde ni con quién estamos, llegamos a ser felices. El espacio y el tiempo son las dos caras de una misma moneda ilusoria. El tiempo es, literalmente, *temporal*. Es pasado o futuro, pero nunca es ahora. La única parte del tiempo que es eterna es ahora. La eternidad es «intemporalidad». En los Evangelios, Jesús dice: «Antes de Abraham, Yo soy». No dice: «Antes de Abraham, yo era». Él dijo: «Antes de Abraham, Yo soy» (Juan 8,58).

> *¿En qué otro momento sino ahora mismo puede reconocerse la verdad? El presente es el único tiempo que hay. Y así, hoy, en este mismo instante, ahora mismo, podemos contemplar lo que se encuentra ahí eternamente, no ante nuestra vista, sino ante los ojos de Cristo. Él mira más allá del tiempo y ve la eternidad representada allí.*
>
> L-164.1.1:4

El espacio, como el tiempo, es forma. La forma es separación y división. El cuerpo es una forma de confinamiento. ¿Has sentido ganas alguna vez de ir más allá de tu piel, de tu cuerpo? Ningún cuerpo es eterno. No esperes ver el cuerpo de tu difunta madre cuando tu cuerpo muera. Allí no hay «ningún cuerpo». Los cuerpos son, por definición, imperfectos y están limitados a la forma. Toda vida está donde está el amor. Toda vida es de la Mente Eterna. La vida fuera del Cielo es imposible.

Tú estás ahora, siempre has estado y siempre estarás conectado con tu «madre» a través del amor que compartís. El amor no necesita un cuerpo.

Una prueba simple de que no somos cuerpos reside en el hecho de que «ningún» cuerpo dura. No hay nada que se descomponga, se deteriore, se desintegre, se oxide o se pudra —nada que cambie de una forma a otra—, que contenga en sí nada de eternidad. Los cuerpos cambian y, con el tiempo, mueren.

> *El Cielo no es un lugar,*
> *y no es un tiempo. El Cielo es ser perfecto.*
>
> De *Juan Salvador Gaviota*, de Richard Bach

> *El Cielo no es un lugar, ni tampoco una condición. Es simplemente la conciencia de la perfecta unicidad y el conocimiento de que no hay nada más: nada fuera de esa unicidad ni nada adentro.*
>
> T-18.VI.1:5-6

Hay tradiciones religiosas que enseñan la existencia de muchos niveles en el Cielo y en el infierno. En *La divina comedia*, de Dante, el infierno se retrata como nueve círculos de sufrimiento. No hay infierno y no hay divisiones en el Cielo. El Cielo es unicidad y no puede estar sujeto a niveles ni grados.

> *El ser humano forma parte de una totalidad,*
> *que llamamos el «Universo»,*
> *una parte limitada en tiempo y espacio. Él se experimenta a*
> *sí mismo, sus pensamientos y sentimientos como algo separado*
> *del resto, una especie de ilusión óptica de su conciencia.*
> *Esta ilusión es una especie de prisión para nosotros, que nos restringe a nuestros deseos personales y al afecto de unas pocas personas cercanas. Nuestra tarea debe ser liberarnos de esta prisión.*
>
> Albert Einstein, físico nacido en Alemania

La perfecta felicidad viene de conocer la verdad del ser. Dios es lo único que necesitamos, porque Dios es lo único que existe. Todo lo demás es fantasía. Llegamos a la «perfecta felicidad ahora» haciendo la voluntad de Dios ahora. Qué simple es lo obvio. Tratamos de crear una identidad separada haciéndonos hombres y mujeres «auto-creados», y ahí reside nuestra «caída» y la fuente de nuestra infelicidad.

En la mayoría de nuestras relaciones humanas,
dedicamos buena parte de nuestro tiempo a asegurarnos mutuamente
que el traje que define nuestra identidad nos cuadra bien.

Maestro espiritual Ram Dass (1931-presente)

La felicidad perfecta (la paz intemporal y eterna de Dios) es posible ahora. El «ahora» es la aproximación más cercana a la eternidad que el mundo nos ofrece. En la realidad de «ahora», no hay pasado ni futuro. Solo «ahora» puede ser conocido el Instante Santo (verdadera felicidad) (T-13.IV.7:5-7). Lo que no está en comunicación con la eterna mente de Dios nunca ha sido. En la mente iluminada no hay tiempo. No hay pasado, no hay necesidad de culpa ni de juicio. No hay futuro; no hay nada que temer. El único camino a la perfecta felicidad es renunciar a todas las proyecciones y sanar todas nuestras relaciones. El retorno al Reino del Cielo depende de que seamos capaces de ver la inocencia, el «rostro de Cristo», en todos nuestros hermanos y hermanas.

Perfecta felicidad ahora

Se me ha dado un día de gracia,
y ahora lo veo con claridad.

Hay una luz que mis ojos no ven
y, sin embargo, mi mente la contempla.

Ahora veo que no pierdo nada
cuando abandono la ilusión.

El mundo no contiene nada que yo desee
y por eso mi elección es clara.

No la encuentro yéndome de aquí,
sino en la Mente Eterna.

Hay un lugar de intemporalidad,
donde el amor dura eternamente.

Aquí perder es imposible.
y la venganza no tiene sentido.

Aquí Dios le habla claramente a su Hijo.
Y su Hijo le responde.

La Voluntad de Dios es perfecta felicidad
¿por qué elegir en contra de mí mismo?

La Voluntad de Dios es perfecta felicidad
para todos los hermanos y hermanas.

La Voluntad de Dios es perfecta felicidad
para todos los que quieran declararla.

Ahora ya no queda nada que encontrar
la Perfección ha sido otorgada.

Ahora avanzo hacia mi hogar en Dios.
Siento certeza sobre el último paso.

CAPÍTULO 6

Visión perfecta

Cuando elegimos la percepción distorsionada del ego, su sombra cae sobre todas las cosas. No obstante, «está viniendo el día y ya ha llegado» en el que experimentaremos la «perfecta visión», y, por lo tanto, «la perfecta felicidad». La perfecta visión permite la perfecta unicidad. El primer paso consiste en estar dispuestos.

Perfecta pureza

Según la tradición mitológica, el héroe o la heroína (el Ser que somos) siempre nace con perfecta pureza. Inmaculado significa «sin mácula, sin mancha». Se ha dicho que Pitágoras, Buda, Confucio y Jesús tuvieron concepciones «inmaculadas». No nos tomemos esto demasiado literalmente. Este es uno de los lugares donde la cristiandad se quedó pillada por adorar el cuerpo de Jesús. No es simplemente como cualquier otro, es un cuerpo sangrante y sacrificado que cuelga de una cruz. Así, en la liturgia de la misa decimos: «Este es mi cuerpo que será entregado por vosotros. Esta es mi sangre derramada por vosotros». Los cuerpos no son inmaculados. Es la mente la que recuerda a Dios.

El Cielo es el hogar de la pureza perfecta, y Dios lo creó para ti.

T-22.II.13:6

Antes de que la separación introdujese las nociones de grados, aspectos e intervalos, la percepción no existía. El espíritu no tiene niveles, y todo conflicto surge como consecuencia del concepto de niveles. Solo los Niveles de la Trinidad gozan de Unidad. Los niveles creados por la

*separación no pueden sino estar en conflicto. Ello se debe a que
ninguno de ellos significa nada para los demás.*

T-3.IV.1:5

Aunque nace de un rey, el héroe a menudo tropieza y es víctima de su propio ego. Todos hemos sido creados en la pureza perfecta. Nada puede alterar la convicción de Dios sobre la perfecta pureza de todo lo que Él ha creado (T-14.III.12:2). Dios sabe que nosotros, Sus hijos, estamos dormidos, y tiene un plan que despertemos.

Pues el Hijo de Dios es inocente ahora, y el fulgor de su pureza resplandece incólume para siempre en la Mente de Dios.

T-13.I.5:6

Jesús dice: «Bienaventurados los puros de corazón, porque ellos verán a Dios» La paz viene acompañada por el recuerdo de la perfecta pureza. Amamos a los niños porque nos resulta muy fácil ver la inocencia en ellos. Me enamoré tanto de mi novia del instituto como de mi esposa porque vi la inocencia en ellas. Jesús nos pide que contemplemos a todos los hermanos y hermanas como si miráramos niños inocentes, pidiéndonos amor. El hombre que acaba de colarse en la fila poniéndose delante de ti es uno de esos niños.

*El Espíritu Santo es el traductor de las leyes de Dios para
aquellos que no las entienden...
Él traduce únicamente para conservar, en todos los idiomas
y desde cualquier punto de vista, el significado original. Por
consiguiente, se opone a la idea de que las diferencias en lo
relativo a la forma sean significativas, subrayando siempre
que esas diferencias no importan.*

T-7.II.4:5&5:2-3

*Obrar milagros es lo único que puedes hacer que trasciende la
idea de grados de dificultad, pues los milagros no están basados en diferencias sino en la igualdad.*

T-14.X.2:7

Jesús recordó al Cristo al no ver diferencias en la forma. Reconociendo la verdad, él pudo decir: «El Padre y yo somos Uno». No hay diferencia entre nosotros excepto en el tiempo, y en la medida en la que el tiempo no existe, no hay diferencias.

Al igual que tú, fui creado en el Primero, y te he llamado para que te unas a mí en el Segundo. Estoy a cargo del Segundo Advenimiento, y mi juicio, que se usa solamente como protección, no puede ser erróneo porque nunca ataca.

Tu ego está tratando de convencerte de que él es real y de que yo no lo soy, ya que si yo soy real, no puedo ser más real que tú. Ese conocimiento, y te aseguro yo que es conocimiento, significa que Cristo ha venido a tu mente y la ha sanado.

T-4.IV.10:3-4&8-9

Así es como se construye la realidad a base de una visión parcial, la cual se contrapone deliberadamente a lo que de hecho es verdad. Su enemigo es la unidad. Concibe cosas sin importancia y las contempla. Y la ausencia de espacio, así como la sensación de unidad o visión que ve de manera distinta, se convierten en amenazas que debe superar, combatir y negar.

L-184.4:1-3

El ego ve un mundo temeroso e inquietante: un lugar de oscuridad lleno de pecado. La «Lección 12» del *Curso* dice: «Estoy disgustado porque veo un mundo que no tiene significado». Y continúa diciendo: «Creo ver un mundo temible, un mundo hostil, un mundo peligroso, un mundo triste, un mundo perverso, un mundo enloquecido» (L-12.3:2). El ego contempla un mundo oscuro, y en la oscuridad se nos engaña.

No intentes alcanzar la visión valiéndote de los ojos, pues tú mismo inventaste tu manera de ver para así poder ver en la oscuridad, y en eso te engañas.

T-13.V.9:1-3

85

Viendo a través de los «ojos» del ego nos engañamos. El ego ve pecado, enfermedad, tristeza y separación. La visión de Cristo contempla todas las cosas en la luz y solo ve unicidad. La mente-ego no ve, de hecho, no puede ver la unicidad. El ego solo ve separación, diferencia y división. Al identificarnos con el ego, no vemos la totalidad. En cambio vemos discordia, diferencia y división.

La verdadera luz que hace posible la verdadera visión no es la luz que los ojos del cuerpo contemplan. Es un estado mental que se ha unificado en tal grado que la oscuridad no se puede percibir en absoluto. Y de esta manera, lo que es igual se ve como lo mismo, mientras que lo que es diferente ni se nota, pues no está ahí.

L-108.2.1-3

Tiempo de contar una historia

Una historia sufí habla de una joven que iba a ver a su amado. Pasó junto a un mulá (santo) que estaba rezando sus oraciones. Concentrada en su amado, sin darse cuenta pasó justo por delante del mulá. Esto es algo prohibido por la ley religiosa (una «orden»que se supone que uno tiene que obedecer). El mulá se sintió molesto porque había alterado sus oraciones. Más adelante, al regresar, ella volvió a pasar a su lado. En esta ocasión el mulá la regañó por su error diciéndole:

—No fue correcto que pasaras por delante de mí mientras estaba ofreciendo mi oración. Estaba pensando en Dios, el Señor de los Cielos.

—Lo siento —respondió ella—. Aún no conozco a Dios ni la oración. Iba a ver a mi amado, y como solo pensaba en él, no vi que estabas rezando. ¿Cómo pudiste tú, que estabas pensando en Dios, verme?

En los sueños no hay nada duradero
Ni en ninguno de los planes del ego.

El milagro, o el cambio de percepción del ego a la visión, es un reflejo de la unión de voluntades entre Padre e Hijo. La mente recta solo ve hermanos y hermanas, porque solo ve su propia luz. La perfecta claridad de la visión nos permite contemplar el Cielo, incluso si lo que el mundo ve parece un infierno, como cuando sentimos dolor, en tiempos de guerra, durante el reinado de los déspotas, y también durante la Inquisición y el Holocausto. El mundo real, la visión de Totalidad, solo se contempla bajo la luz del Espíritu. Jacques Lusseyran (1924-1971) escribió *Y hubo luz*, uno de los mejores libros que he leído. Lusseyran fue un francés que se quedó ciego a la edad de ocho años cuando se le rompieron los cristales de las gafas tras chocar con la esquina de un pupitre. De joven decidió aprender alemán para poder escuchar la radio alemana. Formó parte de la resistencia francesa a Hitler durante la Segunda Guerra Mundial; fue capturado y enviado al campo de concentración de Buchenwald, donde fue una inspiración para muchos que gravitaron a su alrededor en busca de consejo espiritual. Como era ciego y sabía hablar alemán, sobrevivió a Buchenwald y emigró a Estados Unidos, donde enseñó literatura francesa. Lusseyran murió, junto con su esposa, en un accidente automovilístico en 1971. Esta es una cita de su libro:

Dentro de mí estaba todo lo que había creído que estaba fuera. En particular estaba el sol, la luz y todos los colores. Estaban incluso las formas de los objetos y las distancias entre ellos. Todo estaba allí, y el movimiento también... La luz es un elemento que llevamos dentro de nosotros y que puede crecer allí con tanta abundancia, variedad e intensidad como fuera de nosotros... Yo podía encenderme... es decir, podía crear una luz dentro de mí tan viva, amplia y cercana que mis ojos, mis ojos físicos, o lo que quedaba de ellos, vibraban, casi hasta el punto de doler... Dios está ahí presente bajo una forma que tiene la buena suerte de no ser religiosa ni intelectual ni sentimental; simplemente está vivo.

Inocencia

El poeta místico inglés William Wordsworth (1770-1850) lo expresó de manera simple cuando dijo: «Durante la infancia, el Cielo está a nuestro alrededor».También podríamos decir: «El Cielo está a nuestro alrededor en nuestra inocencia». Los ojos inocentes pueden ver la perfección. Los ojos inocentes ven sin proyectar ni percibir diferencias. Cuando los niños que aún no hablan nos miran, simplemente ven: sin pensamientos, diferencias ni juicios.

La inocencia es sabiduría porque no tiene conciencia del mal;
y el mal no existe. No obstante, es perfectamente consciente de
todo lo que es verdad.

T-3.I.7:4

Mi amiga y compañera de ministerio, la reverenda Emily Boardman, que trabaja con moribundos, cuenta esta historia de cuando estaba con uno de sus amigos en el momento de la muerte. Lo que sigue son sus palabras:

Mi amigo más querido había librado una larga y dura batalla, y finalmente estaba llegando a su fin. Él lo sabía y parecía no tener miedo. Había afrontado la muerte con frecuencia, y a estas alturas sentía que estaba preparado para esta nueva etapa del viaje y estaba diciéndonos adiós de la manera más amorosa. Estaba sentada junto a su cama cuando entró la secretaria de la oficina en la que él había trabajado. Ella se quedó al pie de la cama, con el rostro lleno de amor, luz y asombro, y dijo: «¡Eres *perfecto*!». Me volví para mirarle y, ciertamente, lo era. No estoy segura de qué significó esto, pero juntas lo vimos, lo supimos y nos recreamos en ello. Cuando se fue, Charles me preguntó que había dicho ella, qué palabra había usado. Yo le dije: *perfecto*. Él me miró y dijo: «Oh, bueno, sí, todos lo somos». Charles murió dos días después.

La inocencia de Dios es el verdadero estado mental de Su Hijo.

T-3.I.8:1

El chico del bote

El domingo después de que estallara la bomba en la maratón de Boston, en abril de 2013, di un sermón titulado «El chico del bote». Hablé a la congregación de cómo podíamos ver al chico del bote. Su hermano había muerto. Él estaba sangrando, quizá muriendo; tal vez la mayor partida de policías y perros policía jamás reunida le perseguía de cerca. Les pedí que pensaran en la pesadilla que debía estar pasando por su mente. Había matado a tres personas, incluyendo a un niño de nueve años; había lisiado y herido de por vida a varias docenas más. Les pedí que imaginaran la culpabilidad infernal —su sensación de temor y soledad— sabiendo cuánto se le odiaba, sabiendo que iba a ser hallado. No había ningún lugar al que pudiera acudir en busca de solaz. Ahora nadie le quería. En el mejor de los casos, pasaría el resto de su vida en prisión.

Entonces pedí a la congregación que pensaran en cómo le veía Dios, y en cómo Dios nos ve a ti y a mí. A los ojos de Dios, todos somos Sus hijos, todos somos iguales. Mientras el mundo le odiaba, lo que el chico del bote necesitaba era que alguien le amara.

Una tragedia similar se pudo evitar en agosto de 2013, cuando un hombre armado con un rifle de asalto AK-47 y quinientas tiras de munición entró en una escuela de Georgia. Una bibliotecaria sagaz y de gran corazón llamada Antoinette Tuff le dijo: «Todo va a ir bien, cariño. Solo quiero que sepas que te quiero y que me siento orgullosa de ti. Es una buena cosa que te estés rindiendo… no te preocupes. Todos pasamos crisis en la vida. Vas a estar bien».

El presente te muestra a tus hermanos bajo una luz que te uniría a ellos y te liberaría del pasado. ¿Usarías, entonces, el pasado contra ellos? Pues si lo haces, estarás eligiendo permanecer en una oscuridad que no existe, y negándote a aceptar la luz que se te ofrece. Pues la luz de la visión perfecta se otorga libremente del mismo modo en que se recibe libremente, y solo se puede aceptar si limitaciones de ninguna clase.

T-13.VI.7:1-4

Dios no juzga a Su Hijo inocente. Únicamente desde una perspectiva más elevada se puede alcanzar la visión de Cristo y contemplar eso que Dios no condena.

> *Más allá de esta oscuridad, pero todavía dentro de ti, se encuentra la visión de Cristo, Quien contempla todo en la luz. Tu «visión» emana del miedo, tal como la Suya emana del amor. Él ve por ti, al ser tu testigo del mundo real.*
>
> T-13.V.9:2-5

Todos estamos perdidos, y sin embargo Dios tiene un plan para que cada uno de sus hijos despierte de las pesadillas que hemos creado. Por más que se aleje cualquier hijo de Dios, un día todos retornaremos a la visión perfecta, a la totalidad perfecta, y así, a la felicidad perfecta. La única manera de poder ver verdaderamente al chico de la barca es verlo tal como Dios lo ve.

> *¿Qué le ocurre a la percepción en ausencia de juicios, o de nada que no sea perfecta igualdad? Percibir se vuelve imposible. La verdad solo se puede conocer.*
>
> T-3.V.8:1-3

El chico de la barca cometió un error. Tal como el mundo lo ve, fue un «error» enorme. Tenía que ser hallado y arrestado. Sin embargo, no hay orden de dificultad en los milagros: uno no es mayor que otro. En el estado místico, solo hay visión: no hay evaluación ni condena. Podemos amar a cualquiera cuando lo miramos con ojos inocentes. Lo que más necesitaba el chico de la barca era que alguien lo amara, a pesar de la severidad de su aberración.

> *Dios ofrece únicamente misericordia. Tus palabras deben reflejar solo misericordia porque eso es lo que has recibido y eso es lo que deberías dar.*
>
> T-3.VI.6:1-2

La infancia es un tiempo de inocencia. El ego está presente de forma naciente, pero no plenamente desarrollado. Al haber venido de casa tan recientemente, es decir, del Cielo, de niños somos inocentes por naturaleza. Incluso los criminales más «duros» tienen inocencia profundamente enterrada en su interior. Inocencia es estar en casa con Dios, no simbólica ni intelectualmente, sino como experiencia, sin ninguna duda ni creencia que vaya en sentido contrario. Nadie sabe cuántos milagros ocurren sin que seamos conscientes de ellos. Ciertamente, solo cuando no ocurren milagros sabemos que algo ha ido mal (T-9.IV.6:2). Todos los milagros son expresiones de perfección, nuestro estado natural de inocencia y pureza que nos ha sido dado por Dios. El primer paso de cualquier viaje espiritual, o del retorno a la inocencia original, es la purificación. Empezamos por soltar lo no esencial, lo que distorsiona la realidad. Estamos tratando de retirar «los obstáculos que nos impiden experimentar la presencia del amor» (T-In.1:7).

La perfecta pureza en la que fuiste creado se encuentra dentro de ti en paz radiante.

T-13.X.9:4

Para ver con claridad, tenemos que ver más allá de los ojos del cuerpo que distorsionan la realidad. Tenemos que ver sin prejuicios ni proyecciones. Necesitamos visión perfecta.

¿O cómo puedes decir a tu hermano: Hermano, déjame quitarte la paja que tienes en el ojo, cuando tú no ves la viga que hay en el tuyo? Quita primero la viga de tu ojo, y entonces verás de quitar la paja que hay en el de tu hermano.

Lucas 6:41-43

Cuando el plan del ego fracasa, el plan de Dios se pone en marcha inmediatamente. Cuando el hijo pródigo, habiendo fracasado su propio plan, retorna a casa, el padre se siente encantado de que haya vuelto. Lo único que importa es que ha regresado a casa, al lugar del que nunca se fue, excepto, tal vez, en sus pesadillas.

> *Puedes conocer todo el mundo sin salir por la puerta.*
>
> Del *Tao Te Ching*, del filósofo chino Lao Tse (Siglo vi a. C.)

Ahora o nunca

En la película de 2007 *Ahora o nunca*, protagonizada por Jack Nicholson y Morgan Freeman, a dos hombres mayores se le diagnostica un cáncer terminal y, sabiendo que pronto van a morir, huyen del hospital para ver los edificios y los paisajes más hermosas que sus ojos puedan contemplar. Ven las pirámides y después vuelan a ver el Taj Mahal. Dan la vuelta al mundo contemplando la belleza y la magnificencia. En Hong Kong, Nicholson contrata discretamente a una prostituta para que se haga amiga de Freeman mientras él toma una copa en un bar. Pero Freeman rechaza la oferta porque se da cuenta de cuánto ama a su esposa. Al final, lo único que ambos quieren es volver a casa, donde saben que está su amor:

> *Observa todas las baratijas que se confeccionan para colgarse del cuerpo, o para cubrirlo o para que él las use. Contempla todas las cosas inútiles que se han inventado para que sus ojos las vean.*
>
> T-20.II.1:1

El buscador que sigue el camino va mirando, siempre buscando formas más profundas y espirituales de ver. «Si hacemos visible lo que no es verdad, lo que es verdad se vuelve invisible» (T-12.VIII.3:1). El hombre, al no saber cómo llegar a Dios dentro de sí, construye hermosas catedrales.

> *... un templo no es en modo alguno una estructura. Su verdadera santidad reside en el altar interior en torno al cual se erige la estructura. Hacer hincapié en estructuras hermosas es señal de que se teme a la Expiación y de que no se está dispuesto a llegar al altar en sí. La auténtica belleza del templo*

*no puede verse con los ojos físicos. La visión espiritual, por otra parte,
al ser una visión perfecta, no puede ver la estructura en absoluto.
Puede, no obstante, ver el altar con perfecta claridad.*

T-2.III.1:7-12

Uno solo ve claramente con el corazón. Lo esencial es invisible a los ojos.

De *El principito*, Antoine de Saint-Exupéry (1900-1944)

El corazón y el alma ven con perfecta claridad el amor, que es invisible
a los ojos. Todos los pronósticos, las posiciones y los puntos de vista se
basan en el ego. ¿Tienen alguna importancia? ¿Hay alguna diferencia entre
ser demócrata o republicano? (dije esto desde el púlpito de la Iglesia de la
Unidad, en Chicago. Un hombre al fondo de la sala gritó: «¡Sí!». Y todos
los presentes se desternillaron de risa durante más de un minuto). En el
Cielo no hay demócratas ni republicanos.

La curación es un pensamiento por medio del cual dos mentes perciben su unidad y se regocijan.

T-5.I.1:1

*Hacer comparaciones es necesariamente un mecanismo del ego, pues el
amor nunca las hace. Creerse especial siempre conlleva hacer comparaciones.*

T-24.II.1:1-2

El *Curso* a menudo habla de la *constancia*. La visión constante, dice,
solo puede ser dada a aquellos que desean constancia (T-21.VII.13:4).
La constancia surge en la vista de aquellos que miran al mundo y no
ven pecado ni culpa, que no abogan por el castigo y por que se pa-
gue por las transgresiones. Para ser perfecta, una mente debe ser pura;
para ser pura, debe ser verdadera; para ser verdadera, debe ser simple,
inocente, inmaculada. Debe ser constante. Y si lo es, solo conocerá la
perfecta felicidad.

93

CAPÍTULO 7

Perfecto amor

El amor perfecto expulsa el miedo.
Si hay miedo,
Es que no hay amor perfecto.
Mas:
Solo el amor perfecto existe.
Si hay miedo,
Este produce un estado que no existe.

T-1.VI.5:4-8

Un milagro es una corrección que yo introduzco en el pensamiento falso. Actúa como un catalizador, disolviendo la percepción errónea y reorganizándola debidamente. Esto te coloca bajo el principio de la Expiación, donde la percepción sana. Hasta que esto no ocurra no podrás conocer el Orden Divino.

Principio 37, de los cincuenta «Principios de los milagros»

El Orden Divino

Vi un documental sobre India en el que se mostraba a una mujer jugando con su bebé. Ella sostenía a su bebé por encima de la cabeza, lo bajaba hasta la altura de su cara y después volvía a elevarlo una y otra vez. El bebé reía deleitado, jugando con mamá, mirando profundamente a sus ojos, riéndose cada vez que ella lo alejaba y lo volvía a acercar. ¡Era precioso de ver! Lentamente, muy lentamente, la cámara se enfocó hacia fuera y hacia el suelo, captando poco a poco los alrededores. La madre estaba de pie, descalza, sobre un montón de basura. Debajo de ella había docenas de personas dobladas hacia delante, rebuscando entre los desperdicios. El humo se alzaba en pesadas columnas a su alrededor, pero había tal felicidad y alegría en el rostro de la madre y de su bebé. En ese Instante Santo, estaban fuera del tiempo, fuera del montón de basura, experimentando el amor, recordando el Cielo.

El papel de la Mente, su poder y el lugar que ocupa son tan importantes en nuestra vida que nos conviene examinarla más de cerca y con más cuidado. Apreciar la soberanía de la Mente y nuestra capacidad de elegir determina nuestra felicidad. Recuerda, la pregunta principal es:

¿Quién es el que elige y quién quiere saber?

El *Curso* nos enseña a controlar nuestros pensamientos, en lugar de estar a merced de nuestra mente inferior. Adoptamos inmediatamente los pensamientos de la mente recta (guiados por el Espíritu) cuando soltamos los pensamientos egoístas y defensivos basados en el ego.

Esta es la clave de la salvación: lo que veo es el reflejo de un proceso mental que comienza con una idea de lo que quiero. A partir de ahí, la mente forja una imagen de eso que desea, lo juzga valioso y, por lo tanto, procura encontrarlo.

L-325.1:1-2

«En última instancia»significa 'finalmente' o 'al fin'. Cuando aparecen las palabras «en última instancia» en el *Curso*, puedes estar seguro de que lo siguiente es verdad, como en: «En última instancia, la reencarnación es imposible. El pasado no existe ni el futuro tampoco, y la idea de nacer en un cuerpo ya sea una o muchas veces no tiene sentido» (M-24.1:1-2). Lo que es verdad en última instancia es siempre verdad. *En última instancia*, no puede haber transigencia alguna entre lo que es todo y lo que no es nada (T-2.VII.5:10). *En última instancia*, la separación de Dios es imposible. Nunca ocurrió y solo puede ocurrir en una pesadilla que no tiene realidad. Por esta razón, la vida de cada día es un sueño.

En última instancia, solo la mente existe

Nada existe fuera de la Mente.
La Mente es eterna, invisible e informe.
La Mente está por doquier, envolviéndolo todo.
La Mente no puede ser diseccionada, analizada ni dividida en partes.
La Mente es no-local. No está limitada por el espacio-tiempo.
Espacio y tiempo son creencias. Las creencias son una función del ego.
La creencia es una opinión, un punto de vista. No es la verdad.
«*En última instancia*, ni el espacio ni el tiempo tienen ningún sentido»
(T-1.VI.3:5). Como la Mente es atemporal, está libre de limitaciones. El
mundo que vemos es la «imagen externa de una condición interna» (T-21.
In.1:5). ¿Veo con los ojos del ego o con los ojos del Espíritu?

*«Para volar tan rápido como un pensamiento, a cualquier lugar que
es —dijo él— debes empezar por saber que ya has llegado».*
*El truco, de acuerdo con Chiang, era que Jonathan dejara de verse
a sí mismo como si estuviera atrapado dentro de un cuerpo limitado
que tenía una envergadura de ciento cinco centímetros entre las alas y
un comportamiento que podía quedar dibujado en un cuadro.*
*El truco consistía en saber que su verdadera naturaleza vivía tan
perfecta como un número no escrito, en todas partes al mismo tiempo a
lo largo del espacio y del tiempo.*

De *Juan Salvador Gaviota*, de Richard Bach

El problema mente/cuerpo

Los filósofos han bregado durante años con el «problema mente/cuer-po». «¿Dónde —se preguntan— acaba la mente y empieza el cuerpo, o dónde acaba el cuerpo y comienza la mente?». El problema no existe y la solución es simple: ¡no hay cuerpo! ¡Solo hay mente!

*Una de las causas principales del estado de desequilibrio del ego es su
falta de discernimiento entre lo que es el cuerpo y lo que son los Pensamientos de Dios.*

T-4.V.2:1

La palabra «todos» *(everybody)* nunca aparece en el *Curso,* ni una vez. Los cuerpos no pueden unirse a nivel físico. No querrías hacerlo. La palabra «todos» *(everyone)* aparece en 255 ocasiones (en el original en inglés) porque el *Curso* guarda relación con estar todos en unicidad. La Mente es «totalmente» real. El cuerpo es «totalmente» ilusorio. En el momento, existe una«conexión temporal». Está basada estrictamente en el tiempo y, por lo tanto, es una fantasía, un sueño. Cuando despertamos, nos damos cuenta de que estábamos dormidos.

La descripción siguiente es de mi amigo Rod Chelberg, que es médico y una de las personas más espirituales que conozco. Él la llamó el «recuerdo de un sueño»:

Era la Primera Guerra Mundial y yo estaba tumbado en una trinchera. Llevaba puesto un traje militar de combate. Era la típica trinchera de la Primera Guerra Mundial, como de metro y medio de honda y llena de barro. También había escaleras y alambres de espino. Vi un brillante cielo azul con nubes blancas flotando en él. A mi alrededor oía a los hombres gritando, disparos y fuego de artillería. El olor de la batalla estaba presente, y también el sentimiento de miedo. Me habían disparado en la parte inferior del cuerpo y no podía moverme. Mientras estaba allí, cayó otro obús que aterrizó a poca distancia de mí. No explotó inmediatamente. Mientras miraba a mi alrededor, vi a mis amigos corriendo para alejarse. Me giré y volví a mirar al obús, y entonces explotó.

En un instante, fui libre. Volví a ser un pensamiento en la conciencia, rodeado de paz y tranquilidad. Mi primera idea fue: «¿Es todo?». No me dolía nada. La transición fue instantánea. Yo era completa paz y libertad. No tuve que atravesar ninguna experiencia horrible ni placentera. ¿Por qué había tenido tanto miedo de morir cuando, de hecho, era un no-suceso? Ni siquiera puedo decir que fuera asombroso. No fue nada. Un parpadeo y fui libre.

Sospecho que lo primero que nos ocurre cuando soltamos el cuerpo es el pensamiento: «¡Aún sigo aquí!». No hay permanencia en ningún cuerpo. La perfección no puede ser atacada. La Mente no puede ser atacada. A menos que yo piense que puede, en cuyo caso he caído en la mente del ego con «m» minúscula, que es el «estado sin mente». Al estar «sin mente», no recordamos que somos una Mente. Palabras como inconsciencia, sueño, irracionalidad, compulsiones, sueños, temores, obsesiones, demencia, juicios, proyecciones, ego, cuerpo y multitud de otros sinónimos, todas ellas hablan de nuestro estado de sueño. El cuerpo carece de mente. Es neutral. Una Mente despierta no está sujeta a compulsiones ni adicciones. No sabe nada de apegos ni aversiones. El cuerpo es una fantasía de la que acabamos despertando, no a la hora de la muerte, sino al dejar de ser sonámbulos poseídos por el ego atravesando un mundo al que llamamos vida.

Los milagros despiertan nuevamente la conciencia de que el espíritu, no el cuerpo, es el altar de la verdad.

Principio 20 de los cincuenta «Principios de los milagros» (T-1.I.20)

El cuerpo es un pensamiento de separación tomado en serio. Es una mota aislada de oscuridad, una habitación oculta y secreta, un recinto cerrado sin sentido y cuidadosamente protegido. Si hay un cuerpo y un mundo, hay separación, niveles y división. Entonces no hay Espíritu. No hay Dios. No hay Perfección. Solo están el cuerpo y el mundo, así como el tiempo, la enfermedad, la vejez y la muerte.

La mente y el cuerpo

La mente no está en el cuerpo. El cuerpo está en la mente.
La mente no es el cerebro. El cerebro es un ordenador.
El cuerpo es «una muralla de carne alrededor de la mente, que la mantiene prisionera es un diminuto confín de espacio y tiempo» (T-20.VI.11.2).
La mente trasciende el espacio-tiempo. Los cuerpos están atados por el espacio-tiempo.
Estando poseídos por el cuerpo, nos olvidamos de la Mente. A medida que despertamos, a medida que nuestra conciencia se eleva, nos damos cuenta de cuál es el uso adecuado del cuerpo: *dejar que la Voz de Dios diga*

palabras amables a los oídos humanos (M-12.4.2). La mente puede estar poseída por ilusiones, pero el Espíritu es eternamente libre (T-1.IV.2:8).

Espíritu es el Pensamiento de Dios

> *En alemán, la palabra «Geist» significa 'Mente' y 'Espíritu'.*
> *En francés, la palabra «Esprit» significa «Mente» y «Espíritu».*
> *«... la vida es el resultado del Pensamiento de Dios.*
> *«Y la muerte es el resultado del pensamiento al que llama-*
> *mos ego...».*
>
> T-19.IV.C.2:15

Creyendo que soy un cuerpo, no me doy cuenta de que soy, de hecho, una Mente (Espíritu). Si mi pequeña mente está «poseída» por pensamientos corporales, ya no tengo el control de ella. Si soy adicto a una compulsión de cualquier tipo basada en el cuerpo, no soy libre. No controlo mi mente. En la medida que pueda, mientras pueda, quiero mantener el cuerpo ligero, libre y fluido. Quiero evitar que se convierta en una distracción. La palabra «obsesión» viene del latín *obsessionem*, que significa estar 'asediado', 'sitiado' o 'bloqueado'. Si me siento asediado, tendré problemas para dirigirme hacia el Espíritu. Allí donde el Espíritu es, hay libertad. No hay mayor felicidad que hacer la voluntad de Dios porque también es nuestra voluntad.

> *El Espíritu Santo te conduce firmemente por la senda de la*
> *libertad, enseñándote cómo descartar o mirar más allá de todo*
> *lo que te impediría seguir adelante.*
>
> T-8.II.4:4

A medida que recorremos el sendero hacia una conciencia cada vez mayor, nos vamos enfocando menos en el cuerpo y en el mundo, y progresivamente nos enfocamos más en el Espíritu. En última instancia, el cuerpo es arcilla, polvo, cenizas. Las mentes pueden unirse. Los cuerpos no. Podemos ser de «una sola mente». No podemos ser «de un solo cuerpo».

El cuerpo representa la brecha que se percibe entre la pequeña porción de mente que consideras tu mente, y el resto de lo que realmente es tuyo. Lo odias, sin embargo, crees que es tu ser, el cual perderías sin él.

T-28.VI:4:1-2

Mi madre Milly dejó su cuerpo el día de Navidad de 2001, a la edad de ochenta y cinco años. Madre pidió que no se abriera el ataúd durante el funeral, y honramos su petición. La noche anterior, mi hermana Ann, yo mismo y nuestra familia inmediata fuimos a la funeraria. Trajeron el cuerpo de mi madre. Yo estiré la mano y la toqué. Estaba fría como el hielo (deben mantener los cuerpos refrigerados). Miré a su cadáver y pensé: «Eso no es ella». Miré una fotografía de ella que había encima del ataúd. Tenía los ojos brillantes y una sonrisa preciosa. «Así es—pensé— así es como la recordaré». Nunca dudé de que mi madre me amaba completamente. El amor no sabe nada del espacio y del tiempo. Y el espacio y el tiempo tampoco están dentro de la Mente. Al nivel de la mente, donde está el verdadero amor, Madre y yo siempre hemos estado y siempre estaremos conectados.

La Mente es la causa de todo

La Mente es la causa. El mundo es un efecto.

El miedo, la culpa y el sufrimiento son del ego.

El amor, la verdad, la eternidad y el conocimiento están todos ellos en el Espíritu-Mente.

Mente superior e inferior

Otra manera de hablar de la mente recta y de la mente errónea es llamarlas *mente superior y mente inferior*. La mente inferior es el dominio del ego. La mente superior es el reino del Espíritu. Solo una «mente» es real y eterna. La mente inferior es un estado onírico en el que vivimos la historia de quien creemos ser.

> *Yo no ataco tu ego. Trato con tu mente superior —la morada del Espíritu Santo— tanto si estás dormido como si estás despierto, al igual como tu ego trata con tu mente inferior, que es su hogar. Me mantengo alerta por ti con respecto a esto porque tú estás tan confundido que te resulta imposible reconocer tu propia esperanza. No estoy equivocado. Tu mente optará por unirse a la mía, y juntos somos invencibles.*
>
> T-4.IV.11:1-5

No dudamos de la existencia de la mente porque formamos parte de ella. Es posible pensar en la vida sin un cuerpo. No es posible pensar en la vida sin una mente. Si bien en última instancia solo hay una Mente (Dios), nosotros experimentamos una «mente dividida» a la que llamamos ego, o yo, o José, o Juan, o María. Este «personaje» elige entre la Mente de Dios y el ego-cuerpo.

Cuando Adán mordió la fruta del árbol del conocimiento del bien y del mal, la culpa entró en su mente, y esta quedó dividida entre lo que tiene que estar oculto y lo que puede ser expuesto. Una mente dividida no es una mente total. Por lo tanto, no puede ser una mente abierta. Para estar completamente abierta, la mente debe estar completamente íntegra, debe ser indivisa.

> *No puedes aprender lo que es el amor perfecto con una mente dividida, porque una mente dividida se ha convertido a sí misma en un mal estudiante.*
>
> T-12.V.4:3

Un paciente que sufre de indecisión va a visitar al psiquiatra. Este le dice:

—Señor Goldstein, parece que usted tiene problemas para tomar decisiones. ¿Está de acuerdo?

—Bueno, sí y no —replica el paciente—.

Una mente dividida se siente atrapada entre el sí y el no, entre el ir y venir, entre el tal vez y el tal vez no.

Una mente separada o dividida no puede sino estar confundida. Tie-
ne necesariamente que sentirse incierta con respecto a lo que es. Y no
puede sino estar en conflicto, pues está en desacuerdo consigo misma.

T-3.IV.3:4-6

Estas dos opciones son las únicas alternativas para la mente. Dios o el ego: es así de simple. El *Curso* es un curso de entrenamiento mental, y el objetivo del *Curso* es ayudarnos a «despertar» al pasar del pensamiento de la mente errónea al pensamiento de la mente recta. Hace falta mucha paciencia y práctica constante para entenderlo bien. Simplemente sigue intentándolo. En algún momento, cualquier estudiante serio del *Curso* tiene que practicar el «Libro de jercicios». Dicha práctica acorta el tiempo y acelera el proceso que nos lleva a la perfecta felicidad.

«¿Por qué es —dijo Jonathan confuso— que la cosa más difícil del
mundo es convencer a un pájaro de que es libre, y que se lo puede
probar a sí mismo si dedica un poco de tiempo a practicar?».

De *Juan Salvador Gaviota*, de Richard Bach

Solo la mente

Solo la mente es real.
Solo la mente es responsable de ver.
Solo la mente puede estar iluminada.
Solo la mente puede estar enferma. Solo la mente puede ser sanada.
Solo la mente puede evaluar. Solo la mente puede decidir.
Solo la mente puede ser compartida.

El Espíritu es Uno

El ego es legión, y está roto en multitud de formas ad infinitum. El Espíritu es la respuesta de Dios al ego. Una mente al servicio del Espíritu se vuelve invulnerable. El Espíritu Unificado es el Hijo Uno de Dios. Este Hijo Uno es el Cristo. Tú eres el Cristo, un hijo de Dios. Todo el mundo lo es. Así debe ser.

*El Espíritu Santo se encuentra en tu mente recta, tal como
se encontraba en la mía. La Biblia dice: «Que more en ti la
mente que estaba en Cristo Jesús», y lo utiliza como una bendición. Se trata de la bendición de la mentalidad milagrosa.
Te pide que pienses tal como yo pensé, uniéndote de esta manera a mí en el modo de pensar de Cristo.*

T-5.I.3:3-6

La Expiación cancela el error (la mente errónea), restaurando
la conciencia del Espíritu. Un milagro no cambia la forma (el mundo
externo de la percepción); transforma al transformador (el mundo interno de la mente). Un milagro pone la mente al servicio del
Espíritu, en lugar de al servicio del ego (el yo corporal). El Espíritu
Santo habla a favor de la mente recta, restaurando la cordura. El
Espíritu es cordura. La demencia no es la voluntad de Dios. Es demente persistir en mantener una ilusión.

*Tal vez creas que eres responsable de lo que haces, pero no de lo
que piensas. La verdad es que eres responsable de lo que piensas
porque es solamente en ese nivel donde puedes ejercer tu poder
de decisión. Tus acciones son el resultado de tus pensamientos.*

T-2.VI.2:5-7

Cuando la mente se identifica, se asocia y se conecta con el Espíritu, todo cambia. La vida funciona. Ocurren milagros. Puertas que
hacía mucho tiempo que estaban cerradas ahora se abren. La revelación, antes bloqueada, ahora se vuelve clara, y experimentamos
la visión interna. Las creaciones de Dios se ven con más claridad.
El amor fluye libremente de manera automática. No tenemos que
esforzarnos por alcanzar el amor. Somos Amor. Cuando lo damos,
retorna en abundancia.

*Advierte cómo los ojos del cuerpo se posan en lo exterior sin
poder ir más allá de ello. Observa cómo se detienen ante lo
que no es nada, incapaces de comprender el significado que se*

encuentra más allá de la forma. Nada es tan cegador como la percep-
ción de la forma.

T-22.III.6:6-7

Platón, el sufismo, el *Curso*, Dios y lo informe

Platón (427-347 a. C.) observó hace unos 2.500 años la naturaleza abs-
tracta de la Mente. Las ideas son «reales» e «informes», a menos que les
demos forma, tal como un constructor da forma a las ideas de un arquitecto. Lo que el constructor crea es «temporal». La forma puede ser una idea,
como un dogma religioso o político, un credo o un sistema de creencias.
Cada «cosa» (forma) es una emanación de la mente. Si no hubiera mente,
no habría conceptos. Según el sufismo, la forma física y lo empírico son
un camuflaje para la realidad. Por lo tanto, debemos ir más allá de las apariencias para hallar la realidad. Ninguna forma es eterna. El amor, que no
tiene forma, es eterno.

De la misma manera en que la nada no puede ser representada, tampo-
co existe un símbolo que represente la totalidad. La Realidad, en última
instancia, solo se puede conocer libre de cualquier forma.

T-27.III.5:1-2

El *Curso* «parece» difícil porque nos enseña sobre lo informe. La realidad solo puede ser conocida por la Mente. La Mente es informe. Los ojos
ven el mundo externo. Lo único que le importa al ego es que la «forma»
tenga buen aspecto. Dios es «abstracción divina». «Abstracto»significa 'no-
específico'. Lo abstracto no se ve con los ojos físicos.

La forma no tiene mente

El físico inglés doctor Stephen Hawking (1942-presente) ha dicho que no
hay perfección en el universo. Tiene razón en la medida en que está
pensando en el universo «formal»: el que participa de la forma, ese en el
que las estrellas nacen y mueren. No hay eternidad en la forma. Todos
los ídolos carecen de mente. Tanto los cuerpos como las montañas, los

planetas y las estrellas desaparecen con el tiempo. Los sistemas de creencias religiosas también desaparecen con el tiempo. Ahora estamos viviendo el nacimiento de la era interconfesional e interespiritual. Los antiguos sistemas de creencias se están desmoronando y la verdad, tal como se ve dentro de estas distintas «formas», empieza destacarse en primer plano. El *Curso* representa una expresión de esta experiencia «universal».

> *Pero, cuando se supera el espacio, lo único que nos queda es el Aquí. Cuando se supera el tiempo, lo único que nos queda es el Ahora. Y en medio del Aquí y Ahora, ¿no crees que podríamos vernos una o dos veces?*
>
> De *Juan Salvador Gaviota*, de Richard Bach

Como egos-cuerpos vivimos en la parte externa del planeta, en el mundo de la moda y de las tendencias. Vivimos en las películas, en los programas de televisión, en las revistas y en los periódicos. Al enfocarnos en el cuerpo nos quedamos sin mente, somos inconscientes del poder de la mente. No obstante, en todos los casos, la mente —el programador, el tomador de decisiones— determina el mundo que vemos.

Por siempre en todas partes

Las palabras Dios, Amor y Verdad son sinónimas. Todas ellas son no-dualistas y no están separadas una de otra. No hay sujeto/objeto. El Amor está totalmente libre de las ilusiones del ego-mente y del temor. La experiencia de amor del ego siempre es ambivalente. El Amor Perfecto está, por tanto, más allá de su comprensión. El Amor es un milagro. Es fuerza, es compartir, es libertad, es ausencia de culpa, no es especial y no es algo que se pueda aprender. Nunca hubo un tiempo en el que el Amor no fuera. El filósofo presocrático Anaximandro (610-546 a. C.), mantenía que la realidad era *«apeiron"*, lo que significa 'sin límites' o 'ilimitada' («*a*»significa 'sin' y «*peirar*»significa 'fin'). Dios, Mente, Vida, Espíritu siempre ha estado en todas partes, sin fin.

Todo se logra con la vida, y la vida forma parte del ámbito de la
mente y se encuentra en la mente. El cuerpo ni vive ni muere porque
no puede contenerte a ti que eres vida.

T-6.V.A.1:3-4

Dios es Vida

La Vida es un atributo eterno de todo lo que Dios creó. El amor de Dios está en todo lo que Él creó. «Estar vivo»significa 'estar en comunión con Dios' (T-14.IV.10:6). Lo que ya existe no «vendrá algún día». Experimentar el Cielo es una cuestión de visión. Nosotros somos el Reino de los Cielos. ¿Cómo es posible que lo que ya es «pueda llegar algún día»? La Vida es el propio Ser. Es Esencia, es quintaesencia. Es lo que es. No puede no ser. «Tú no puedes dejar de enseñar» (T-6.III.4:1). La vida no puede no ser. Tú no puedes dejar de ser perfecto. Tenerle miedo a Dios es tener miedo a la Vida, no a la muerte (T-23.IV.1:2).

Para el ego, el objetivo es la muerte, que «es» su final.
Pero para el Espíritu Santo el objetivo es la vida, que no «tiene» fin.

T-15.I.2:8

Si Dios es Amor y Dios es Vida, entonces la Vida es Amor y el Amor es Vida. Cuanto más enamorados estamos, más vivos nos sentimos, y cuanto más vivos estamos, más enamorados estamos. Cuanto más conocemos a Dios, más conocemos la Vida, y más conocemos la perfecta felicidad.

La Luz es Vida

La Luz refleja la Vida. La Luz y la Vida son aspectos de la creación. Luz, Vida y Amor son reflejos de la perfección.

Dios Mismo iluminó tu mente, y la mantiene iluminada con Su Luz
porque su Luz es lo que tu mente es.

T-7.III.5:1

Vida, Mente, Espíritu, Amor y Luz no tienen forma

La mente abastece de energía al Espíritu. La Luz tiene energía e impulso, pero no forma. La oscuridad desaparece ante la luz. La luz es ilimitada. La luz es comprensión. La luz no se opone a la voluntad de Dios. En la luz hay paz y tranquilidad.

> *La vida se encuentra allí donde Dios la creó. En cualquier otro estado que no sea el Cielo la vida no es más que una ilusión. En el mejor de los casos parece vida, en el peor, muerte. Ambos son, no obstante, juicios acerca de lo que no es la vida, idénticos en su inexactitud y falta de significado. Fuera del Cielo la vida es imposible, y lo que no se encuentra en el Cielo no se encuentra en ninguna parte.*
>
> T-23.II.19:2-6

Conocimiento y percepción

El *Curso* distingue entre conocimiento y percepción. La percepción es dualista. Como la percepción «ve» lo externo, debe haber un sujeto perceptor y un objeto de percepción.

· El conocimiento es de la Mente y de la totalidad, en la que no hay sujeto ni objeto.

· El conocimiento es conciencia, o visión de perfección, o perfecta totalidad.

· El conocimiento es del mundo antes de la separación de Dios y de la creación unificada, en la que no hay formas ni diferenciaciones.

· El conocimiento es intemporal y está libre de conflictos.

· El conocimiento es totalmente compartido y totalmente uno.

· El conocimiento es total.

> *Vida y muerte, luz y oscuridad, conocimiento y percepción, son irreconciliables.*
>
> T-3.VII.6:6

Para percibir, debe haber un perceptor y algo percibido. La percepción involucra un intercambio de información. El conocimiento, sin embargo, es pura conciencia sin intercambio ni interpretación. El conocimiento es impersonal. La percepción es específica y concreta. Caliente y frío son relativos a la percepción corporal. Debe haber un «medidor» o un «juez» que decida si algo está caliente o frío, si algo es mejor o peor. Por ejemplo, cuando a la gente se le dice que el vino barato que están bebiendo es un vino caro, tiende a gustarles más. Cuando se les dice que un vino caro es barato, tiende a gustarles menos. Su percepción se basa en una creencia.

La mente humana puede percibir, o aceptar como verdad, algo que no es verdad y defenderlo a pesar de profundas incoherencias. Esto ocurre en el extremismo, en el fanatismo y en el sectarismo, como ocurrió durante la inquisición, la era nazi en Alemania, el macartismo de los años cincuenta o cualquier forma de totalitarismo.

La Voluntad de Dios es una y es lo único que existe.

M-20.6.9

La dualidad no es real

Si aceptamos la realidad tanto del bien como del mal —es decir, la dualidad—, aceptamos tanto lo falso como lo verdadero. El simple hecho de que fuera esté oscuro no implica que el Sol no esté brillando. Una parte de la Tierra se ha alejado temporalmente del Sol. El simple hecho de que no podamos ver a Dios no significa que Dios no está ahí. Solo nos hemos alejado temporalmente del Hijo.

Son muy pocos los que aprecian el verdadero poder de la mente, y nadie permanece consciente de él todo el tiempo. No obstante, si esperas librarte del miedo hay algunas cosas que debes comprender, y comprender plenamente. La mente es muy poderosa y jamás pierde su fuerza creativa. Nunca duerme. Está creando continuamente. No «hay» pensamientos fútiles. Todo pensamiento produce forma en algún nivel.

T-2.VI.9:3-8, 13-14

La Mente, como el Espíritu, como el Amor, como la Luz, es informe e intemporal. Pensamos que la Vida se limita a la forma: a una planta, un insecto, un animal, o un ser humano. Cuando el Espíritu (Vida) abandona un cuerpo, decimos que esa persona ha muerto; pero el Espíritu (Vida), siendo eterno, no puede morir. Dios es informidad. El Cielo es informidad. La Verdad, el Amor, la Libertad son, todos ellos, «experiencias». La experiencia no tiene forma, aunque podemos verla «expresada» en la forma.

Estaba escuchando a un cosmólogo hablando sobre el universo y dijo: «Nada puede ir más rápido que la velocidad de la luz, a menos que no tenga masa». ¿Qué es lo que no tiene masa? El pensamiento no tiene masa. El Amor no tiene masa. Lo que tiene masa puede desintegrarse. El Espíritu es incapaz de desintegrarse y no está limitado por las ilusiones de tiempo y espacio.

Es un prejuicio casi absurdo suponer que la existencia solo puede ser física. De hecho, la única forma de existencia de la que tenemos conocimiento inmediato es espiritual.

Carl Gustav Jung (1875-1961), psicoterapeuta suizo

Nuestra conciencia, o percepción, cambia cuando nos liberamos de la proyección. Liberarse de la proyección (juicio) es al mismo tiempo posible e inevitable. Mientras continuemos juzgando, continuaremos sufriendo. Todo el mundo acabará despertando del sueño de la dualidad. El sueño de la dualidad (bueno y malo, correcto y equivocado) está enraizado en la forma. Como el Amor y la Mente, la Vida es informe. La oración es informe. La verdad es informe. La alegría es informe. Dios es informe (C-6.5.8). La perfección es informe. La perfecta felicidad es informe.

No hay vida, verdad, inteligencia, ni sustancia en la materia;
Todo es Mente, no hay materia.
El Espíritu es Verdad inmortal, la materia es error mortal.
El Espíritu es lo real y lo eterno; la materia es lo irreal y temporal.

El Espíritu es Dios, y el hombre es Su imagen y semejanza; de ahí que el hombre sea espiritual y no material. De *Science and Health with Key to the Scriptures,* de Mary Bakker Eddy (1821-1910)

¡Cuán santas son nuestras mentes! Todo cuanto vemos refleja la santidad de la mente que es una con Dios y consigo misma. ¡Cuán fácilmente desaparecen los errores y la muerte da paso a la vida eterna!

L-124.2:1-2

TERCERA PARTE

Principios básicos de *Un curso de milagros*

CAPÍTULO 8

Mitología, metafísica y milagros

El huevo cósmico

Humpty Dumptyen una pared se sentó,
Humpty Dumpty de allí arriba se cayó.
Todos los caballos y todos los hombres del Rey
no pudieron volver a ensamblarlo otra vez.

Antigua canción infantil inglesa

¿Es esto todo lo que hay?

Empecemos con un poco de lógica:

1. Solo el conocimiento existe.
2. El ego no tiene conocimiento.
3. Por lo tanto, el ego no existe (T-8.VIII.7:7).

En 1969, la cantante americana Peggy Lee consiguió un gran éxito con una de sus canciones escrita desde el punto de vista de alguien que está desilusionado con la vida y titulada*¿Es eso todo lo que hay?* Si el cuerpo, el mundo y el tiempo fueran todo lo que hay, entonces podríamos caer en la desesperación y la desilusión. Por suerte, ni el cuerpo ni el mundo ni el tiempo son reales (inmutables, verdad eterna). Por tanto, hay razones para la dicha.

El ego-cuerpo: nuestro mejor amigo y nuestro peor enemigo

El ego es el yo aparentemente separado: «nacido en un cuerpo, condenado a sufrir y a acabar su vida con la muerte». El ego-cuerpo es «la "voluntad»que *ve* la voluntad de Dios como enemiga» (L-pII.12:1-2). Esta pequeña y alocada idea se ha quedado tan rota, tan fragmentada, tan dividida, tan...

> *... tan desmenuzada y subdividida, dividida de nuevo una y otra vez, que ahora resulta casi imposible percibir que una vez fue una sola y que todavía sigue siendo lo que siempre fue. Ese único error, que llevó a la verdad a la ilusión, a lo infinito a lo temporal, y a la vida a la muerte, fue el único que jamás cometiste.*
>
> T-18.I.4:3-4

El ego (la «loca idea» de la separación) aparece como legión, roto en multitud de formas, corriendo en una miríada de direcciones. De hecho, en tantas direcciones que no es posible volver a recomponer a este «Humpty Dumpty».[1] Un cuerpo despedazado en una explosión no puede ser llevado de nuevo a la «vida», por más caballos y hombres que intenten recomponerlo. La buena nueva es que no hay «realidad» en el cuerpo.

Inflación

Los cosmólogos nos dicen que el universo comenzó con el *big bang*, o lo que ellos llaman «inflación». Es la misma palabra que se usa para describir la inflación económica, o el acto de inflar una rueda. Con un único pensamiento demente, en una fracción de segundo, el ego, el mundo y la totalidad del universo *parecieron* entrar en erupción y surgir a la forma.

---

1 Hace referencia a la canción infantil al comienzo del capítulo.

116

Cuando las personas se enfadan, a menudo estallan. Decimos que están «soltando». Echar veneno de esta manera puede tener un efecto adverso en las personas cercanas. Si además están involucrados el alcohol y las armas, dicha inflación, o descarga del ego, puede ponerse fea, incluso podría llegar a ser mortal. La argumentación y la pelea resultante, como surgen de una idea loca, pueden adquirir vida propia y convertirse literalmente en «algo surgido de la nada». Aquí es donde la metafísica del *Curso* con relación al ego-cuerpo se vuelve profunda e interesante. «Solo» estamos separados y somos distintos unos de otros a nivel de la forma, solo por fuera. Mira a tu alrededor. Cada «cuerpo» es diferente, y cada «cuerpo» muere.

Solo los errores varían de forma, y a eso se debe que puedan engañar.
Tú puedes cambiar de forma porque esta no es verdad. Y no puede ser
la realidad precisamente porque puede cambiar. La razón te diría
que si la forma no es la realidad tiene que ser entonces una ilusión, y
que no se puede ver porque no existe.

T-22.III.7:1-4

Buscar el dentro afuera

Dios/Amor/Verdad/Espíritu es eterno, informe e inmutable. La forma, en todas sus variaciones, es una proyección, una ilusión de separación de la unicidad. La forma, por tanto, es un lugar donde nos ocultamos de Dios. La forma es lo que está pasando afuera. La forma es lo que vemos en el mundo. Es lo que vemos en televisión. A pesar de la aparición de «todo» (una multitud de formas), cuando se produjo el *big bang,* cuando se produjo esta pequeña alocada idea, este pitido, «no se perdió ni una sola nota del himno celestial» (T-26.V.5:4). Lo perfecto no puede hacerse imperfecto.

Astropixie, la mayor galaxia

La palabra «*pixie*» significa 'pequeño'. Los cosmólogos nos dicen que hay aproximadamente un billón de galaxias en el universo conocido, y cada una de ellas contiene aproximadamente un billón de estrellas. Esto sitúa el número de estrellas entre 10^{22} y 10^{24}. Ahora estamos contemplando un número con tantos ceros detrás que teclearlo resultaría complejo. Además, nuestra galaxia es pequeña en comparación con otras. Astropixie, la *mayor* galaxia registrada, está aproximadamente a mil millones de años luz de la Tierra. Tiene una anchura de seis millones de años luz y multiplica por sesenta veces el tamaño de nuestra galaxia: algo parecido a poner una canica al lado de un balón de baloncesto. No obstante, todo esto sigue estando en el exterior, en el reino de la forma, y, por tanto, de la ilusión.

Una pequeña y alocada idea creó (o pareció crear) todo el universo. En realidad, no ocurrió nada. El Amor continuó siendo Amor. La Verdad continuó siendo Verdad. Dios continuó siendo Dios y la Realidad continuó siendo la Realidad, sin verse afectada por la forma.

Vaciar la mente de todas sus proyecciones
es nuestro modo de recordar la perfección.

Estas son las buenas nuevas. Esta percepción errónea, esta pequeña alocada idea de atribuir Realidad a la irrealidad puede ser corregida. Dicha corrección no puede conseguirse fuera de la mente, porque fuera de la mente no hay nada. «Todos los caballos y todos los hombres del rey» no pueden volver a recomponerla. Sin embargo, nosotros podemos alcanzar la completa apertura mental (podemos estar dispuestos a elegir de nuevo, o a ver de manera diferente) y, por tanto a recordar la Mente Una. Cuando la ente, que es informe, vuelve a reunirse con la Mente que la creó, volvemos a estar en casa.

La conciencia, el nivel de la percepción, fue la primera división que se introdujo en la mente después de la separación, convirtiendo a la mente de esta manera en un instrumento perceptor en vez de en un instrumento creador. La conciencia ha sido correctamente identificada como perteneciente al ámbito del ego. El ego es un intento erróneo de la mente de perci-

birte tal como deseas ser, en vez de como realmente eres. Sin embargo, solo te puedes conocer a ti mismo como realmente eres, ya que de eso es de lo único que puedes estar seguro. Todo lo demás es cuestionable.

T-3.IV.2:1-5

Como la conciencia es el dominio del ego, dice que lo real es lo que está «afuera». Sin conciencia no puede haber sujeto y objeto. No hay separación, no hay otro. Lo único que hay es Dios, o Unicidad. Ver (conocer) la Unicidad es alcanzar la perfecta felicidad. Tal como percibimos, solo vemos lo de fuera.

A veces me olvido de que todo esto es un sueño.

Alicia, de *Alicia en el país de las maravillas*, Lewis Carroll

En *Alicia en el país de las maravillas*, todo está cabeza abajo y en el orden inverso, de atrás hacia delante. Para salir de este mundo en el que todo está cabeza abajo y en el orden inverso, lo único que Alicia tiene que hacer es despertar del sueño. Asimismo, el mundo que vemos está cabeza abajo e invertido. Creemos que la realidad está fuera de la mente, pero está en la mente. Por suerte, en todos nosotros queda una «pequeña chispa», una manera de salir de la madriguera del conejo. Podemos pensar en esta pequeña chispa interna como si fuera una brasa ardiente. En la literatura mística al Espíritu Santo se le suele identificar como un «viento», «aliento» o «aire». Sopla suavemente sobre esta brasa y podrá recuperar toda su llama. Cuando se reaviva, volvemos a sentir alegría.

Hay más cosas en el cielo y en la tierra, Horacio, que las que soñaste en tu filosofía.

Hamlet a Horacio en *Hamlet*, de William Shakespeare (1564-1616)

No ver una salida al loco sueño del mundo conduce a lo que los filósofos llaman «angustia existencial». Sin embargo, nuestra mirada puede traspasar las grietas de este huevo cósmico. Con el tiempo, «todo el mundo» llega a ver que todos hemos estado viéndolo cabeza abajo y al revés. Hemos estado mirando lo de fuera, pensando que estaba dentro. No es de extrañar que no podamos encontrar felicidad en el mundo.

No ves cosas neutras porque no tienes pensamientos neutros. El pensamiento siempre tiene lugar primero, a pesar de la tentación de creer que es al contrario. El mundo no piensa de esa manera, pero tú tienes que aprender que así es como piensas tú.

L-17.1:2-4

El mundo de la forma y la separación es el mundo del ego, un lugar de fantasía y sueño. Es un mundo de guerra, enfermedad,y locura. Es un mundo de ira, ataque, avaricia y egoísmo. Esto no es el Cielo. El Cielo no está dividido. El Cielo siempre es celestial. Dios es únicamente bueno. El Amor siempre es amoroso. Este mundo de fantasía es un mundo de división: bueno y malo, guerra y paz, amor y miedo, enfermedad y salud.

Si este mundo fuese real, Dios sería ciertamente cruel.

T-13.In.3:1

El *Curso* trata sobre...

Examinemos los cuatro principios básicos del *Curso* que nos ayudarán a retirar lo que nos impide tomar conciencia de la presencia del Amor purificando, o deshaciendo, la mente de sus ilusiones.

1. *No hay nada externo a ti* (T-18.VI:1).
2. *El cuerpo es algo externo a ti* (T-18.VI.9:1).
3. *No eres un cuerpo* (L-91.5:2).
4. *Eres una mente (Espíritu)* (L-158.1:2).

Mientras esté soñando (lo que llamamos «vivir») que estoy en un cuerpo, en un mundo, en el espacio y en el tiempo, prefiero tener un coche limpio que un coche sucio, una casa ordenada que otra desordenada, y un cuerpo sano que otro enfermo. ¿Te sientes deprimido y no sabes qué hacer? ¡Empieza a limpiar! Hay algo en el acto de poner orden en el mundo externo que ayuda a poner orden en la mente. La perfecta felicidad no tiene nada que ver con el fuera. Así,

Jesús pudo ir a la cruz porque sabía que no era un cuerpo. La perfecta felicidad viene cuando descubrimos la realidad del Ser interno, donde siempre hay orden, independientemente de las condiciones externas.

No hay nadie que venga aquí que no abrigue alguna esperanza, alguna ilusión persistente o algún sueño de que hay algo fuera de sí mismo que le puede brindar paz y felicidad. Si todo se encuentra en él, eso no puede ser verdad.

T-29.VII.2:1-2

Yo podría decir: «El *Curso* trata fundamentalmente...» varias veces, de distintas maneras y sin contradecirme. Hay muchas flechas, con distintos nombres: confianza, honestidad, tolerancia, delicadeza, alegría, indefensión, generosidad, paciencia, fidelidad y apertura mental; y todas ellas apuntan al camino hacia el pleno recuerdo de nuestro hogar eterno y, por lo tanto, hacia la felicidad verdadera y duradera.

El *Curso* trata fundamentalmente...

1. *El* Curso *trata fundamentalmente sobre la mente.* La mente determina todo lo que vemos y lo que no vemos.

2. *El* Curso *trata fundamentalmente de ayudarnos a recordar el poder de la mente.* La mente es muy poderosa. Mi mente puede estar orientada hacia el ego, a construir un imperio en el mundo si eso es lo que deseo hacer. O mi mente puede estar orientada hacia Dios, y puedo aprender sobre mi lugar en el Reino de Dios. Todo es cuestión de elección.

3. *El* Curso *trata fundamentalmente sobre desaprender o deshacer el error.* Una vez que comprendemos la dinámica del ego, podemos mirar más allá del ego. Sin embargo, primero debemos entender cómo nos hemos metido en este mundo onírico y atemorizante. El desaprender permite «corregir» la mente que se ha quedado atascada en el sueño y en la ilusión.

Es obvio, pues, que inducir a la mente a que renuncie a sus creaciones falsas es la única aplicación de la capacidad creativa que realmente tiene sentido.

T-2.V.1:11

4. *El* Curso *trata fundamentalmente sobre la toma de conciencia de que tenemos el poder de elegir, y que podemos elegir a Dios.*

5. *El* Curso *trata fundamentalmente sobre limpiar la casa.* Trata sobre cómo deshacerse de lo no esencial, sobre purificar, clarificar, y así entrar más profundamente en el centro del Ser.

6. *El* Curso *trata fundamentalmente sobre cómo mirar al ego.* Miramos al ego, pero no para afirmar su realidad. Lo miramos para entender que es una ilusión que, de hecho, no existe. Este curso trata de que tomemos conciencia de lo poseídos que estamos por la ilusión.

7. *El* Curso *trata fundamentalmente sobre la elevación de nuestra conciencia.* El *Curso* nos lleva simultáneamente más alto y más profundo. Al elevar la conciencia, podemos ver con más claridad cuándo está operativo el ego, cuándo se ha apropiado de nosotros. Por lo tanto, también vemos lo que podemos hacer para deshacernos de los pensamientos y actos de ataque inconscientes, compulsivos, obsesivos, insensibles, ignorantes, arrogantes e iracundos que nos hacen infelices.

8. *El* Curso *trata fundamentalmente sobre hacerse responsable.* Nos invita a ser absolutamente responsables de absolutamente todo lo que se presenta en nuestro camino. Entonces ya no podemos quejarnos de lo que nos pasa. No podemos permanecer en la negación, pues sabemos que cualquier cosa que se presente en nuestro camino es una lección que nos hemos dado a nosotros mismos.

9. *El* Curso *trata fundamentalmente sobre el Autodescubrimiento (el descubrimiento de nuestro Ser).* Autodescubrirnos significa despertar del sueño. Significa recordar la verdad de nuestra identidad. El Autodescubrimiento es el único camino hacia la felicidad duradera. El Autodescubrimiento es iluminación. Iluminarse es «recorrer todo el camino»que nos lleva a Dios.

La iluminación es simplemente un reconocimiento, no un cambio.

L-188.1:4

Iluminarse significa recordar quién ya somos, y tomar conciencia de lo que ya sabemos. ... *el renacimiento en sí no es más que el despuntar en la mente de lo que ya se encuentra en ella* (T-6.I.7:2).

10. *El* Curso *trata fundamentalmente sobre nuestro despertar y el reconocimiento de lo que sabemos.*

11. *El* Curso *trata fundamentalmente sobre no juzgar.* En este sentido, un estudiante del *Curso* es simplemente alguien que se hace progresivamente más consciente de todos sus juicios y se involucra activamente en el proceso de ir soltándolos.

12. *El* Curso *trata fundamentalmente de la devolución a Dios de lo que es de Dios.* No podemos robar a Dios y crear equivocadamente un mundo ilusorio, aunque pensemos que sí podemos.

> *Pero te ha sido dado conocer que la función de Dios es la tuya y que la felicidad no se puede encontrar aparte de vuestra Voluntad conjunta.*
>
> T-11.V.12:4

13. *El* Curso *trata fundamentalmente de la liberación,* de liberarse de la tiranía del ego.

La metafísica básica de los milagros

1. **La proyección da lugar a la percepción.**
El mundo es lo que hacemos de él.
Es nuestra construcción, totalmente.
Construimos cada aspecto del mundo.
Por eso (¡sujétate el sombrero!), ¡no hay mundo!
Otra manera de decir esto es: no hay fuera.
Este mundo no se parece en nada a nuestro verdadero hogar, el Cielo.
No hay mundo porque el sistema de pensamiento que dio lugar al mundo no existe.

> *Es difícil entender lo que realmente quiere decir «El Reino de los Cielos está dentro de ti». Ello se debe a que no es comprensible para*

el ego, que lo interpreta como si algo que está afuera estuviese adentro, lo cual no tiene sentido. La palabra «adentro» es innecesaria. Tú eres el Reino de los Cielos.

T-4.III.1:1-4

2. El tiempo es relativo.

Este es el gran descubrimiento de Einstein.
El tiempo puede acelerarse. Puede ralentizarse.
Puede detenerse. En cuyo caso...
(¿Todavía estás sujetándote el sombrero...?). ¡No hay tiempo!
El tiempo no puede entrometerse en la eternidad.
La eternidad no está en el espacio y en el tiempo.
La eternidad es «intemporalidad».
La eternidad, por definición, está en el Cielo.
El Cielo es, por definición, donde está la eternidad.
El espacio y el tiempo aparecen en el afuera.
Cuando la corrección se completa, el tiempo *es* eternidad.

Es motivo de risa pensar que el tiempo pudiera llegar a circunscribir la eternidad, cuando lo que esta significa es que el tiempo no existe.

T-27.VIII.6:5

3. No somos cuerpos.

Confundimos nuestros cuerpos con nuestro «Ser».
Es un error fácil de cometer. Después de todo, el cuerpo parece muy evidente.

No hay ni un solo instante en el que el cuerpo exista en absoluto.

T-18.VII.3:1

Sin embargo, es casi imposible negar su existencia en este mundo. Los que lo hacen se dedican a una forma de negación particularmente inútil.

T-2.IV.3:10-11

Los cuerpos son temporales.
En unos pocos años, ni mi cuerpo ni tu cuerpo existirán en absoluto.
No importa, ¡y no importa ahora!
(No necesitas sombrero si no tienes una cabeza en la que ponerlo).
La vida no comienza con el nacimiento del cuerpo.
La vida no acaba con la muerte del cuerpo.

El nacimiento físico no es un comienzo, es una continuación.

T-5.IV.2:4

*Vivir aquí significa aprender, de la misma manera en que crear es
estar en el Cielo.*

T-14.III.3:2

Cuando completamos el trabajo, ya no necesitamos la herramienta.

4. No hay dualidad.
No hay opuestos.
El juicio implica dualidad, que hay algo en contra de lo cual juzgar.
No hay «otro».
De nuevo, no hay *fuera*.
Solo hay unicidad.
Todos ya somos, y siempre hemos sido, uno con Dios.
Recordamos la Unicidad al no proyectar ilusiones que la nieguen.

5. No soy nadie.
No es únicamente que no seamos cuerpos; asimismo, ninguno de nosotros
existe de manera individual (egocéntrica).
No podemos existir y no existimos aparte de Dios.
Yo no soy mi currículo. Los currículos tratan del pasado.

6. El guion está escrito.
¡No hay accidentes!
Esto no es fatalismo, y no estamos hablando de predestinación.
Cuanto mayores nos hacemos, más podemos mirar atrás a lo que ha

sido nuestra vida y ver que las cosas pasaron exactamente como tenían que pasar, teniendo en cuenta nuestro nivel de conciencia y madurez, y nuestra capacidad de tomar decisiones. Cada decisión que tomo a cada momento determina cómo se escribe el guion. Como dijo Albert Einstein: «Dios no juega a los dados con el universo».

7. **Toda toma de decisiones debe dejarse en manos de Dios.** Cuanto antes lo hagamos, más felices seremos.

CAPÍTULO 9

Juguemos a las apariencias

Quedarse atrapado detrás la máscara

*Es indudable, no obstante, que jamás encontrarás satisfacción en
fantasías, de modo que tu única esperanza es cambiar de parecer con
respecto a la realidad.*

T-9.IV.10:2

Fabricar y crear

Desde la separación, y desde que elegimos el sistema de pensamiento
del ego en lugar de la Unicidad, las palabras *crear* y *fabricar* resultan
confusas. Nosotros no nos hemos creado a nosotros mismos. El Espíritu
crea. El ego fabrica. En el *Curso* se repite treinta y cinco veces: «Dios te creó».
De hecho, se dice que «Dios te creó perfecto». Nosotros no nos «creamos» a
nosotros mismos, y ciertamente no «creamos» a Dios. Más bien, fabricamos
tanto una imagen de Dios como una imagen de nosotros mismos.

*Dios creó al hombre a su imagen,
Y a continuación el hombre le devolvió el favor.*

Anónimo

La ley fundamental de la percepción

La mítica imagen que encontramos en la historia de Adán y Eva es la de
un padre enfadado que expulsa a Sus hijos del Cielo. La proyección da
lugar a la percepción, y la ley fundamental de la percepción es:

Ves lo que crees que está ahí, y crees que está ahí porque quieres que lo esté.

T-25.III.1:3

Estaba lavándome las manos en el servicio de hombres y escuché lo que parecía ser una conversación que venía de uno de los urinarios. Un momento después salió un joven. Continuó con su monólogo, hablando en voz alta a alguien que no estaba allí. Miré si llevaba puesto un micrófono *bluetooth* para el móvil. No lo llevaba. Me devolvió la mirada como si el hecho de que yo le mirase fuera una especie de afrenta, y decidí que era el momento de salir de allí.

Consideramos que si una persona mantiene una conversación con alguien que no está presente eso es ilusorio o demente. La palabra demencia indica que uno está atrapado en su propia mente. El ego es demente porque no es total y completo. Cuanto más experimentamos que estamos atrapados dentro de nuestras mentes y de nosotros mismos, más dementes somos. La «Lección 52» del «Libro de ejercicios», que es una revisión de la Lección 10, concluye pidiéndonos que nos preguntemos a nosotros mismos:

¿No sería acaso preferible que me uniese al pensamiento del universo en vez de obscurecer todo aquello que realmente me pertenece con mis míseros e insignificantes pensamientos «privados»?

L-52.5:7

El *Curso* nos pide repetidamente que no pasemos por alto el pensamiento demente. Cuanto más «maquillaje»(montaje, fabricación) usemos (simbólicamente, no literalmente: no hay nada malo en maquillarse), más se distorsiona nuestro marco de referencia, y mayor es nuestro sentimiento de aislamiento y locura. Cuanto más fabricamos una «historia»que no es verdad, más artificial se vuelve nuestro mundo, y más profunda es nuestra infelicidad. El hombre con el que me encontré en el servicio de caballeros estaba viviendo en un mundo dentro de su propia mente, un mundo que él mismo se había fabricado. El *Curso* nos abre al «Pensamiento del Universo»y a la conciencia de la Mente Una. En primer lugar tenemos que llegar a la mentalidad correcta, y lo conseguimos renunciando a la locura del ego.

> *La única carencia que realmente necesitas corregir es tu sensación de estar separado de Dios. Esa sensación de separación jamás habría surgido si no hubieses distorsionado tu percepción de la verdad, percibiéndote así a ti mismo como alguien necesitado.*
>
> T-1.VI.2:1-2

El sueño (pesadilla) del hombre y la mujer que se han hecho a sí mismos

Cuanto más fabricamos un «yo»separado, más aislados nos sentimos y más nos desesperamos. Cuanto más desconectados estamos de nuestros hermanos y hermanas, mayor es nuestra soledad y desesperación.

> *Toda soledad es echar de menos el Cielo.*

Todo el mundo se construye un yo y a continuación sueña el sueño de ese yo. Esta fabricación de un yo no es la realidad. Es un sueño. En la cábala, a esta imagen irreal se le llama la «concha». El psicoterapeuta suizo Carl Gustav Jung describió esta falsa concha o cáscara como nuestra «persona», una máscara destinada a causar una impresión en los demás al tiempo que oculta nuestros verdaderos sentimientos, del mismo modo que el hipócrita actúa de una manera mientras piensa de otra. La palabra «hipocresía»viene del griego *hypocrisies*, que significa 'actuación' o 'pretensión'.

Entre 1982 y 1990 di cursos de Filosofía, Psicología y Religión para el Mercy College dentro de la prisión de Sing-sing, en Ossining, Nueva York. Muchos de los internos se habían inventado una «persona o máscara»(en su propio mundo de fantasía) en medio de otros que estaban haciendo algo muy parecido. Así se adentraban cada vez más en la separación, la soledad y el aislamiento, aunque estuvieran rodeados por cientos de semejantes.

Algunos de los internos habían adoptado apodos que transmitían una sensación de dureza. Conocí a El Gran Lynn, a Machote, a Vaquero, Doc, Tigre y Rey. Practicaban levantamiento de pesas, lo que les había llevado a desarrollar grandes músculos, llevaban tatuajes y bandas que les diferenciaban, se dejaban crecer la barba y vestían camisetas sin mangas. Lo único que a los internos no se les permitía llevar puesto para potenciar sus «máscaras»eran artículos que pudieran convertirse en armas, como colgantes de metal, anillos y joyas.

Frecuentemente adoptaban una actitud autosuficiente y despreocupada, un aire de dureza que les aislaba todavía más. Detrás de cada máscara seguía habiendo un hombre atemorizado, abandonado e infeliz. Un grueso y seguro muro rodeaba el exterior de la prisión, mientras que, dentro, muchos de estos hombres estaban construyendo muros igualmente gruesos, casi impenetrables, alrededor de sí mismos.

No hay nada más mortal que el ego religionalizado.

David R. Hawkins (1927-2012), psiquiatra americano

Las personas que viven «buenas»vidas también pueden desarrollar máscaras similares: el presidente de una junta de vocales, un oficial del ejército, un comisario de policía, un médico, un psicólogo, un profesor universitario o el «maestro real»de la logia masónica local. Asistí a una conferencia en la que un experto en artes marciales insistía en que se le llamara «maestro». En el Cielo no hay maestros, capitanes, tenientes, reverendos ni doctores.

Ten cuidado con todas las empresas que requieren nuevos trajes.

Henry David Thoreau (1817-1862), filósofo americano

Un tipo muere y se encuentra con san Pedro a las puertas del Cielo. Mientras está siendo entrevistado por san Pedro, el sujeto ve a un hombrecillo corriendo por allí con una bata blanca de médico y un estetoscopio colgando del cuello. El recién llegado pregunta a san Pedro:

—¿Quién es ese hombrecillo que va corriendo por ahí? ¿Es un médico? —Oh, no —dice san Pedro— Ese es Dios. Simplemente le gusta aparentar que es un médico.

No tengas miedo de mirar en tu interior. El ego te dice que lo único que hay dentro de ti es la negrura de la culpabilidad, y te exhorta a que no mires. En lugar de eso, te insta a que contemples a tus hermanos y veas la culpabilidad en ellos. Mas no puedes hacer eso sin condenarte a seguir estando ciego, pues aquellos que ven a sus hermanos en las tinieblas, y los declaran culpables en las tinieblas en las que los envuelven, tienen demasiado miedo de mirar a la luz interna.

T-13.IX.8:1-5

En la película *La guerra de las galaxias*, Darth Vader es mitad robot y mitad hombre: una figura enorme y maligna sin ojos visibles. Su voz como de máquina surge de una máscara congelada y amenazante, carente de amor. Es el símbolo de alguien que ha perdido su identidad en un mundo de fantasía. Si llevas una máscara puesta durante mucho tiempo, corres el riesgo de olvidarte de quién eres. Las fantasías, como los sueños, son proyecciones. Son distorsiones de la realidad. Son intentos de controlar la realidad basados en falsas necesidades. Entonces, la realidad es usurpada. Las fantasías tienen deficiencias y no ofrecen gratificación ni felicidad duradera. Son privadas, evanescentes, pasajeras. Por suerte, se vuelven innecesarias cuando aparece la perfecta, satisfactoria y gratificante naturaleza de la realidad.

Tememos que la pérdida o aniquilación del sistema de pensamiento del ego implique la pérdida de nuestro yo individual. ¡Nada más lejos de la verdad! Quienes han hecho las mayores contribuciones a la humanidad son aquellos que han estado dispuestos a dejar la dirección totalmente en manos de Dios. El inglés William Booth (1829-1912), fundador del Ejército de Salvación, una de las organizaciones humanitarias con más éxito de todos los tiempos, comentó: «Le dije a Dios que podía tomar completamente todo lo que había de William Booth».

Sigo el camino que se me ha señalado.
Tengo una misión especial que cumplir, un papel que solo yo puedo

131

desempeñar. La salvación espera hasta que yo elija asumir ese
papel como mi único objetivo. Hasta que no tome esa deci-
sión, seré un esclavo del tiempo y del destino humano.

L-317.1:1-3

Piensa en algunos de los individuos que han estado más dispuestos a dejar su voluntad personal en manos de Dios: Buda, Jesús,
san Francisco de Asís, Meister Eckhart, Ramakrishna, Helen Keller,
Gandhi, Albert Schweitzer, Martin Luther King Jr., Madre Teresa,
Desmond Tutu y el Dalai Lama. Los más desinteresados, los que
más amaron y más dieron, no perdieron nada. De hecho, se ganaron
el respeto de todo el mundo.

En el Cielo no hay divisiones, ni rangos, ni niveles ni títulos.
Cuanto más proyectamos (fabricamos) el mundo, más creemos
que el sueño de separación y división es real. Así, «los pensamientos que pensamos que pensamos, no son nuestros pensamientos
reales»(L-15.1.1). Nuestros pensamientos reales son aquellos que
compartimos con el Pensar del Universo.

Crees que puedes abrigar pensamientos que no quieres com-
partir con nadie, y que la salvación radica en que te los
reserves exclusivamente para ti. Crees que en los pensamientos
privados que únicamente tú conoces puedes encontrar una
manera de quedarte con lo que deseas solo para ti y de com-
partir solo lo que tú deseas compartir. Y luego te preguntas
cómo es que no estás en completa comunicación con los que te
rodean, o con Dios que os rodea a todos a la vez.

T-15.IV.7:3-5

Cuando la máscara se congela

George Reeves (1914-1959), el actor que representó a Superman en los años cincuenta, era muy bueno en su profesión e
hizo muchas películas. Sin embargo, una vez que se convirtió en
Superman, el papel le encajaba tan bien que descubrió que no podía

salirse de lo que él llamaba su «maldito traje de mono». Cuando acabó la serie Superman, a Reeves le ofrecieron el papel de un personaje romántico en la película *De aquí a la eternidad*. Cuando el público (y los niños en particular) le veían en la pantalla, gritaban: «¡Mira! Es superman». La película fue rehecha retirando su personaje. A partir de ahí, Reeves no pudo participar en otras películas. Para ganarse la vida se vio obligado a realizar representaciones en eventos infantiles vestido con su «traje de mono». Con los brazos cruzados sobre el pecho y una amplia sonrisa, decía a los niños y niñas que debían ser buenos y valientes. El 16 de junio de 1959, después de representar a Superman durante una década, encontraron a George Reeves muerto: se había pegado un tiro. Tres años después encontraron a Marilyn Monroe (1926-1962) muerta a causa de una sobredosis de droga. Dos meses antes de morir, dijo en una entrevista para la revista *Look*: «No soy una diosa del sexo. Una diosa del sexo es una cosa, y yo no soy una cosa. Soy una persona. Simplemente soy Norma Jean».

Si perdemos el control de lo que nos está ocurriendo
Nuestras vidas pasan a estar controladas por el destino.

De *El alquimista*, del autor brasileño Paulo Coelho (1947-presente)

Un maravilloso ejemplo de una persona famosa que se negó a quedarse atrapada detrás de una máscara es el físico de origen alemán Albert Einstein. Einstein comprendió el juego al que juega la sociedad y se negó a participar. Era demasiado listo para eso. Probablemente todos estamos familiarizados con el retrato de Einstein sacando la lengua a los fotógrafos. Era tan conocido que la gente le paraba por la calle para que les explicara «esa teoría». Él respondía disculpándose: «¡Perdóneme, lo siento! Siempre me confunden con el profesor Einstein». Einstein era simplemente Einstein, un gran místico que dijo que más que ninguna otra cosa quería «conocer la mente de Dios».

Si la careta se congela, si nos quedamos atrapados «en el sueño del mundo», es posible que no veamos un camino de salida. Nuestro Ser parece estar dormido, mientras la mente que teje ilusiones parece estar despierta. Atrapados en el sueño del mundo, la Realidad nos elude y parece estar más allá de nuestro alcance.

*La psicoterapia es necesaria para que el individuo comience a
cuestionar su realidad.*

P.in.1:5

La terapia funciona a medida que el paciente suelta la necesidad
de aferrarse a sus historias dementes. La iluminación llega a todas las
mentes que sueltan la historia del ego.

*Despertarás a tu propia llamada, pues la Llamada a despertar
se encuentra dentro de ti.*

T-11.VI.9:1

CAPÍTULO 10

¿Quién mueve los hilos de la marioneta?

El ego, el cuerpo y el sueño del mundo

El sueño del mundo adopta innumerables formas porque el cuerpo
intenta probar de muchas maneras que es autónomo y real.

T-27.VIII.2:1-3

Lo primero que hacemos cada mañana al levantarnos es ocuparnos de nuestras necesidades corporales. Nos miramos al espejo y decimos algo así como: «Oh, Señor, ¿qué puedo hacer para poner un poco de orden en este lío y que otros cuerpos puedan mirarlo?». En una ocasión tuve un amigo por el que sentía un cariño entrañable. Habíamos sido compañeros desde los años sesenta. Era encantador, un veterano de Vietnam minusválido. Cada mañana, después del viaje obligatorio al servicio, iba a la cocina, abría la puerta del frigorífico, sacaba una lata de cerveza, la abría, se sentaba a la mesa en la cocina, encendía un cigarro y se quedaba mirando fijamente al suelo.

Una mente «aprisionada» no es libre porque está poseída, o refrenada,
por sí misma.

T-3.II.4:3

Pregunta: ¿Quién abría la puerta del frigorífico? ¿Quién abría la lata de cerveza? ¿Quién encendía el cigarro? ¿Quién emite las órdenes que cualquier cuerpo cumple? ¿Quién mueve los hilos de la marioneta? ¿Quién habla por su boca?

El cuerpo no tiene pensamientos. No tiene capacidad de aprender, perdonar o esclavizar. No da órdenes que la mente tenga que acatar, ni fija condiciones que esta tenga que obedecer.

T-31.III.4:2-4

El cuerpo es el personaje central en el sueño del mundo. Sin él no hay sueño, ni él existe sin el sueño en el que actúa como si fuese una persona digna de ser vista y creída.

T-27.VIII.1:1-2

Siempre hay algo

La mente-ego consigue mantenernos dormidos haciendo que prestemos atención al cuerpo. La persona promedio dedica entre un cuarto y un tercio de su vida a dormir. Los psicólogos nos dicen que tenemos una media de seis ciclos de sueño cada noche, que duran desde unos pocos minutos hasta media hora o más. Tenemos varios sueños en cada ciclo, y cada escenario onírico se transforma en el siguiente. La persona promedio pasa seis años de su vida soñando una miríada de inquietantes pesadillas nocturnas.

Nuestros sueños están llenos de gran variedad de problemas y de mucha frustración. Algo o alguien puede estar bloqueándonos el camino, desbaratando nuestros esfuerzos; es posible que perdamos el equipaje, o que surja agua a nuestro alrededor y tengamos que ascender desesperadamente a un lugar más elevado. En el sueño casi siempre se aborda algún asunto inacabado. Despertamos de nuestras pesadillas a otros sueños (sin interrupción) en los que nos topamos con otra serie de problemas. Una mañana desperté pensando que me había olvidado de presentarme para dar una conferencia. Sentí que había decepcionado a la gente. Al despertar me fui dando cuenta de que no me había perdido nada, no había decepcionado a nadie. Solo había sido un sueño. Nuestros sueños nocturnos y nuestros sueños diurnos toman distintas formas, eso es todo (T-18.II.5:13).

Cualquier clase de sufrimiento no es más que un sueño.

L-284.1:4

En nuestra granja, en Missouri, cada día al despertar teníamos por delante una larga lista de tareas obligatorias. Teníamos que dedicar más de una hora a ordeñar la vaca y a dar de comer y beber a los cerdos, caballos y gallinas, todo ello antes de prepararnos para ir a la escuela. Todos despertamos con una lista de «tareas» diarias: tenemos que cuidar de los niños, preparar el desayuno, ir al trabajo, pagar facturas, reparar el coche, ir al médico, tratar con gente desagradable, confrontar al jefe, y la lista sigue. En nuestros sueños de vigilia y en nuestros sueños nocturnos tenemos abundantes problemas que se convierten en el mecanismo por el que el ego impide que prestemos *atención al presente.* El sueño del mundo, que a menudo es un estado onírico parecido al trance, es una desviación que nos hace seguir soñando. En la telenovela de nuestra vida cotidiana vamos deambulando por ahí en una fantasía monótona.

La autonomía ilusoria del cuerpo

El ego nos llama a seguir con los hábitos y tareas que creemos que no debemos dejar porque él mismo nos dice que debemos hacerlas. En *El principito*, de Antoine de Saint-Exupery, el principito viaja a un planeta donde se encuentra con un borracho. Cuando le pregunta por qué bebe, el borracho dice: «Porque siento vergüenza». Entonces el principito le pregunta por qué está avergonzado, a lo que le responde: «¡Porque bebo!». Este razonamiento, que sigue una espiral descendente, domina buena parte del pensamiento del ego. La autonomía ilusoria del ego nos enseña que el cuerpo puede actuar como la mente (T-15.VII.12:1). Pensamos que el cuerpo es suficiente en sí mismo. Creemos ser el cuerpo, y sin embargo este depende completamente de la mente. Siempre es la mente la que decide si debe dejar el cuerpo en manos del ego o del Espíritu Santo.

Tus acciones son el resultado de tus pensamientos. No puedes separarte de la verdad «otorgándole» autonomía al comportamiento.

T-2.VI.2:7-8

El cuerpo es una marioneta. A veces es un títere, otras es un muñeco y en ocasiones un prisionero. El cuerpo es una herramienta, un ordenador y un vehículo con el que nos desplazamos. En último término (lo que significa ahora), no es nada en absoluto. Por eso decimos: *Las cenizas a las cenizas, el polvo al polvo*. El *Curso* describe el cuerpo como un *pequeño montón de arcilla*. En *El filo de la navaja*, de W. Somerset Maugham (1874-1966), Larry Darrell, el héroe, describe así su experiencia como piloto en la Primera Guerra Mundial:

Recuerdo que después de una batalla vi una pila de soldados franceses muertos, amontonados unos sobre otros. Parecían las marionetas de un teatrillo desvencijado, que había quedado abandonado desordenadamente en un rincón polvoriento porque ya no tenía ninguna utilidad. Entonces pensé... los muertos parecen terriblemente muertos.

La universidad del universo

El cuerpo es una herramienta de aprendizaje para la mente. Es una herramienta con la que desarrollamos nuestras habilidades. La vida es nuestro programa de estudios. Cada persona que conocemos es nuestro profesor, y el mundo es nuestra aula: una universidad abierta. El propósito del cuerpo es facilitar el aprendizaje (T-2.IV.3:1-3). El único uso natural del cuerpo es servir para facilitar el aprendizaje.

En cuanto que recurso de aprendizaje [el cuerpo] se deja llevar simplemente por el estudiante, mas si se le dota falsamente de iniciativa propia, se convierte en una seria obstrucción para el mismo aprendizaje que debería facilitar. Solo la mente es capaz de iluminación. El espíritu ya está iluminado, y el cuerpo, de por sí, es demasiado denso. La mente, sin embargo, puede hacer llegar su iluminación hasta el cuerpo al reconocer que este no es el estudiante y que, por lo tanto, no tiene la capacidad de aprender. Es muy fácil, no obstante, poner el cuerpo en armonía con la mente una vez que esta ha aprendido a mirar más allá de él hacia la luz.

T-2.V.6:2-6

El Espíritu es esa parte de nosotros que ya está iluminada. La mente es eso que busca la iluminación. El cuerpo es lo que creemos ser. Depende de nuestra mente cambiar nuestro punto de vista y pasar de su falsa orientación hacia el cuerpo a su verdadera orientación espiritual. Mira a tu alrededor. Todo lo que hacemos lo hacemos en nombre y beneficio del cuerpo. Toma una revista: en ella abundan los anuncios de ropa, joyas, cosméticos, comidas, bebidas y cada vez más medicamentos. Haciendo cola en la caja registradora del supermercado me topo de bruces con el periódico de *The National Enquirer*. En portada aparen las fotos de una variedad de traseros de «famosas»tomadas en diversas playas con la pregunta: «¿De quién es esta celulitis?» debajo de cada foto. La mente curiosa quiere saber.

Hay quien detesta su cuerpo y trata de herirlo y humillarlo. Algunos de los grandes místicos percibieron sus cuerpos erróneamente, pensando en ellos como si fueran un enemigo. San Francisco de Asís (1181-1226, Italia) llamaba amorosamente a su cuerpo «hermano asno», y derramaba cenizas sobre la comida para disipar el sabor agradable. Heinrich Seuse (1295-1366, Alemania), un famoso místico dominico, soportó ayunos, privación del sueño, frío extremo, cadenas de hierro, autoflagelación y un cilicio. Se frotaba sal y vinagre en las heridas. Finalmente Seuse se curó de su obsesión cuando oyó al Espíritu Santo decirle que Dios quería que dejara de herir su cuerpo. No hay cuerpos perfectos, solo hay mentes perfectas.

El cuerpo no es malo ni bueno. No es un enemigo, un oponente ni un adversario. No es ni un palacio del placer ni algo que se debe adorar. A Dolores y a mí nos gusta ir al cine, de modo que habitualmente vemos la ceremonia de los Oscars. En la ceremonia de 2011, yo estaba visitando a unos amigos y me perdí el programa. A la mañana siguiente sintonicé *Good Morining America* para ver quién había ganado, pero solo hablaban de quién llevaba tal vestido y del aspecto de las estrellas de cine sobre la alfombra roja.

Pensar que nosotros somos la herramienta —el ordenador, el vehículo, el dispositivo de comunicación— limita la percepción, y por tanto es erróneo. El cuerpo nunca puede ser «quienes somos». Tal como ocurre con los coches, es evidente que nuestros cuerpos duran más, y obtenemos más rendimiento de ellos, si los cuidamos y respetamos. ¡El «tiempo»que pasamos siendo cuerpos es un sueño! Cuando recordamos nuestra Unicidad, no lo hacemos como cuerpos, como el vehículo ni como herramienta, lo hacemos como Espíritu: un pensamiento perfecto en la mente de Dios.

¿Quién mueve los hilos de la marioneta? ¿Quién nos hace mover el esqueleto? ¿Quién abre esa lata de cerveza? ¿Quién introduce la mano dentro de la bolsa de patatas fritas? ¿Quién abre el libro llamado *Un curso de milagros* y estudia la lección diaria? El cuerpo solo puede hacer aquello que la mente le dice. Toda decisión debe dejarse en manos del Espíritu; de no ser así, podemos dejar que algún marionetista espabilado (como Stromboli en la historia de *Pinocho*) dirija el espectáculo.

Leí un estudio que habían hecho sobre las dietas para ver cuál es mejor. La conclusión fue: muchas dietas funcionan bien si haces lo que te piden. En primer lugar, debe haber una mente que tome la decisión de seguir la dieta. Si bien cada una de las dietas tenía una explicación científica (evitar los azúcares, las grasas, etc.), todas podían reducirse a tres simples palabras: ¡No comas demasiado!

> *Criatura de Dios, fuiste creado para crear lo bueno, lo hermoso y lo santo. No te olvides de esto. El Amor de Dios, por un breve periodo de tiempo, todavía tiene que expresarse de un cuerpo a otro, ya que la visión aún es muy tenue. El mejor uso que puedes hacer del cuerpo es utilizarlo para que te ayude a ampliar tu percepción, de forma que puedas alcanzar la verdadera visión de la que el ojo físico es incapaz. Aprender a hacer esto es la única utilidad real del cuerpo.*

> T-1.VII.2:1-5

En el sueño, el cuerpo parece muy real y negar la «aparente»realidad del cuerpo es una forma de negación inútil (T-2.IV.3:8-11). El mundo es seductor y resulta fácil pensar que la herramienta de aprendizaje es una Realidad, pero solo es una herramienta de aprendizaje.

El ego enseña que el placer corporal es felicidad.

T-19.IV.B.13:7

No des poder al placer

El dolor y el placer son la prueba de la separación y de la aparente realidad del cuerpo. *No des poder al placer* no significa que no disfrutes del cuerpo. No hay nada malo en el placer. ¿A quién no le gusta una buena comida, hacer el amor, echar una buena siesta o disfrutar de un agradable masaje? Todas estas experiencias son «temporales». san Francisco de Asís no disfrutó de algunos buenos platos por cubrir sus comidas con ceniza. *No des poder al placer* simplemente significa: no dejes que la búsqueda de placer reemplace la realización del Plan de Dios para la Salvación. La autocomplacencia puede conducir a una amplia variedad de adicciones. Los alimentos cómodos pueden fácilmente convertirse en alimentos «incómodos». Cuando se trata de comer, a un breve momento de placer a menudo le sigue un periodo más largo de culpa y depresión.

Es posible malinterpretar el *Curso* diciendo que como nos dice que la vida, tal como nosotros la percibimos, es un sueño, más nos vale disfrutar de ella todo lo que queramos, comiendo y bebiendo cuanto podamos. Este proceso solo afirma la realidad del cuerpo y hace que nos quedemos pillados en adicciones, compulsiones y obsesiones relacionadas con él que nos alejan de la alegría, de la paz y de la felicidad. Cuando Dolores y yo salimos a cenar, pedimos una ensalada y un primer plato. Los dividimos por la mitad y siempre es más que suficiente para ambos. Hay muy poca gente que tenga exceso de peso en Japón. Todas las comidas que tomamos en Japón eran frugales, y cada una de ellas era una obra de arte. Dolores pasó más tiempo fotografiando las comidas que los templos budistas.

El poder, la fama, el dinero, los placeres físicos, ¿quién es el «héroe»
que posee todas estas cosas? ¿Qué significado podrían tener excepto
para un cuerpo? Mas un cuerpo no puede evaluar. Al ir en pos de tales

cosas, la mente se identifica con el cuerpo, negando su identi-
dad y perdiendo de vista lo que realmente es.

M-13.2:6-9

La confusión de los impulsos milagrosos con los impulsos
físicos es una de las distorsiones básicas de la percepción. Los
impulsos físicos son impulsos milagrosos mal canalizados.
Todo placer real procede de hacer la Voluntad de Dios. Esto es
así porque no hacer Su Voluntad es una negación del Ser. La
negación del Ser da lugar a ilusiones, mientras que la correc-
ción del error nos libera del mismo. No te engañes a ti mismo
creyendo que puedes relacionarte en paz con Dios o con tus
hermanos a través de algo externo.

T-1.VII.1:2-7

¿Qué te ha traído felicidad? ¿Vino esta alegría a la mente o al
cuerpo? Solo la mente sana experimenta felicidad duradera, verdadera alegría y paz permanente.

No permitas que el cuerpo sea el reflejo de una mente dividida.
No dejes que sea una imagen de la percepción de pequeñez que
tienes de ti mismo. No dejes que refleje tu decisión de atacar.

T-8.VIII.9:5-6

La proyección da lugar a la percepción, y las percepciones distorsionadas producen una densa envoltura alrededor de los impulsos
milagrosos (T-1.VII.1:1). El impulso milagroso es el de amar. No
obstante, lo que es verdad bajo la luz de la luna no siempre es verdad
bajo la luz del sol. Confundir el amor con el deseo a menudo produce culpabilidad. Nada temporal es duradero. Lo único duradero
es el amor perfecto.

Los apetitos son mecanismos para «obtener» que representan la
necesidad del ego de ratificarse a sí mismo. Esto es cierto tanto
en el caso de los apetitos corporales como en el de las llamadas

«necesidades más elevadas del ego». El origen de los apetitos corporales no es físico. El ego considera al cuerpo como su hogar, y trata de satisfacerse a sí mismo a través de él. Pero la idea de que eso es posible es una decisión de la mente, que está completamente confundida acerca de lo que realmente es posible.

T-4.II.7:5-9

Los apetitos son de la mente, no del cuerpo. Si la mente puede curar el cuerpo, pero el cuerpo no puede curar la mente, entonces la mente tiene que ser más fuerte que el cuerpo. Cada milagro demuestra esto (T-6.V.A.2:6-7). Aunque la excitación de las endorfinas funcionando como neurotransmisores produce sensaciones agradables y «alimenta» las adicciones, siempre es posible seguir la pista al origen de las adicciones hasta una decisión mental de caer en algún tipo de «sueño». El sueño es uno de estos «apetitos» que puede «drogarnos» (T-8.IX.4:6).

El cuerpo no tiene mente

No aceptes la confusión del ego entre cuerpo y mente (T-7.V.3:3). Podemos pensar que el cuerpo nos está diciendo: «Necesito una cerveza» o «necesito sexo». Come, y el cuerpo se sentirá saciado temporalmente. Pero, al poco rato, querrás comer otra vez. Si «nos pasamos» comiendo, bebiendo o con el sexo, corremos el riesgo de hacernos adictos. Entonces parece como si el ego-cuerpo hubiera ganado, y la conciencia del Ser queda suspendida: no se pierde, pero permanece inactiva. Así perdemos de vista el camino recto y la puerta estrecha. El tiempo se convierte en un sueño infeliz hasta que recuperamos el correcto uso de la voluntad, y la cordura (Amor) vuelve a entrar en nuestra conciencia. No dejar que el cuerpo gobierne equivale a no dejar que el ego gobierne.

Cuando el cuerpo deje de atraerte y ya no le concedas ningún valor como medio de obtener algo, dejará de haber entonces interferencia en la comunicación y tus pensamientos serán tan libres como los de Dios. A medida que le permitas al Espíritu Santo enseñarte a utilizar el cuerpo solo como un medio de comunicación y dejes de valerte de él

*para fomentar la separación y el ataque, que es la función que
el ego le ha asignado, aprenderás que no tienes necesidad del
cuerpo en absoluto.*

T-15.XI.7:1-2

*El dolor demuestra que el cuerpo no puede sino ser real. Es
una voz estridente y ensordecedora, cuyos alaridos tratan de
ahogar lo que el Espíritu Santo dice e impedir que Sus palabras lleguen hasta tu conciencia.*

T-27.VI.1:1-2

No des poder al dolor

El dolor es la gran distracción molesta que arrebata nuestra paz.
Desde la perspectiva cristiana tradicional, Jesús sufrió, sangró
y murió por nuestros pecados. Solo una mente puede estar enferma y sufrir. Desde la perspectiva del *Curso,* Jesús sabía que no era
un cuerpo. Reconoció la verdad de que era Espíritu y no se quedó
atrapado en el temor. Dios no puede sufrir.

El dolor y el placer confirman la realidad del cuerpo. Sin embargo, el dolor y el placer son igualmente ilusorios (T-27.VI.1:7). En
lugar de decir: «Jesús, llévate este dolor» (y asignar la responsabilidad
por tu paz a otro), pídele: «Ayúdame a ver esto de otra manera». A
medida que vamos girando progresivamente hacia dentro, hacia el
Ser, descubrimos que las tentaciones se deshacen, revelando un camino mucho más alegre. Conforme el mundo pierde atractivo para
nosotros, descubrimos que podemos enfocarnos más claramente en
el amor de Dios. Y cuanto más gira la mente hacia Dios, más ins-
pirados nos sentimos, más dejamos que nuestro Maestro Interno
guíe nuestro camino, menos egoístas somos —más nos rendimos al
Espíritu— y más sabemos que el cuerpo no es real.

*En el instante santo no hay cuerpos, y lo único que se experi-
menta es la atracción de Dios. Al aceptarla como algo completamente indiviso te unes a Él por completo en un instante,*

pues no quieres imponer ningún límite en tu unión con Él. La realidad de esta relación se convierte en la única verdad que jamás podrías desear. Toda verdad reside en ella.

T-15.IX.7:3-6

Solo el cuerpo puede morir.

Observé a una vieja conocida de quince o veinte años atrás caminando despacio por el pasillo del supermercado. Ella no sabía que la estaba mirando. ¡Qué vieja y cansada parecía! Tenías las mejillas hundidas y agachaba la cabeza al mirar las estanterías a ambos lados. Había perdido la chispa que una vez alumbró sus ojos. Todo «cuerpo» se desgasta; nada físico es duradero. El Espíritu no sabe nada de la muerte. El Espíritu trasciende lo perecedero y lo mutable. El Espíritu es eterno. El Espíritu es informe. El Espíritu no se desgasta nunca. El cuerpo no es malvado. No es malo. No es nada. El único propósito adecuado para el cuerpo, a medida que avanzamos como maestros de Dios, es dejar que la voz de Dios hable a través de él, transmitiendo a nuestros oídos humanos un mensaje que trasciende nuestro mundo limitado. Qué voluntad obedecer, la del ego o la del Espíritu, es una decisión que nos pertenece. El cuerpo solo puede actuar equivocadamente cuando responde a un pensamiento erróneo. Cuando se entrega al Espíritu Santo, el cuerpo puede ser una herramienta de aprendizaje, un vehículo y un ordenador muy útil. O puede seguir robóticamente los dictados del ego, avanzando por un camino de ilusiones y autodestrucción. La mente es capaz de iluminación, el cuerpo no. Sin embargo, el cuerpo puede ser llevado a alinearse con una mente que ha aprendido a mirar más allá de las diferencias.

El cuerpo es tan incapaz de morir como de sentir. No hace nada. De por sí, no es corruptible ni incorruptible. No es nada.

T-19.IV.C.5:2-5

Cuando la paz llega por fin a los que luchan contra la tentación y batallan para no sucumbir al pecado; cuando la luz llega por fin a la mente que se ha dedicado a la contemplación; o cuando finalmente alguien

alcanza la meta, ese momento siempre viene acompañado de
este feliz descubrimiento: «No tengo que hacer nada».

T-18.VII.5:7

Alcanzamos la felicidad con una simple y profunda revelación:
No soy un cuerpo. Soy libre. Pues aún soy tal como Dios me creó.

L-201

El que trasciende el cuerpo trasciende también toda limitación.

M-23.3:10

146

CUARTA PARTE

Las leyes de la felicidad

☙

CAPÍTULO 11

Las leyes fundamentales de la felicidad

Si te tapas los ojos con las manos, no podrás ver porque estarás interfiriendo en las leyes de la visión. Si niegas el amor no podrás conocerlo porque tu cooperación es la ley de su existencia. No puedes cambiar las leyes que tú no promulgaste, y las leyes de la felicidad fueron creadas para ti, no por ti.

T-9.I.11:7-9

¿Existen las leyes de la felicidad?
¿Hay principios que podemos observar y que nos harán felices?
¿Son ciertas estas leyes?
¿Seríamos más felices si las siguiéramos?

Reglas, leyes y principios fundamentales

Una ley es una regla, un procedimiento, un principio fundamental, una descripción de un proceso por el que las cosas funcionan. Las leyes de la física describen cómo funcionan las cosas en el mundo físico. Las leyes de la biología, como el principio de la capilaridad, describen cómo funcionan las cosas en el mundo biológico. Las leyes de la química explican cómo funcionan las cosas en el mundo químico. Los líquidos, por ejemplo, se congelan y evaporan siguiendo leyes concretas. El agua se congela a cero grados centígrados. Un «grado» es algo específico. Un aparato de fabricación humana puede calcular cuando algo se congela, hierve o se evapora, y los aumentos y disminuciones de temperatura también se miden con medidas humanas. Todos los aparatos de medir son de fabricación humana.

Pero recuerda que las leyes se promulgan para proteger la
continuidad del sistema en que cree el que las promulga.

T-4.I.5:4

Ser fiel a una premisa que se ha aceptado es una ley de la
mente, y todo lo que Dios creó es fiel a Sus leyes. Es posible
también ser fiel a otras leyes, pero no porque las leyes sean
ciertas, sino porque tú las promulgaste.

T-6.IV.11:3-4

Leyes promulgadas por los humanos

Para bien o para mal, las leyes de un estado o nación describen cómo deberían funcionar las cosas dentro de esa sociedad. Las leyes promulgadas por los humanos están lejos de ser perfectas, aunque con el tiempo pueden refinarse y mejorarse a medida que la conciencia social aumenta. Por ejemplo, la decimotercera enmienda a la constitución norteamericana dejó fuera de la ley la esclavitud. Si bien la enmienda se adoptó en 1865, no fue hasta 1964, cien años más tarde, cuando el Acta de los Derechos Civiles ilegalizó la discriminación. Las mujeres no tuvieron derecho de voto hasta 1919, hace menos de cien años. El mundo evoluciona despacio, pero las leyes de Dios (las leyes de la felicidad) siempre han sido perfectas y no discriminatorias.

Los milagros son pensamientos. Los pensamientos pueden re-
presentar el nivel inferior o corporal de experiencia, o el nivel
superior o espiritual de experiencia. Uno de ellos da lugar a lo
físico, el otro crea lo espiritual.

Principio 12 de los cincuenta «Principios de los milagros», T-1.I.12:1-3

La mente, y por tanto la comunicación, tiene formas superiores e inferiores. Un milagro representa una causa y un efecto de orden superior que invierte las leyes de la física. El principio 17 de los cincuenta «Principios de los milagros» dice:

> *Los milagros son una especie de intercambio. Como toda expresión de amor, que en el auténtico sentido de la palabra es siempre milagrosa, dicho intercambio invierte las leyes físicas. Brindan más amor tanto al que da como al que recibe.*
>
> T-1.I.9:1-3

Las leyes de orden superior (milagros)

Las leyes de orden superior trascienden las leyes físicas y las promulgadas por los humanos. Las leyes humanas pueden ser defectuosas. Según las leyes físicas, hace falta tiempo para que se produzca la curación. También a nivel psicológico, cuando algo nos parte el corazón (cuando una relación fracasa o muere un ser querido), necesitamos tiempo para integrarlo. El milagro no está limitado por el tiempo. El milagro supone una liberación del temor, y eso puede ocurrir en un instante. Los médicos acostumbran a describir las curaciones inesperadas o inexplicables como «milagros». Las leyes de orden superior no dependen de las leyes del tiempo.

> *Los milagros trascienden el cuerpo. Son cambios súbitos al dominio de lo invisible, más allá del nivel corporal. Por eso es por lo que curan.*
>
> T-1.I.17:1-3

> *…. los milagros violan todas las leyes de la realidad tal como este mundo la juzga. Las leyes del tiempo y del espacio, del volumen y de la masa son trascendidas, pues lo que el Espíritu Santo te capacita a hacer está claramente más allá de todas ellas.*
>
> T-12.VII.3:2-3

> *La curación espiritual no tiene por qué llevar tiempo, pero requiere un cambio de mentalidad.*

En una ocasión fui terapeuta de una joven infeliz a la que le estaba costando perdonar a un joven que la había dejado plantada. En un intento de reconfortarla le aseguré que algún día sería capaz de perdonarle. Y añadí que, si quería, incluso podría perdonarle en aquel mismo momento. Su cara se relajó casi instantáneamente. Adoptó una actitud calmada y pensativa. Se dio cuenta de que ciertamente algún día le perdonaría. Entonces, ¿por qué no ahora? ¡Es raro un milagro tan rápido! Cuando se fue de mi consulta se sentía mucho más feliz y me dijo que ya no necesitaba más terapia. Nunca volvieron a salir juntos. Acabaron casándose con otras personas, pero fueron amigos para toda la vida.

> *El milagro es un recurso de aprendizaje que reduce la necesidad de tiempo. Establece un intervalo temporal fuera de lo normal que no está sujeto a las leyes usuales del tiempo. En ese sentido es intemporal.*
>
> T-1.I.47:1-3

> *Debe quedar claro, no obstante, que es más fácil que tu día transcurra felizmente si no permites que la infelicidad haga acto de presencia en primer lugar. Pero esto requiere tener práctica con las reglas que te protegen de los embates del temor. Cuando hayas dominado esas reglas, el amargo sueño de juicios habrá sido des-hecho para siempre. Pero mientras tanto, necesitas poner en práctica las reglas que lo deshacen.*
>
> T-30.I.13:1-4

La muerte del cuerpo, por ejemplo, podría ser el milagro necesario para liberar el alma de una trampa llamada «dolor». El Espíritu Santo es perfectamente consciente de cómo puede enseñarnos a recordar lo que somos, e interviene siempre que estamos «dispuestos» a hacer nuestra parte devolviendo nuestra mente a Dios.

> *La mente superior piensa de acuerdo con las leyes que el espíritu obedece, y, por lo tanto, honra únicamente las leyes de Dios.*
>
> T-5.I.1:6

Desarrollamos nuestra mente superior honrando las leyes de Dios. Esto nos conduce a nuestra máxima felicidad. En último término, las únicas leyes que podemos obedecer para ser felices son las leyes de Dios.

La ley más fundamental que existe

Lanzo una bola contra otra en una mesa de billar y la bola impactada se aleja de la primera. Esto es un ejemplo de la «ley» de acción y reacción, o causa y efecto. Si existe un efecto, debe tener una causa. La ley del karma, tal como la describe la espiritualidad oriental, dice que lo que lo que tú y yo hacemos en un momento afecta a aquello que nos vuelve en otro momento. Todas nuestras palabras y actos tienen consecuencias. Incluso la cosa más pequeña, como un pensamiento amoroso o un pensamiento celoso, tiene su efecto. Cada acto individual, junto con todos los demás, determina nuestro destino. Jesús se refiere a esta ley cuando dice: «Tal cómo siembras, así recogerás». Observamos una y otra vez que «todo lo que va, vuelve». O, como dijo John Lennon (1940-1980): «El tiempo hiere todos los talones». Así, nos herimos a nosotros mismos cuando atacamos a un hermano o hermana que es nuestro propio ser.

Si atacas el error que ves en otro, te harás daño a ti mismo.

T-3.III.7:1

Cuando atacas te estás negando a ti mismo. Te estás enseñando específicamente que no eres lo que eres.

T-10.II.4:1

En último término, no podemos herir al Ser que es el Hijo de Dios, unido en Espíritu con Dios y con los demás. Causa y efecto dependen uno de otro. La existencia de uno determina la existencia del otro. La creencia en un efecto establece la causa. Sin efecto, la causa es imposible.

Una causa produce un resultado, una consecuencia.

Una causa es algo que es responsable de un resultado.

Un efecto es algo producido por una causa.

153

Si retiramos nuestra creencia en el efecto, la causa deja de ser. Así, el *Curso* dice:

> *Tal vez creas que eres responsable de lo que haces, pero no de lo que piensas. La verdad es que eres responsable de lo que piensas porque es solamente en ese nivel donde puedes ejercer tu poder de decisión.*
>
> T-2.VI.2:5-6

Dios es la única causa

Dios es la Mente Una en la que estamos unidos. Dios, siendo Amor, solo conoce el amor. Dios no causa la culpabilidad ni tampoco cree en ella. La mente de Dios no sabe nada de castigo, ira, odio y guerra.

Solo cambiando la causa, nuestros pensamientos y creencias, conseguimos el efecto que deseamos.

No podemos ser felices si no asumimos responsabilidad por nuestros pensamientos.

No podemos ser felices si estamos atrapados en la negación y la represión.

No podemos ser felices si proyectamos y juzgamos.

> *La psicoterapia, entonces, debe restablecer en su conciencia la capacidad de poder tomar sus propias decisiones. Debe llegar a estar dispuesto a invertir su manera de pensar y a entender que aquello que él creyó que proyectaba sus efectos sobre él fue causado por sus propias proyecciones sobre el mundo.*
>
> P-1.4:1-2

Leyes de orden superior y de orden inferior

Las leyes de Dios (las leyes de la felicidad) son creativas, unificadoras y progresivas. Las leyes de Dios son reparadoras. Funcionan para el bien de todos y nos acercan a la mentalidad-Una. Las leyes de orden superior son «milagrosas». Las leyes superiores multiplican o añaden a nuestra vida, produciendo abundancia. Las leyes superiores —como las relacionadas con la generosidad, la paciencia y la tolerancia— sanan, integran y facilitan el bien común.

Tus desquiciadas leyes fueron promulgadas para garantizar que cometieses errores y que estos tuviesen poder sobre ti al aceptar sus consecuencias como tu justo merecido.

T-20.IV.3:1

Las leyes del caos, o las leyes de orden inferior del ego, son regresivas. Las leyes del caos gobiernan la ilusión y están fuera de la esfera de la razón. Separan y dividen y, como una enfermedad grave, destruyen. «Ojo por ojo y diente por diente» es una ley demente. Siguiendo este principio, ¡todo el mundo acabaría ciego y sin dientes! Las leyes del ego nos empequeñecen a todos. Llevan a la pérdida, a la escasez y al temor.

Lo que proyectas o extiendes es real para ti. Esta es una ley inmutable de la mente, tanto en este mundo como en el Reino.

T-7.II.2:4-5

La ley fundamental de la percepción

Juzgar es proyectar. Amar es extender. ¡Amar es *mucho* más divertido que juzgar! La ley fundamental de la percepción dice: «*Vemos lo que creemos que está ahí, y creemos que está ahí porque queremos que lo esté*» (T-25.III.1:3). En último término (lo que significa ahora y siempre), Dios es la única causa y todo lo que se extiende desde Dios es amor. El amor es eterno. Las proyecciones del ego son efímeras, evanescentes y forman parte de un sueño que acaba cuando despertamos.

La percepción es un resultado, no una causa. Por eso es por lo que el concepto de grados de dificultad en los milagros no tiene sentido. Todo lo que se contempla a través de la visión es sano y santo. Nada que se perciba sin ella tiene significado. Y donde no hay significado, hay caos.

T-21.in.1:8-12

155

Si la proyección da lugar a la percepción y la percepción es un resultado y no una causa, entonces mi proyección es la causa de lo que veo. Si estoy tumbado en la cama por la noche y proyecto un sueño, yo soy el proyector de lo que se percibe dentro de mi sueño. Nadie más es responsable de mi sueño. Eso sería imposible. Este hecho de la proyección es tan verdadero de día como de noche. Así, el *Curso* dice: «*Estás soñando continuamente*» (T-18.II.5:12).

La ley fundamental de la visión: extender amor

L os fariseos intentaban repetidamente que Jesús se equivocase, que dijera algo que ellos consideraran erróneo.

> *Los fariseos, oyendo que había hecho enmudecer a los seduceos, se juntaron en torno a Él, y le preguntó uno de ellos, tentándole: «Maestro, ¿cuál es el mandamiento más grande de la ley?». Él le dijo: «Amarás al Señor tu Dios con todo tu corazón, con toda tu alma y con toda tu mente. Este es el más grande y el primer mandamiento. El segundo, semejante a este, es: Amarás al prójimo como a ti mismo. De estos dos preceptos penden toda la ley y los profetas»*
>
> Mateo 22:35-40

> *Esta es la forma que, ajustada a este mundo, adopta la percepción de la ley más básica de Dios: que el amor crea amor y nada más que amor.*
>
> T-25.III.1:6

Si lo que hacemos viene del Amor, será verdad y estará de acuerdo con la voluntad de Dios. Así, lo que hagamos nos llevará a una mayor felicidad.

> *No puedes cambiar las leyes que tú no promulgaste, y las leyes de la felicidad fueron creadas para ti, no por ti.*
>
> T-9.I.11:9

Dado que las leyes de la felicidad fueron creadas *para* nosotros, pero no *por* nosotros, deben haber sido creadas por una autoridad superior. Las leyes superiores trascienden las leyes sociales, institucionales, e incluso las leyes físicas, como las del espacio y el tiempo. Otro ejemplo de una ley de orden inferior es la creencia del ego de que es posible derivar placer de la «venganza». La venganza siempre lleva únicamente a la culpabilidad, el resultado de la separación y de la ira. La venganza nunca conduce a la felicidad.

La mente superior piensa de acuerdo con las leyes que el Espíritu obedece, y, por tanto, honra únicamente las leyes de Dios.

T-5.I.1:6

Tener libre albedrío significa que podemos «decidir» seguir las leyes de Dios o ir en su contra, lo que significa que podemos elegir buscar o ir en contra de nuestro propio interés. Mientras vivamos de acuerdo con las leyes del ego, el Espíritu Santo no puede ayudarnos. Sin embargo, no todo está perdido. Siendo un sueño, el ego desaparece cuando despertamos, y despertamos a medida que vamos eligiendo progresivamente seguir el Plan de Dios para la Salvación. Cuanto antes respondamos, más felices seremos. La voluntad de Dios para nosotros es perfecta felicidad ahora.

Los milagros hacen que las mentes sean una en Dios. Se basan en la cooperación porque la Filiación es la suma de todo lo que Dios creó. Los milagros reflejan, por lo tanto, las leyes de la eternidad, no las del tiempo.

T-1.I.19

Las leyes de la eternidad

Las leyes de la eternidad no están limitadas por las leyes del tiempo y del espacio. Los milagros son perfectamente naturales. Parecen «milagrosos» porque no dependen de las leyes físicas. Una curación, por ejemplo, no requiere tiempo. La curación de una mente puede ocurrir en el mismo instante en que la verdad surge en ella. Las leyes de la eternidad son reflejos de leyes superiores. Seguir las leyes de orden superior nos conduce a nuestra mayor felicidad.

> *Yo inspiro todos los milagros, que en realidad son intercesiones. Interceden a favor de tu santidad y santifican tus percepciones. Al ubicarte más allá de las leyes físicas te elevan a la esfera del orden celestial. En ese orden tú eres perfecto.*
>
> T-1.I.32:1-4

Un «maestro de Dios» es cualquiera que elija serlo. La cualificación para ser un maestro de Dios es simplemente saber que, de algún modo, en alguna parte, ya hemos tomado la decisión deliberada de no ver nuestros propios intereses separados de los de otros (M-1.1:1-2). Esta elección surge de una visión de totalidad que consiste en conocer únicamente la unicidad. En otras palabras, el maestro de Dios elige (metafísicamente) no «ver» la dualidad.

El *Curso* describe diez características del maestro de Dios. Estas diez características son diversos atributos, rasgos, principios o leyes que describen los procesos por los que funciona la vida. Según las leyes de la felicidad, cuando vivimos en armonía con los principios de confianza, honestidad, tolerancia, delicadeza, alegría, indefensión, generosidad, paciencia, fidelidad y mente abierta, estamos en paz. Y por tanto somos felices.

Existe un orden en estas características básicas del maestro de Dios, y hay una razón por la que cada una de ellas sigue a la otra. A medida que consideramos cada característica, veremos cómo se conectan. En último término, cada uno de estos principios es el mismo principio, y esto se hará cada vez más evidente a medida que los examinemos.

Existen leyes básicas relacionadas con la confianza

La confianza es el primer principio y el más básico. Todas las demás características de los maestros de Dios se basan en la confianza. ¿Confío en el ego y en sus leyes, que sólo producen desdicha y dolor, o elijo abrazar la ley de orden superior y confiar en que seguir las leyes de Dios me aportará perfecta felicidad? La confianza se divide en seis etapas de desarrollo. Examinaremos cada una de ellas en el capítulo siguiente.

Existen leyes básicas relacionadas con la honestidad

La honestidad es crucial para la felicidad. La deshonestidad produce culpabilidad. La culpabilidad es el símbolo de nuestra negación de Dios y de nuestro ataque a Él. Dedicamos una enorme cantidad de energía a negar la verdad de Dios. «El ego nunca examina lo que hace con perfecta honestidad» (T-11.in.2:6). Cuando somos deshonestos, nos desviamos de nuestro camino. Esconderse significa ser infeliz. Esconderse es una trampa ingeniada por el ego.

Existen leyes básicas relacionadas con la tolerancia

La intolerancia es tan omnipresente e insidiosa que no nos damos cuenta de cuánto de nuestro tiempo consume, de cuántos pensamientos y conversaciones dedicamos a juzgar y a criticar a otros. Encontrar faltas en otros es una manera de no asumir responsabilidad. Y cuando no nos responsabilizamos, nos percibimos a nosotros mismos como víctimas. No nos damos cuenta de lo infelices que nos hace la intolerancia.

El juicio siempre implica rechazo, que es una manifestación de la separación. Hace falta mucha conciencia para dejar de juzgar. Cuando conseguimos suspender el juicio, experimentamos una gran liberación y una profunda sensación de paz. Nada es más favorable a la paz mental que no tener una opinión. Jesús dice: «No juzguéis y no seréis juzgados» (Mateo 7,12). Aquí está presente la vieja ley de causa y efecto. Nadie tiene derecho a juzgar hasta dónde han llegado otros en su camino de vuelta a casa.

El ego dicta sentencia y el Espíritu Santo revoca sus decisiones, en forma similar a como en este mundo un tribunal supremo tiene la potestad de revocar las decisiones de un tribunal inferior.

T-5.VI.4:1

Existen leyes básicas relacionadas con la mansedumbre

Los maestros de Dios son incapaces de hacer daño y son totalmente amables (M-4.IV.1:1). Cuando somos bondadosos, la bondad vuelve a nosotros. Nos ofrecemos bondad cada vez que oímos la voz de Dios y elegimos aprender las sencillas lecciones que Él nos enseña.

Existen leyes básicas relacionadas con la alegría

La alegría es el resultado inevitable de la mansedumbre y liberarse del temor. La alegría es una consecuencia de seguir las leyes de Dios. Solo podemos estar alegres mientras seamos confiados, honestos, tolerantes y amables.

Existen leyes básicas relacionadas con la indefensión

La «Lección 153» del «Libro de ejercicios» dice: «En mi indefensión radica mi seguridad». En lugar de poner en marcha los principios del ego de venganza, contraataque, represalia y revancha, la indefensión desarma y es deferente, respetuosa. Equivale a firmar la paz. La indefensión, y no la actitud defensiva, nos aporta alegría. La actitud defensiva descansa en el miedo. Cuando defendemos el ego, caemos en una mayor soledad, aislamiento y desesperación, todos ellos estados muy infelices.

Existen leyes básicas relacionadas con la generosidad

Aquí se ve con claridad la ley de causa y efecto: tal como damos, recibimos. «Para el espíritu, obtener no significa nada y dar lo es todo» (T-5.I.1:7). La generosidad es una bendición que nos damos a nosotros mismos. Si bien este tipo de pensamiento le es ajeno a la mente inferior del ego, puede entenderse en conexión con la forma de compartir sus ideas que tiene la mente superior. Cuando damos nuestras ideas, si son aceptadas, se fortalecen tanto en el que las da como en el que las recibe. Por lo tanto, el amor que damos permanece siempre con nosotros.

Existen leyes básicas relacionadas con la paciencia

Practicando la paciencia nos hacemos pacientes. Cuando estamos esperando en la cola del banco o en la caja del supermercado, podemos elegir esperar pacientemente (felizmente) o impacientemente (infelizmente). Cuando practicamos la paciencia, también practicamos la tolerancia, la mentalidad abierta y la indefensión.

Existen leyes básicas relacionadas con la fe

La fe es la confianza que tiene el maestro de Dios en que la palabra de Dios pondrá todas las cosas al derecho. La fe, como la honestidad, también significa coherencia. La fe a la hora de practicar estos principios nos aporta recompensas. Seguir ahí, ser sincero, permanecer firme y constante nos conduce de vuelta a casa.

Existen leyes básicas relacionadas con la mentalidad abierta

La mentalidad abierta, completa y total, es posiblemente el último atributo que desarrolla el maestro de Dios. Este atributo viene acompañado por la ausencia de juicio. Tal como el juicio cierra la mente, la mentalidad abierta nos libera a la plena experiencia de Dios.

Como maestros de Dios, elegimos confiar en lugar de desconfiar, ser honestos en lugar de deshonestos, practicar la tolerancia en lugar de la intolerancia. Cuando hablamos de mansedumbre, estamos hablando de renunciar a todo pensamiento de daño y de actuar amablemente unos con otros. Practicar cada una de estas características significa elegir renunciar a lo negativo (el ego) en favor de lo positivo (el Espíritu).

===

CAPÍTULO 12

Etapas en el desarrollo de la confianza

Sobre la confianza y la felicidad

En nombre de la absoluta confianza que tengo en ti, confía en mí aunque solo sea un poco, y alcanzaremos fácilmente la meta de perfección juntos.

T-12.II.8:5

Los Hijos de Dios tienen derecho al perfecto bienestar que resulta de tener perfecta confianza.

T-2.III.5:1

El desvelamiento del ego

El principal texto que usé a lo largo de los años en los que di cursos universitarios sobre misticismo era un librito delicioso titulado *Misticismo*, de la autora inglesa Evelyn Underhill (1875-1941). Me habría encantado conocer a Evelyn. Ella misma era una mística, y apuesto que se parecía un poco a Helen Schucman. Mujer de gran intelecto, era una visionaria y, como Helen, una poeta metafísica. Evelyn dedicó toda su vida a estudiar a distintos místicos, a quienes consideraba pioneros espirituales.

En lugar de conformarse con decir hay una mente y quiero matarla, empiezas a buscar su fuente, y entonces descubres que no existe en absoluto.

Autora inglesa y mística Evelyn Underhill

El libro de Evelyn sobre misticismo fue publicado en 1911. Cualquier libro que siga reimprimiéndose y vendiéndose después de más de cien años de su publicación es, sin lugar a dudas, un clásico. Aunque no tenía el título de doctora, fue la primera mujer teóloga que dio conferencias en las universidades inglesas y la primera que dirigió retiros espirituales para la Iglesia de Inglaterra. Entre sus mejores amigos se contaban el poeta indio Rabindranath Tagore (1861-1941), el primer asiático que ganó el premio Nobel de literatura (1913), y el filósofo francés Henri Bergson (1859-1941), ganador del premio Nobel de literatura en 1927. Curiosamente, todos ellos fallecieron en 1941. Cuando murió, el *Times* de Londres dijo que, en el campo de la teología, ella «no tenía rival en ningún teólogo profesional de su época». (véase <www.evelynunderhill.org>).

Después de leer durante muchos años una vasta colección de documentos místicos de las tradiciones tanto orientales como occidentales, Evelyn identificó cinco etapas en el desarrollo espiritual por las que, según ella, pasan la mayoría de los místicos. Asimismo, el *Curso* describe seis etapas en el desarrollo de la confianza. Las dos primeras etapas que se describen tanto en el *Curso* como en el libro de Evelyn son sorprendentemente similares. La segunda etapa de Evelyn, a la que llamaba *purgación*, es similar a la segunda y tercera etapas del *Curso*, que se llaman *«periodo de selección»* y *«periodo de renuncia»*. Las dos últimas etapas descritas por Evelyn y por el *Curso* vuelven a ser sorprendentemente similares, especialmente la etapa penúltima, un periodo de inquietud que Evelyn define como «la última noche oscura del alma».

El *Curso* describe diez características del maestro de Dios. Cada uno de nosotros ya poseemos esas características, pero están subdesarrolladas, son irreconocibles o no las valoramos. Al final de la película *El mago de Oz*, el mago explica a Dorothy y a sus compañeros —el espantapájaros, el hombre de hojalata y el león cobarde—, que ya poseen lo que llevan tanto tiempo buscando. Oz simplemente otorga a cada uno de ellos ciertos símbolos en reconocimiento de sus cualidades. Asimismo, la lista de los atributos de los maestros de Dios no incluye esas cosas que son nuestra herencia natural, como el amor, la impecabilidad, la perfección, el conocimiento y la verdad eterna. Estos no son rasgos que tengamos que desarrollar: ya están en cada uno de nosotros. Nuestra tarea consiste en *descubrir* lo que ya está allí. Ya somos y siempre hemos sido perfectos. Ya estamos y siempre hemos estado llenos de amor. No se trata de desarrollar estas cualidades. Estas cualidades ya nos han sido dadas. A medida que desarrollamos y profundizamos los atributos del maestro de Dios, entre los que se incluyen la confianza, la honestidad, la tolerancia y otros similares, vamos recordando progresivamente estas verdades eternas. Glinda, la bruja buena de *El mago de Oz*, dice a Dorothy que siempre ha tenido el poder de volver a casa. De hecho, Glinda dice que lo único que Dorothy tiene que hacer es cerrar los ojos, chocar los talones tres veces y repetir: «En ningún lugar como en casa». Dorothy lo hace y despierta en casa, rodeada de sus familiares y amigos.

El Cielo es tu hogar, y al estar en Dios tiene también que estar en ti.

T-12.VI.7:7

La ley de la confianza

L a primera característica que el maestro de Dios desarrolla es la confianza. Dios está verdaderamente al cargo, siempre lo ha estado y siempre lo estará. La «Lección 47» del «Libro de ejercicios» dice: «Dios es la fortaleza en la que confío». Este es el primer principio por el que debemos regir nuestras vidas. Si Dios no existiera, entonces, ciertamente, tendríamos motivos para desesperarnos. Entonces, evidentemente, todo sería un caos, todo estaría perdido. La «Lección 200» del «Libro de ejercicios» dice: «No hay más paz que la paz de Dios». Si confiamos en nuestras propias fuerzas, tenemos todas las razones del mundo para sentirnos temerosos y desdichados. Afortunadamente, no hace falta que confiemos en nuestras propias fuerzas porque tenemos como guía a la voz de Dios, el Espíritu Santo.

In God we Trust (Confiamos en Dios) es el lema inscrito en las monedas estadounidenses. Si lo creyéramos realmente, no tendríamos preocupaciones. Como dijo tan bellamente Jesús en el sermón de la montaña: «Mirad los lirios del campo... No se afanan ni tejen y, sin embargo, ni Salomón en toda su gloria se vestía como uno de ellos». Confiar no significa poner nuestra confianza en el inestable ego de nuestro hermano; eso es necedad, y puede conducir a la traición y a la decepción. Sin embargo, podemos confiar en que, en algún lugar dentro de cada hermano y hermana, hay una luz que conoce la verdad.

Los siguientes pasos y etapas del desarrollo de la confianza no han sido definidos con claridad ni por Underhill ni por el *Curso*; existen superposiciones evidentes y sería un error tomarse los pasos literalmente. Además, podemos experimentar los primeros cinco pasos una y otra vez de distintas maneras. Cada vez que nos vemos sometidos a una gran prueba, como la pérdida de un ser querido, una dificultad económica seria o un problema de salud, y situaciones parecidas, es posible que tengamos que dar otra vez estos pasos. A medida que mejoramos en la observación de la ley de Dios, nos damos cuenta de que despertamos progresivamente a una mayor conciencia y a una mayor felicidad, hasta que llegamos al estadio final de perfecto amor y perfecta felicidad. La sexta y última etapa es la iluminación o perfección. Es el Cielo. Es el hogar. Una vez alcanzado, es nuestro para siempre.

El aprendizaje que verdaderamente corrige comienza siempre con el despertar del espíritu y con el rechazo de la fe en la visión física.

T-2.V.7:1

El ego es desconfiado por naturaleza. Si ponemos nuestra confianza en Dios, veremos con los ojos del Espíritu. Para ello, debemos pedir al Espíritu Santo que nos ayude y debemos confiar en su guía. Cuanto más profunda y completamente pongamos nuestra confianza en Dios, más claramente sentiremos la inspiración.

Una vez que hemos experimentado ese Poder, es imposible volver a confiar en nuestra insignificante fuerza propia.

M-4.I.2:1

Primera etapa: un periodo de deshacimiento, que conduce al despertar y a la conciencia

En la primera etapa a menudo tenemos que afrontar los cambios que se producen en el mundo externo: acaba una relación, fracasa un negocio, se produce un accidente, se hace necesario un traslado. El *Curso* se refiere a esta etapa como un «periodo de deshacimiento». Este «deshacimiento», según Underhill, conduce al despertar de la conciencia de lo Divino. El despertar a menudo se produce como consecuencia de alguna experiencia extrema, una «prueba de fuego» que hace imprescindible ver las cosas de otra manera. Esta etapa no tiene por qué ser dolorosa (puesto que nada verdaderamente valioso se puede perder), pero a menudo suele serlo. Despertamos a medida que vamos renunciando a nuestros juicios proyectivos y aceptamos responsabilidad por lo que «parece» que nos está ocurriendo.

El primer paso hacia la libertad comprende separar lo falso de lo verdadero.

T-2.VIII.4:1

Tras esta prueba de fuego, después de la desilusión o, tal vez, como consecuencia de la meditación, experimentamos una nueva conciencia, a la que frecuentemente sigue una búsqueda más profunda. Seguimos estando en el mundo, pero ya no estamos tan apegados a él. Ahora nos orientamos más hacia el Reino de Dios interno. «Algo» cuestiona la naturaleza de nuestra realidad tal como la define la combinación de la ilusión y la sociedad de la que formamos parte. Un cambio de dirección, un proceso alquímico, un giro, una cocción empieza a producirse dentro de nosotros. Comenzamos a experimentar una inversión del pensamiento. Mientras que el ego continúa funcionando externamente, el Espíritu funciona más profundamente dentro.

Según las tradiciones míticas, la manera de liberarnos del diablo es llamarlo por su nombre. Asimismo, la manera de liberarnos del ego es ver la nada que realmente es y, así, no darle poder sobre nosotros. Emprendemos el proceso de dejar a un lado nuestras conductas inútiles e inhibidoras. Llegados a este punto, un alcohólico o adicto podría pedir ayuda, participar en un programa de AA. AA. e iniciar el proceso de recuperación.

*El aprendizaje que verdaderamente corrige comienza siempre
con el despertar del espíritu y con el rechazo de la fe en la
visión física.*

T-2.V.7:1

No solemos ver a mucha gente de menos de cuarenta años estudiando el *Curso*. Suelen estar ocupados buscando pareja, progresando en su profesión, teniendo hijos, comprando casas y pagando facturas. Cuando se han conseguido muchos de estos objetivos externos, o cuando el matrimonio o el negocio fracasa, o cuando los niños son más un dolor que un placer, estas mismas personas pueden empezar a experimentar una «crisis de la mediana edad», y puede parecerles que las cosas les están siendo arrebatadas. En realidad, están reconociendo su falta de valor «real».

En una ocasión conocí a un hombre, el custodio de una gran iglesia, que me dijo que muchos años antes había sido monje. Cansado del estilo autocrático y exigente del abad del monasterio, un día se puso la ropa de trabajo, fue a la puerta principal, salió, se quedó un momento en las escaleras de la entrada y entonces, sin mirar atrás, simplemente continuó caminando. Sabía, dijo, que tenía que haber un camino mejor. Había ido al monasterio para alejarse del mundo, y, según dijo, en el monasterio habían creado otro mundo onírico tan basado en el ego como el mundo externo. Más adelante encontró el *Curso*.

*Todo el mundo tiene derecho a los milagros, pero antes es
necesaria una purificación.*

T1.I:7

Segunda etapa: purificación, purgación, selección

Underhill llama a esta segunda etapa «purificación». La mística española santa Teresa de Ávila la llama «purgación». El *Curso* la llama «un periodo de selección». De acuerdo con Underhill, nadie puede saltarse esta etapa. Este es un tiempo de limpiar, de aclarar, y de soltar temores, ansiedades pasajeras y falsos conceptos. Pueden producirse cambios en las relaciones con los padres, con los hijos, en la profesión, en asuntos de salud, puede haber problemas económicos o de otro tipo. Y todo ello está bien. Ahora es importante la confianza a medida que se va perfeccionando nuestra visión.

Tu tarea no es ir en busca del amor, sino simplemente buscar y encontrar todas las barreras dentro de ti que has levantado contra él. No es necesario que busques la verdad, pero sí es necesario que busques todo lo que es falso.

T-16.IV.6:1-2

Tal como una serpiente cambia de piel, se produce el abandono de lo viejo para dejar paso a lo nuevo. Los maestros de Dios están aprendiendo a deshacerse de cada motivo egoísta, de cada adicción, compulsión, obsesión, mentira, adorno, exageración, de cada pensamiento iracundo o condenatorio y de cada queja, en cuanto son capaces de reconocerlas como lo que son. Encontramos la verdad descartando todo lo que no es verdad.

A las pocas semanas de estar sobrios, los que se apuntan a Alcohólicos Anónimos a menudo dicen que tienen una claridad o una conciencia que no sabían que existía. Esta claridad, conciencia y confianza en sí mismos han estado disponibles en todo momento. Sin embargo, estaban bloqueadas. A fin de que se desbloquearan, primero tuvieron que soltar algo que les parecía valioso (como el alcohol) para encontrar lo verdaderamente valioso.

Solo la mano que borra puede escribir la verdad.

Místico alemán Meister Eckhart (1260-1326)

Borra la mente. Y el modo de borrarla no es luchando: el modo de borrarla es simplemente tomar conciencia.

Maestro Indio Osho

Catarsis y regurgitación

La purgación puede incluir una catarsis, una confesión, «soltar algo que llevamos dentro». A quienes participan en los programas de A. A. se les pide que admitan ante Dios, ante sí mismos y al menos ante otra persona que su vida se ha vuelto ingobernable, y que sus percepciones estaban equivocadas. Esto ayuda, pero no nos impide volver a caer en viejos patrones. Tenemos que practicar de manera consistente para mantenernos enfocados. Por eso es importante hacer las lecciones del «Libro de ejercicios». Hace falta mucho trabajo para reentrenar la mente. Literalmente, tenemos que empezar a pensar de una manera nueva. Y para ello hace falta estar dispuesto a hacerlo «un día tras otro».

> *Si permites que en tu mente haya tan solo lo que Dios puso en ella, la estarás reconociendo tal como Dios la creó.*
>
> T-6.V.C.5:4

Una amiga que es terapeuta de parejas me dice que ojalá pudiera decir a algunos de sus clientes: «¡Para! ¡Sal de ahí! ¡Crece! ¡Sé responsable!»; o: «¡Deja de lloriquear!» Por supuesto, ella no hace esto. Los maestros de Dios nunca atemorizan ni amenazan a sus estudiantes. Más bien, les conducen delicadamente hacia un camino más pacífico y amoroso. No obstante, «salir de ahí» —es decir, detener la locura— es precisamente lo que se necesita para conseguir el enfoque espiritual.

> *Si no lavas la piedra y la arena, ¿cómo vas a poder extraer el oro? Busca el camino del Cielo con firme determinación. ¡Y verás la cosa original!*
>
> Taoísta chino Liu I-Ming

Durante esta segunda etapa nos damos cuenta de que todas las cosas, eventos, encuentros y circunstancias son de ayuda en el proceso del viaje espiritual (M-4.I.A.5:4).

Tercera etapa: un periodo de renuncia

Si interpretamos esta etapa como una renuncia a lo deseable, engendrará un conflicto enorme. No queremos soltar nuestro ego (nuestra individualidad), aunque esta sea la manera de ser felices. Recuerda, nada real puede ser amenazado y no podemos perder nada «verdaderamente valioso».

El alma no está vacía mientras el deseo de las cosas de los sentidos esté presente. Pero la ausencia de este deseo de cosas produce vacío y libertad para el alma; incluso allí donde hay abundancia de posesiones.

San Juan de la Cruz (1541-1591)

La autodisciplina aumenta a medida que nos damos cuenta progresivamente de lo que es verdaderamente valioso (amor) y soltamos lo que no es valioso (todo motivo egoísta que no está basado en el amor). La cuestión no es renunciar a las «cosas»; más bien, se trata de tomar conciencia del valor que damos a nuestro «deseo» de cosas. Puede parecer que se nos está pidiendo que sacrifiquemos nuestro interés en nombre de la verdad. Sin embargo, es la verdad la que nos llevará a casa. El resultado de dejar ir lo no esencial es la felicidad.

Extrañamente, allí donde esperábamos sentir que habíamos perdido algo, nos sentimos ligeros de corazón. Cuando la bancarrota concluye, cuando se firma el divorcio, cuando la casa se vende o el trabajo se pierde, descansamos y se abren nuevas perspectivas. Cuando preguntaron al autor inglés Aldous Huxley cómo se sentía después de haber visto arder su casa completamente en los fuegos de Ballaire de 1961, él dijo: «Es un sentimiento limpio y maravilloso».

Cuarta etapa: un periodo de asentamiento, una iluminación que descansa en una paz razonable

Underhill llama a la cuarta etapa «iluminación». Las etapas del *Curso* de la 1 a la 3 son fases de limpieza, de deshacimiento, de liberación, de clasificación y de dejar ir, lo que nos conduce a darnos cuenta de que solo teníamos que renunciar a lo que nos hacía daño.

La cuarta etapa, que algunos consideran la última, es un tiempo de quietud, un periodo de alivio temporal, de paz «razonable». Liberados de lo que nos limitaba, ahora podemos realizar mejores elecciones. Empezamos a desplegar muchas de las características sobre las que leeremos en las páginas siguientes; somos más honestos, pacientes, generosos y de mentalidad abierta, y juzgamos menos. Nos damos cuenta de que estamos cada vez más atentos a la guía del Espíritu Santo. Renunciamos a pensar que la perfección puede hallarse en el mundo externo y empezamos a buscarla dentro de nosotros. Nos relajamos por un tiempo, perdonamos todo lo que pensamos que los demás nos han hecho y pasamos por alto lo que no está allí. Nos damos cuenta de que, independientemente de lo que se nos diga o haga, nadie tiene el poder de arrebatarnos la paz de Dios.

El *Curso* nos pide que observemos nuestra mente, que observemos nuestros pensamientos y que nos identifiquemos con la parte que observa, no con la parte que se regodea. Al observar nuestros pensamientos, nos desvinculamos del sueño y damos suavemente un paso en la dirección de la iluminación.

El danzarín cósmico y la maestría de dos mundos

El *Curso* habla del «Puente al Mundo Real» como símbolo de este cambio de la percepción al conocimiento. Según el Islam, Jesús (o Isa), dijo: «El mundo es un puente. Cruza el puente pero no construyas sobre él». El que fue mi maestro, Joe Campbell (1904-1987), llamó a esta etapa la «maestría de dos mundos». Estamos en el mundo pero no nos afectan sus políticas, sus opiniones, sus valores ni sus puntos de vista. Estamos alcanzando un mayor equilibrio entre los mundos interno y externo.

Vivimos en el mundo sabiendo que nuestro verdadero hogar es el Cielo. Friedrich Nietzsche habló de esta etapa como la del «Danzarín Cósmico», que no descansa en un único lugar, sino que se mueve con ligereza de una posición a otra. Nos encontramos a las puertas del Cielo, pero aún no hemos llegado a lo alto de la escalera. Con la siguiente vuelta de la espiral, nos acercamos todavía más al centro. Seguimos adelante desde aquí, no solos, sino más conscientes de los poderosos compañeros, de los pensamientos amorosos que tenemos sobre cada persona.

Quinta etapa: La noche oscura del alma, un periodo de inquietud

Arduo hallarás pasar sobre el agudo filo de la navaja; y difícil es, dicen los sabios, el camino de la Salvación.

Katha Upanishad

El ego, por lo tanto, es capaz de ser desconfiado en el mejor de los casos, y cruel en el peor.

T-9.VII.3:7

Soltar

A medida que nos acercamos al centro, el ego se siente más desesperado, pues se da cuenta de que si devolvemos completamente nuestra mente a Dios, él tiene que irse. Llegados a este punto, el miedo a la muerte (no del cuerpo, sino del ego) se vuelve muy real. El místico español san Juan de la Cruz (1541-1591) popularizó la frase *la noche oscura del alma* para describir esta etapa. En su poema del mismo nombre, describe las pruebas que el alma enfrenta en su viaje final y en su desapego literal de «todas las cosas», incluyendo el cuerpo.

Evelyn Underhill también llama a esta etapa «noche oscura». En la «noche oscura» afrontamos nuestro fin como individuos diferenciados. Sin que el ego pueda sospecharlo, en realidad esta es nuestra mayor alegría, nuestra perfecta felicidad y liberación. Para alcanzar la felicidad perfecta debemos entregarlo todo a Dios, sin reservas. El ego se enfrenta a un panorama desolador donde se revela que no es nada: un sueño pasajero, sin más validez que millones de otros sueños que consumen temporalmente la mente de cualquier mortal.

Buda meditó en soledad durante siete años. Jesús deambuló solo por el desierto cuarenta días. Mahoma se sentó durante días solo en su cueva. Habiendo vaciado finalmente sus mentes de cualquier forma de autocentramiento y estando completamente abiertos, Dios les habló, y también habló a muchos otros que después de despertar se quedaron en silencio. San Juan de la Cruz, santa Teresa de Ávila y miles más descubrieron que su confianza se ahondaba en medio de largos periodos de enfermedad y de tensión psicológica.

> *La gente hará cualquier cosa, por absurda que sea, para evitar*
> *afrontar su propia alma. Uno no se ilumina imaginando*
> *figuras de luz, sino llevando conciencia a la oscuridad.*
>
> Carl Gustav Jung, psicoterapeuta suizo

La última característica que desarrolla el maestro de Dios es una mentalidad totalmente abierta, en la que todo juicio se deja de lado. No podemos volver atrás, y seguir adelante nos da miedo: implica entrar plenamente en el corazón de Dios, y sin embargo seguimos adelante sabiendo que «El mundo que veo no me ofrece nada que yo desee» (L-128).

> *Cuanto más te aproximas al sistema de pensamiento del ego, más*
> *tenebroso y sombrío se vuelve el camino. Sin embargo, hasta*
> *la pequeña chispa que se encuentra en tu mente basta para*
> *iluminarlo. Lleva esa luz contigo sin ningún temor, y valero-*
> *samente enfócala a los cimientos del sistema de pensamiento*
> *del ego.*
>
> T-11.In.3:5-7

No es divertido descender a las lóbregas profundidades de la psique y mirar lo que hay por allí. La mayoría de la gente lo evita. Esta puede ser una época marcada por sentimientos de impotencia, estancamiento de la voluntad y una sensación de que la presencia de Dios se ha retirado. A algunas personas les sorprende saber que Madre Teresa (1910-1997), en la correspondencia con sus directores espirituales, describió de forma conmovedora sus luchas con la falta de fe, sus dudas, y su sensación de haber sido abandonada por Dios. En una carta publicada y dirigida a su confidente espiritual, el reverendo Michael van der Peet, escribió: «El silencio y el vacío son tan grandes que miro y no veo, escucho y no oigo, la lengua se mueve al orar, pero no habla. Quiero que reces por mí, para que yo pueda dejar-Le las manos libres».

> *Una de las cosas que sucede en los mitos es que en el fondo del*
> *abismo surge la voz de la salvación. El momento más negro es*

el momento en el que llega el verdadero mensaje de transformación.
En el momento más oscuro llega la luz.

Joseph Campbell, mitólogo americano

¿No debería sorprendernos oír que la noche más oscura precede al amanecer, y que trae consigo un último examen, tal vez la posibilidad de la muerte del cuerpo? Sin embargo, si confiamos más profundamente, vemos que lo que soltamos no es nada, incluyendo el gran «soltar» de nuestro cuerpo ilusorio, de nuestra personalidad, y de la figura onírica que somos. El cuerpo envejece y nuestra energía y capacidad de movimiento van quedando limitadas. Tal vez perdamos nuestro hogar o vivamos la muerte de una pareja mientras ahondamos en la toma de conciencia de que nuestro tesoro no se encuentra en nada externo.

La quinta etapa culmina en una renuncia final a todo sentido del yo y en una rendición a la voluntad divina. Jesús grita: «Dios mío, Dios mío, ¿por qué me has abandonado?». Y, después, en total sumisión: «En tus manos encomiendo mi Espíritu». A medida que nos des-identificamos del yo que hemos creado, dejamos ir todos nuestros sueños ilusorios, recordando que nuestro ser no es nada, pero nuestro Ser lo es todo (L-358.1:7).

En la siguiente vuelta de la espiral, y elevándonos todavía más, las etapas 1-5 pueden repetirse muchas veces de distintas maneras a diferentes edades. El progreso, no obstante, siempre nos lleva hacia dentro y hacia arriba, y por lo tanto se enfoca más claramente en nuestro hogar. Con cada ronda viene una purificación más refinada y profunda, y una mayor conciencia.

Para conocerte debes ir más allá de ti mismo.

Sri Nisargadatta Maharaj (1897-1981), vedantista advaita indio

Sexta etapa: un periodo de logro

Evelyn Underhill llama a la sexta etapa «unión con Dios». La perfecta felicidad, o el Cielo, es, según el *Curso*, la compleción. Judy Whitson cuanta la historia de Bill Thetford el día antes de su muerte. Bill había venido a casa de Judy en Tiburón, California, para celebrar el 4 de julio de 1988 con un grupo de amigos. Judy notó que irradiaba de él cierta alegría. Él empezó a bailar por el salón. «Bill —dijo Judy— bailaba con ligereza, como al son de una música»: «¡Me siento tan flexible, me siento tan libre! —exclamó— ¡Siento que todas mis relaciones están sanadas y completas!». Esa noche, en la cena, Bill contó a su amiga Catherine: «No tengo equipaje, estoy limpio, por dentro y por fuera. Me siento completo con todos». A la mañana siguiente, al salir a pasear, según dijo el médico su «corazón había estallado». Bill murió instantáneamente.

El himno que llenos de júbilo entonamos le proclama al mundo que la libertad ha retornado, que al tiempo casi le ha llegado su fin y que el hijo de Dios tan solo tiene que esperar un instante antes de que su Padre sea recordado, los sueños hayan terminado, la eternidad haya disuelto al mundo con su luz y el Cielo sea lo único que exista.

L-PII.2.5.2

El mundo acaba con el cese de la separación. El perdón completo es el objetivo final del programa de estudios. Dios comienza donde el aprendizaje termina. Plenamente devuelta a Dios, la mente ya no deambula, ya no necesita seguir vagando, ni hay que tomar más decisiones. Las ilusiones se dejan a un lado para siempre. Siguiendo únicamente el plan de Dios, se nos dirige hacia la creación dentro del Reino. La paz mental y nuestra conciencia del Cielo son completas; nada podría ser más deseable. Renunciamos al ego en favor de la verdad. La verdad da un paso adelante en la luz y nosotros renacemos en una luminiscencia que el ego no puede imaginar.

Cuando se equivoca, encuentra corrección. Cuando se extravía, se le conduce de nuevo a la tarea que le fue asignada.

W-131.4:5-6

El realineamiento con la mente de Dios es unilateral, inequívoco e inevitable. Para estar en el Reino, es necesario enfocar toda nuestra atención en él. Cuanto más claramente se dirija nuestro GPS (Plan de Dios para la Salvación) hacia casa, más claramente veremos el «camino recto y la puerta estrecha». Cuanto más sea el destino quien guíe el proceso, mayor será nuestra dicha y felicidad. El viaje espiritual no consiste en llegar a un nuevo destino en el que adquirimos algo que no teníamos. No tiene que ver con la forma. No tiene que ver con la fama. La iluminación solo es un reconocimiento, no un cambio (L-188.1:4). Consiste en disipar la ignorancia con relación a nuestro «ser» y en recordar la Unicidad y la eternidad.

«Para volar tan rápido como el pensamiento, a cualquier lugar que
exista —dijo— debes empezar por saber que ya has llegado".

De *Juan Salvador Gaviota*, de Richard Bach

Con el tiempo volvemos a aparecer, como si progresáramos en círculo. El círculo se convierte en espiral y ascendemos a lo largo de muchos niveles hasta que, por fin, llegamos a la etapa en la que ya no quedan preguntas, niveles, búsquedas ni palabras. Ahora solo hay Conocimiento y Ser. Aunque todos lo conocemos en nuestro corazón, este es un estado que nuestras pobres mentes humanas apenas pueden comprender, y que las palabras no pueden describir adecuadamente.

El momento en el que ha de llegar la experiencia que pone fin a
todas tus dudas ya se ha fijado. Pues la jornada solo se puede ver
desde el punto donde termina, desde donde la podemos ver en re-
trospectiva, imaginarnos que la emprendemos otra vez y repasar
mentalmente lo ocurrido.

W-158.4:4-5

CAPÍTULO 13

Vida sin mentiras

Honestidad y felicidad

Le dijo entonces Pilatos: «Luego ¿tú eres rey?». Respondió Jesús: «Tú
dices que soy rey. Sí, soy rey. Para esto he nacido y para esto he venido
al mundo, para dar testimonio de la verdad. Todo el que es de la
verdad oye mi voz». «¿Verdad?» —dijo Pilatos—, ¿qué es eso?».

Juan 18,37-38

Hagamos una breve revisión

Nosotros (el ego) decidimos abandonar a nuestro Padre (Dios) e irnos de casa, para vivir a nuestra manera, para crear nuestro propio mundo. Al hacerlo «caímos» en un sueño. Adán mordiendo la fruta del árbol del conocimiento del bien y del mal (dualidad) nos pone (a todos) en un estado onírico. El recuerdo de nuestro hogar sigue en nosotros, pero ahora está enterrado.

El ego, por lo tanto, no es más que un sistema ilusorio en el que tú
concebiste a tu propio padre. No te equivoques con respecto a esto.
Parece una locura cuando se expone con perfecta honestidad, pero el
ego nunca examina lo que hace con perfecta honestidad.

T-11.In.2:4-6

Al crear nuestro propio mundo, dejamos la conciencia de Dios fuera de nuestra mente. Como la mayoría de los adolescentes, queremos hacer las cosas a nuestra manera. Todo el sistema de pensamiento del ego descansa en la idea de que es posible estar separado de Dios. Esto es una forma de autoengaño. Cuando elegimos el ego nos engañamos a nosotros mismos. No es posible estar separados de Dios. Un sueño ilusorio no es la realidad. En algún lugar dentro, incluso en la mente más oscura, permanece la conciencia de Dios.

> *El espejo en el que el ego trata de ver su rostro es ciertamente tenebroso. ¿De qué otra manera, sino con espejos, podría seguir manteniendo la falsedad de su existencia? Con todo, dónde buscas para encontrarte a ti mismo depende de ti.*
>
> T-4.IV.1:6-8

Negación y represión

Después de que Adán hubiera comido la fruta del árbol del conocimiento del bien y del mal, corrió a esconderse en los matorrales. Dios lo encontró y le preguntó por qué se escondía. Adán le dijo que lo hacía porque estaba desnudo (es decir, temeroso y sintiéndose culpable). Allí donde una vez hubo unidad, ahora hay dualidad. Donde una vez hubo Unicidad, ahora tenemos los dos polos del bien y el mal. Ahora Adán debe esconder su desnudez: su vergüenza y su culpa. Adán está en nosotros, y todos estamos, como Adán, aún escondiéndonos.

Una de las contribuciones más significativas de Sigmund Freud al estudio del psicoanálisis fue el desvelamiento del uso que hace el ego de la negación y la represión. Temerosos de la posible aniquilación de nuestro ego, elegimos no mirar dentro. Y al no mirar, nos mantenemos aislados e infelizmente atrapados en nuestro pequeño mundo privado. Nos escondemos en nuestro cuerpo, en nuestras historias, en el tiempo, en los sueños. Dios, sabiendo que somos sus hijos durmientes, ha puesto dentro de nosotros una pequeña chispa, un recuerdo de Su amor eterno, asegurándonos que un día despertaremos.

> *Todo engañador sabe, en lo profundo de sí,*
> *que el engaño no pude ocultarse eternamente.*

*La búsqueda de la verdad no es más que un honesto examen de todo
lo que la obstaculiza.*

T-14.VII.2:1-1

Reconocer la verdad

Todos los demás rasgos de los maestros de Dios descansan en la confianza. Los que confían pueden permitirse ser honestos porque ven el valor de la honestidad. El primer paso en el desarrollo de la confianza es separar lo falso de lo verdadero. Nuestra tarea no consiste en buscar la verdad. La verdad es algo dado. Vemos la verdad en el instante en que dejamos lo falso a un lado.

*La extensión de la verdad, que es la ley del Reino, radica únicamente
en el conocimiento de lo que es verdad. Esta es tu herencia y no tiene
que aprenderse en absoluto, pero cuando te desheredaste a ti mismo, te
convertiste por necesidad en un alumno.*

T-7.II.5:6-7

Alumnos por necesidad y conocedores de la verdad

Habiendo repudiado al Ser y habiendo adoptado el pensamiento del ego, nos convertimos en aprendices por necesidad, en lugar de ser conocedores de la verdad. Nadie puede esconderse de la verdad. En siete ocasiones distintas, el *Curso* dice que la verdad es simple. Solo parece complicada porque nosotros somos complicados.

Revisemos dos principios básicos:

1. **El cuerpo no existe, excepto como herramienta de aprendizaje para la mente.** El cuerpo es una figura onírica. ¡Alégrate! A muchas personas el cuerpo les parece una prisión, un lugar de confinamiento y dolor. Cuando acaba su utilidad y despertamos del sueño, ya no lo necesitamos. ¡Gracias a Dios! Lo que hace que este proceso de despertar parezca tan complicado es que confundimos la herramienta con la cosa en sí. Pensamos que el cuerpo es nuestro hogar, cuando nuestro hogar está en el Cielo. Esto no quiere decir que debamos despren-

dernos de la herramienta de aprendizaje. Estamos aquí para aprender una lección y lo mejor es ponernos a ello.

2. **El tiempo es una herramienta de aprendizaje.** Como el cuerpo, el tiempo desaparecerá cuando ya no sea útil. Mientras sigamos necesitando la expiación, tendremos necesidad de tiempo. El milagro (un cambio de percepción que nos lleva de las mentiras, o del error, a la aceptación de la verdad) reduce nuestra necesidad de tiempo.

La vida sin mentiras

En una escena de la primera película de *Superman* (1978), con Christopher Reeve y Margot Kidder, Superman va volando y lleva a Lois Lane en brazos. Aterrizan en el balcón de Lois. Ella le mira a los ojos —un momento romántico con la promesa de un beso— y dice: «Superman, ¿en qué crees?». Superman, mirándola a los ojos, dice: «Creo en la verdad, en la justicia y en el estilo de vida americano». Lois responde: «¡Tienes que estar de broma!». Sin parpadear, Superman responde: «Lois, yo no miento nunca».

Pero la declaración de Superman de que él nunca miente *es* mentira. Clark Kent, el alter ego de Superman, debe ocultar su verdadera identidad, y Clark miente con frecuencia pretendiendo que no conoce a Superman. Una de las contradicciones más evidentes de la vida es que aunque sintamos reverencia por la honestidad, a menudo descuidamos su práctica. Honestidad significa coherencia: lo que decimos refleja lo que pensamos. La honestidad implica que nada de lo que digamos contradiga lo que hacemos. El ego, por su parte, es incoherente. Es deshonesto por naturaleza; entra en conflicto con nuestra verdadera identidad espiritual y la oculta. Esta ocultación produce soledad y, junto con ella, infelicidad.

Así son los verdaderamente honestos. No están en conflicto consigo mismos a ningún nivel. Por lo tanto, les es imposible estar en conflicto con nada o con nadie.

M-4.II.1:7-8

Un ministro de la iglesia notó que un grupo de niños rodeaba a un cachorrito perdido y preguntó:

—¿Qué estáis haciendo, chicos?

—Diciendo mentiras —dijo uno—.

—El que diga la mayor mentira se lleva el perro —dijo otro—.

—¿Por qué lo hacéis? Cuando tenía vuestra edad —dijo el ministro— nunca mentía.

Los muchachos se quedaron mirándose unos a otros. Descorazonado, uno de ellos dijo:

—Supongo que te has ganado el perro.

La emoción del secreto

En una ocasión la revista *Time* publicó una historia en portada con un artículo en el interior titulado: «Mentir: todo el mundo lo hace». Una de las grandes tentaciones del ego es potenciar su poder con engaños. El ego es incansable en su empeño de quedar por encima de todos los demás.

He aquí la única emoción que has inventado, independientemente de lo que aparente ser. He aquí la emoción de los secretos, de los pensamientos privados y del cuerpo. He aquí la emoción que se opone al amor y que siempre conduce a la percepción de diferencias y a la pérdida de la igualdad. He aquí la única emoción que te mantiene en las tinieblas, dependiente de ese otro ser que tú crees haber inventado para que te guíe por el mundo que él fabricó para ti.

T-22.I.4:7-10

La emoción del secreto protege nuestro ser interno y privado, y nos impide corregir nuestros temores e ilusiones. También nos impide conocernos unos a otros. Nos impide unirnos, nos impide tener una verdadera intimidad y nos impide conocer el amor.

En su libro *Radical Honesty: How to Transform Your Life By Telling the Truth*, el doctor Brad Blanton (1940-presente) habla de un estudio en el que se garantizó el anonimato de los participantes. Una de las preguntas que se les plantearon era con cuánta frecuencia se percibían siendo deshonestos o mintiendo. El noventa y tres por ciento de los participantes dijeron que mentían habitual y regularmente. El doctor Blanton sugirió que el siete por ciento restante, que dijeron que no mentían nunca, eran probablemente los más mentirosos de todos. El doctor Blanton comienza su libro así:

He sido psicoterapeuta en Washington D. C. durante más de veinticinco años... Y esto es lo que he aprendido: todos mentimos a lo grande. Esto es algo que nos desgasta. Es la principal fuente de tensión para el ser humano. Mentir mata a la gente. El tipo de mentiras que son más mortales son aquellas en las que ocultamos o retenemos información de alguien que pensamos que podría verse afectado por ella. La enfermedad psicológica del tipo más severo es el resultado de este tipo de mentiras.

Los adolescentes dedican mucho tiempo a jugar a este juego del escondite. Cuanto mejor jugamos al escondite, tanto mayor es nuestra sensación de aislamiento y soledad, y mayor es nuestra infelicidad. Guardar secretos y ocultarlos a los demás es una trampa que nos impide ser quienes estamos llamados a ser.

Los psicópatas mienten tan bien que pueden mirarte directamente a los ojos y decirte mentiras muy convincentes. Sin embargo, como escribe el doctor Blanton, «los secretos importantes y todos los ardides y la planificación que los acompañan son falsos». La deshonestidad es separación. La ocultación nos impide conocer nuestro Ser. Nos aleja del recuerdo de Dios y nos hace infelices.

Las naciones mienten deliberadamente a otras naciones mediante el espionaje, el encubrimiento y el secretismo. Estos engaños están tan integrados en los asuntos internacionales —están tan presentes en las relaciones comerciales, en la política de las iglesias y en los juegos de ordenador— que ni siquiera pensamos que no son naturales.

Dos ejecutivos de Hollywood están hablando entre ellos.
Uno dice:
—¡Estás mintiendo!
—Lo sé —responde el otro—, pero escúchame hasta el final.

La razón de que este curso sea simple es que la verdad es simple. La complejidad forma parte del ámbito del ego y no es más que un intento por su parte de querer nublar lo que es obvio.

T-15.IV.6:1-2

Culpa, ocultación, temor, verdad

Los psicólogos usan la palabra *complejo* para describir lugares complicados de la psique donde estamos obsesionados, constreñidos, donde no somos libres; es decir, donde no somos sinceros. Los complejos son tramas complicadas y secretas que tejemos, en las que el ego se ve atrapado sin darse cuenta. Cuanto más «mitológica» y compleja sea la historia tejida por el ego, más seguros podemos estar de que no es verdad. Tal como el *Curso* nos repite una y otra vez, la Verdad es simple y natural (T-11.V.3:5).

Ese «secreto por el que te sientes culpable» no es nada, y si lo sacas a la luz, la Luz lo desvanecerá. No quedará entonces ninguna nube tenebrosa que pueda interponerse entre ti y el recuerdo de tu Padre...

T-13.II.9:2-3

El secreto por el que te sientes culpable

Un amigo mío, el fotógrafo del mundo de la moda Garry Gross (1937-2010), fue a uno de los talleres de Ken Wapnick y le escuchó hablar de la culpabilidad. Garry no podía pensar en nada por lo que él se sintiera culpable y lo dijo, a lo que Ken respondió: «¿No te sientes culpable? ¡Debería darte vergüenza!». Evidentemente, esto produjo un estallido de carcajadas. Todos tenemos más culpabilidad enterrada dentro de la que estamos dispuestos a reconocer. Recuerda: nuestra primera defensa es la negación. Cuando decimos que no nos sentimos culpables con respecto a nada, simplemente pasamos por alto aquello que no queremos ver, porque nos parece que mirarlo nos resultaría demasiado difícil. Sin embargo, solo podemos liberarnos mirando dentro.

La verdad yace oculta bajo cada piedra angular de miedo sobre la que has erigido tu demente sistema de creencias.

T-14.VII.2:7

185

Solo hay una Mente y todos formamos parte de Ella. Cuando nos escondemos, nos separamos de la totalidad, nos apartamos de la comunicación con la Mente y el Pensamiento del Universo (L-52.5:7). Del mismo modo que «tal como damos así recibimos»; así también «lo que ocultamos queda oculto de nosotros». Mentir, o esconder, bloquea la conciencia de nuestra guía interna. El Espíritu Santo siempre está presente. Pero nos ausentamos de su guía mintiendo, y después nos preguntamos por qué la vida nos parece tan falta de significado. Cuando no somos conscientes de la inspiración que, literalmente, nos da la vida, lo que llamamos «vida» pasa a ser sonambulismo. Cuanto más tratamos de protegernos con secretos, más profunda es nuestra desesperación, nuestro aislamiento, soledad e infelicidad.

Lo que está moda no es la verdad. Si crees que tu novia lleva puesto un vestido feo, esa es tu opinión, no es la verdad. Las opiniones y las creencias no son la verdad. La cruel verdad no es la verdad. Decirle a alguien lo que pensamos de él dice más de quiénes somos nosotros que de quién es él. Sanamos a nuestros hermanos y hermanas (y a nosotros mismos) percibiendo la verdad (la inocencia) dentro de ellos. «Dios, que solo ve nuestra perfección, no conoce lo profano» (L-39.4:5).

Estás tan enfermo como tus secretos

Alcohólicos Anónimos

Una prueba de la verdad

Cualquiera que haya pasado por algún programa de los «Anónimos» te contará lo libre que se ha sentido cuando ha dejado de ocultarse en la sombra de su adicción, y por lo tanto ha dejado de estar atrapado por el ego y sus múltiples mentiras. Al final de la película *Flight*, de 2012, «Whip» Whitaker (el personaje principal, magníficamente representado por Denzel Washington), se encuentra en prisión, dando un brillante discurso en el que dice que se siente libre por primera vez en su vida porque ya no tiene que esconderse. Somos felices en la medida en que somos libres, y somos libres en la medida en que no nos escondemos.

Escudriña tu mente con gran minuciosidad en busca de cualquier pensamiento que tengas miedo de revelar.

T-13.III.7:5

Piensa honestamente

Examina honestamente qué es lo que has pensado que Dios no habría pensado, y qué no has pensado que Dios habría querido que pensases. Examina honestamente tanto lo que has hecho como lo que has dejado sin hacer, y cambia entonces de mentalidad para que así puedas pensar con la Mente de Dios.

T-4.IV.2:4-5

«Piensa honestamente», «examina sinceramente» y mira cuidadosamente.

Estate dispuesto a renunciar a lo que dificulta tu viaje.

Estate dispuesto a examinar el ego con perfecta honestidad.

Estate dispuesto a ver a tus hermanos y hermanas libres de pecado.

Estate dispuesto a intercambiar las ilusiones por la verdad.

Si imaginas a alguien que es suficientemente valiente como para retirar todas sus proyecciones, entonces tienes un individuo que es consciente de una sombra muy densa. Un hombre así [ya no puede decir] que ellos le hacen tal cosa o que hay que luchar contra ellos... Un hombre así sabe que cualquiera de las cosas que van mal en el mundo está en él, y que si aprende a lidiar con su propia Sombra, está haciendo algo real por el mundo. Ha conseguido hacerse cargo de al menos una parte infinitesimal de los gigantescos problemas sociales de nuestros días.

Psicólogo suizo Carl Gustav Jung

Para ser libres, debemos estar dispuestos a cavar profundo y a examinar los secretos que nos hacen sentirnos culpables. No hace falta que colguemos nuestro trapos sucios a la vista de todo el mundo ni que hagamos una confesión pública. Es probable que eso no hiciera que nadie se sintiera mejor. Simplemente tenemos que dejar de escondernos de Dios y, por lo tanto, de nosotros mismos. Tenemos que examinar nuestros «pecados secretos» y «odios ocultos». Al exponerlos a la luz, la luz brillará sobre ellos haciéndolos desaparecer.

Llévale, por lo tanto, todos tus pensamientos tenebrosos y secretos, y contémplalos con Él. Él abriga la luz y tú la oscuridad. Ambas cosas no pueden coexistir cuando las contempláis juntos. Su juicio prevalecerá, y Él te lo ofrecerá cuando unas tu percepción a la Suya.

T-14.VII.6:8-11

1. Llévalo ante el Espíritu Santo

El Espíritu Santo sostiene la luz que disipa la oscuridad. El Espíritu Santo no puede llevar la luz a aquello que nosotros ocultamos. Debemos estar dispuestos a examinar nuestras vidas honestamente. A menos que demostremos nuestra disposición a examinar lo que está escondido en la oscuridad, la oscuridad permanecerá y bloqueará nuestro camino a la libertad.

Mi mente es como un vecindario conflictivo.
Procuro no entrar en ella sola.

Anne Lamotta (1954-presente), autora estadounidense

2. Llévalo a un amigo amoroso o a un terapeuta

Los programas como el de Alcohólicos Anónimos ofrecen oportunidades de examinar nuestra oscuridad en un ambiente de aceptación incondicional. Este tipo de procesos nos renuevan y nos refrescan. En una ocasión fui terapeuta de una mujer que me dijo que mentía continuamente, incluso con respecto a cosas sobre las que no tenía necesidad de mentir. No sabía por qué lo hacía. Se había convertido en un mal hábito, en su modus operandi, en su forma de abrirse paso en el mundo. Vivir de esta manera estaba enfermándola. Me sentí orgulloso de que estuviera contándome la verdad, y fue un gran alivio para ella. Posteriormente me dijo que estaba haciendo un gran esfuerzo por ceñirse a la verdad, aunque se sintiera abochornada. Es mucho mejor que la desdicha de vivir con la vergüenza y la culpa. Elegir ser sincero incluye responsabilizarnos de todas nuestras acciones. Ser responsable significa no culpar a las circunstancias externas, a las demás personas, a los sucesos del pasado ni a nuestras condiciones de vida. Cuando sientas la tentación de esconderte, piensa: ¿Es verdaderamente necesario que me esconda? ¿Qué estoy tratando de mantener en secreto? ¿Por qué estoy engañando? ¿Por qué no digo simplemente la verdad? ¿Qué ocurriría si lo hiciera? Cuando sientas la tentación de mentir, mira la mentira. Estate dispuesto a decir la verdad, aunque eso implique sentirte avergonzado. Estate dispuesto a sentirte incómodo. Es mucho mejor que la soledad, el aislamiento, la culpa y la infelicidad que acompañan a la deshonestidad.

Escapar de la oscuridad comprende dos etapas: Primera, el reconocimiento de que la oscuridad no puede ocultar nada. Este paso generalmente da miedo. Segunda, el reconocimiento de que no hay nada que desees ocultar aunque pudieses hacerlo. Este paso te libera del miedo. Cuando ya no estés dispuesto a ocultar nada, no solo estarás dispuesto a entrar en comunión, sino que entenderás también lo que es la dicha y la paz.

T-1.IV.1-4

3. Pide perdón y renuncia a ocultarte

Cuando sentimos que hemos herido a alguien, es una buena idea pedirle perdón. «Es imposible recordar a Dios en secreto y a solas» (T-14.X.10:1). No podemos experimentar la «perfecta» comunicación cuando albergamos pecados secretos y odios ocultos.

Ninguna comunicación de Dios es secreta, pues todo lo que Suyo está al descubierto y es completamente accesible a todos, puesto que es para todos. Nada puede vivir en secreto y lo que tú quisieras ocultarle al Espíritu Santo no existe.

T-14.X.11:2-3

Examinar nuestros pecados secretos y odios ocultos elimina su sombrío poder y su dominio inconsciente sobre nosotros. Exponernos a los lugares oscuros afloja la sujeción que el ego mantiene sobre nosotros conforme aprendemos a usar la Mente (Espíritu), en lugar de ser usados por la mente (ego). Empieza dejando que entre un poco más de verdad. De este modo creas espacio para una verdad aún mayor. La honestidad no es gran cosa: solo requiere que estemos dispuestos a dejar que la verdad sea verdad.

4. Abandona la exageración, deja de embellecer las situaciones y no hagas las cosas más grandes de lo que son.

La exageración, adornar las situaciones y hacer las cosas más grandes o más pequeñas de lo que son es completamente inútil, es una pérdida de tiempo y produce culpabilidad. Solo exageramos o embellecemos si queremos impresionar o inquietar. El tiempo que nos llevó completar algo, lo lejos que hemos viajado, o lo duro que hemos trabajado... nada de esto importa.

5. Date cuenta de si sientes la tentación de mentir con respecto a las pequeñas cosas.

Cuando alguien nos pregunta sobre un libro que hemos leído o cuán familiarizados estamos con cierta idea, podemos sentir la tentación de decir: «Sí, yo sé de eso» o «yo he leído eso». Admitir que no sabemos es más sincero que pretender lo contrario.

A menos que estemos iluminados, seguimos estando en camino y probablemente seguiremos siendo estudiantes hasta el día de nuestra muerte.

Confía en que decir la verdad será lo correcto, porque lo será.

Cuando estés en duda, di la verdad.

Mark Twain (1835-1910), autor estadounidense

Cuanta más verdad admitimos en nuestras vidas, tanto más fácil es vivir y menos separación experimentamos. Cuando decimos la verdad, nos sentimos mejor con nosotros mismos, y el destino se abre hacia nuestra mayor felicidad. Cuando somos sinceros, estamos «preparados» para los milagros. Es posible que otras personas estén más abiertas a aceptar nuestra verdad de lo que podríamos pensar. La honestidad trae consigo una autoabsolución. La absolución es perdón. La absolución es liberación, libertad. La absolución es paz.

> *Nadie puede aprender lo que es la libertad si está sometido a cualquier clase de tiranía, y la perfecta igualdad de todos los Hijos de Dios no se podría reconocer si una mente ejerciese dominio sobre otra.*
>
> T-8.IV.6:7

Una vez que renunciamos a la ilusión (ocultación, secretismo, deshonestidad), la verdad debe tomar su lugar. En último término, toda verdad llega ser conocida. *En último término* significa ahora, mañana, o a la hora de nuestra muerte. Conocer la verdad es entrar en la eternidad y permitir que la eternidad entre en nuestras vidas. Las pequeñas inadecuaciones que embarullan nuestra vida humana no son nuestro verdadero ser, y no podemos avanzar hacia el Reino aferrándonos a nuestros pequeños temores y necias preocupaciones.

> *El único modo de decir la verdad es hablar amorosamente.*
>
> Henry David Thoreau, filósofo estadounidense

La libertad y la paz de la verdad

No hay ninguna elección que hacer con respecto a decir la verdad. Toda oscuridad será llevada a la luz, de modo que más vale hacerlo ahora. La verdad está más allá de nuestra capacidad de destruir, pero enteramente al alcance de nuestra capacidad de aceptar (T-5.IV.1:4).

> *Sobre todo esto: sé fiel a ti mismo,*
> *de lo que sigue, como la noche sigue al día,*
> *que no puedes ser falso con ningún hombre.*
>
> De *Hamlet*, de William Shakespeare

No hay almohada tan blanda como una conciencia limpia; cuanto mayor sea la transparencia, cuanto más elevado el nivel de integridad, más pacífica será la mente. La felicidad es paz mental, y la paz mental requiere honestidad. En último término, la práctica de la honestidad es el proceso que permite alcanzar el objetivo de la Verdad.

Conoceréis la verdad y la verdad os hará libres.

Jesús, en Juan 8,32

La verdad es una constante. No puede perderse permanentemente, solo puede olvidarse temporalmente. Está allí, en el fondo, tanto si podemos verla como si no. Al observar la ley de la honestidad, nos acercamos todavía más a la Verdad que es Dios. Las defensas y los engaños no son necesarios. Podemos ser libres ahora mismo. Podemos experimentar el Cielo ahora mismo. El Cielo es la Verdad, la única Verdad. En cualquier momento podemos conocer la Verdad, y ella nos hará libres. Ser honestos simplemente significa ser como tenemos que ser. Todos somos hijos de Dios. No tenemos nada que defender. Sabiendo que soy un hijo de Dios, no puedo estar en conflicto.

La verdad deshace lo que nunca fue. La paz que experimentan los maestros de Dios avanzados se debe en gran medida a su perfecta honestidad.

M-4.II.2:1

Tener la verdad como objetivo tiene otras ventajas prácticas. Si la situación se usa a favor de la verdad y la cordura, su desenlace no puede ser otro que la paz.

T-17.VI. 5:1-2

Recuerda:

Si dices la verdad,
No tendrás que recordar nada.

Mark Twain, autor estadounidense

CAPÍTULO 14

La principal adicción que todos compartimos

Tolerancia y felicidad

Los maestros de Dios no juzgan. Juzgar es ser deshonesto, pues es asumir un papel que no te corresponde.

M-4.III.1:1-2

¡Me estás juzgando!

En la película *Silver Linings Playbook* (2012), cuando los personajes se «alteran», empiezan a gritarse mutuamente: «¡Me estás juzgando!». «¡Me estás juzgando!». Nadie quiere ser juzgado. El juicio destruye la honestidad y quebranta la confianza (M-4.III.1:10). El juicio es una función del ego desconocida para Dios. Para ser parecidos a Dios, debemos renunciar a todo juicio.

Construimos el mundo que juzgamos, hasta que dejamos de juzgar al mundo.

La principal adicción que todos compartimos es el juicio. El juicio se produce con facilidad; se desliza en la mente y encuentra su hogar en la garganta, esperando el permiso mental y, una vez que lo recibe, pasa rápidamente a la lengua. Dicho de manera simple, entra por la puerta de atrás y se queda en las sombras, esperando que alguna perturbación, que alguna pequeña agitación desconcertante pase por allí. Y, cuando lo hace, la trampa se abre, la mente se cierra, el juicio salta a la lengua y, con el rápido desliz de los labios, surge un juicio. Se pronuncia la palabra, el acto se realiza, y tanto el juez como la persona juzgada quedan atrapados.

El ego trata de dejarnos ciegos,
y, así, la verdad queda muy atrás.

El Cielo es, siempre y únicamente, conciencia de la perfecta unicidad. Después de que Adán y Eva hubieran comido del fruto del árbol del conocimiento del bien y del mal, se produjo una aparente separación en la mente. Se presentó la «elección» y, por tanto, la separación. Comer el fruto simboliza que hemos usurpado la capacidad de autocrearnos. Sin juicio no hay separación.

En el Cielo nada es ambiguo. Todo es claro y luminoso, y
suscita una sola respuesta. En el Cielo no hay tinieblas ni
contrastes. Nada varía ni sufre interrupción alguna. Lo único
que se experimenta es una sensación de paz tan profunda que
ningún sueño de este mundo ha podido jamás proporcionarte
ni siquiera el más leve indicio de lo que dicha paz es.

T-13.XI.3:8-9&12-13

Tolerancia es verse libre de juicio

No juzgar no significa no tener que decidir «si voy a tomar pollo o pescado para cenar», o «si voy a ponerme una camisa azul o marrón», o «qué película vamos a ir a ver». Simplemente se nos pide que renunciemos a toda forma de condena.

Si no te sintieses culpable no podrías atacar, pues la condena-
ción es la raíz del ataque. La condenación es el juicio que una
mente hace contra otra de que es indigna de amor y merecedo-
ra de castigo.

T-13.in.1:1-2

No tienes ni idea del tremendo alivio y de la profunda paz que resul-
tan de estar con tus hermanos o contigo mismo sin emitir juicios de
ninguna clase.

T-3.VI.3:1

La tolerancia acepta todas las ideas, opiniones y prácticas amorosas.
Tolerancia no significa permitir una conducta hiriente, desconsiderada o
cruel. No significa «tolerar» de manera crítica. Estamos hablando de renunciar a todo juicio. Los jueces se sientan en bancos que están elevados
del suelo. Juzgar es ponernos por encima de nuestros hermanos y hermanas, mirándoles por encima del hombro. Si te juzgo como alguien que de
algún modo es inferior a mí, en realidad me rebajo.

La ley básica del juicio

Cuando la Biblia dice: «No juzguéis y no seréis juzgados», se refiere
a que si juzgas la realidad de otros, no podrás evitar juzgar la tuya
propia. La elección de juzgar en lugar de conocer es la causa de la
pérdida de paz.

A la tolerancia le gusta compartir ideas, intereses y puntos en común.
Siendo tolerantes permitimos que los demás sean quienes son. Siendo tolerantes, también nos perdonamos nuestros errores.

La tolerancia es el mayor don de la mente;
requiere el mismo esfuerzo del cerebro
que el que se necesita para equilibrarse en una bicicleta.

Helen Keller (1880-1968)

La ceguera de Helen Keller le permitió ser una persona muy centrada.
Los mayores dones son estar dispuesto a suspender el juicio y a dejar que
las personas sean quienes son.

Justo después de haber celebrado una ceremonia de boda en Central
Park, en la ciudad de Nueva York, salí del parque en la calle 81 con Central Park Oeste, frente a Beresford, el edificio donde Judy Whitson vivió

en los años setenta. Era aquí o en el apartamento de Ken Wapnick donde me encontraba con Helen. Mientras yo miraba hacia arriba, se aproximó una pareja de personas mayores discutiendo. El hombre dijo:

—Estás equivocada.

—No, tú estás equivocado —respondió su compañera, que supuse que era su esposa—.

—No, tú estás equivocada —a lo que le siguió un comentario. Ambos estaban muy enfadados—.

Retirar la percepción distorsionada: para ver con claridad, primero retira la viga

Reiteremos las dos leyes básicas de la mente.

La proyección da lugar a la percepción... (T-13.V.3:5).
Y la percepción es una elección... (T-21.V.1:7).

Se produce un uso inapropiado de la percepción cuando creemos que hay en nosotros un vacío o carencia, y que podemos llenar ese vacío con nuestras propias ideas. Este proceso incluye cuatro pasos:

Primero: Crees que tu mente puede cambiar lo que Dios creó.

Segundo: Crees que lo que es perfecto puede volverse imperfecto o deficiente.

Tercero: Crees que puedes distorsionar las creaciones de Dios, incluido tú.

Cuarto: Crees que puedes ser tu propio creador y que estás a cargo de la dirección de tu propia creación.

T-2.I.1:9-12

«Proyectar»significa 'lanzar'. Desde el punto de vista del ego, no importa el objeto de la intolerancia. A menudo proyectamos sobre aquellos más cercanos a nosotros. Por eso hay muchos niños, esposas, esposos y empleados que sufren abusos. Atacamos a cualquiera a quien podamos responsabilizar del desagrado que sentimos, a quien dejó los platos sin fregar en el fregadero o a quien se olvidó de recoger un regalo de cumpleaños. Cuando Dios se topa con Adán y Eva, Adán dice: «Eva me llevó a hacerlo», y Eva dice: «La serpiente [es decir, el diablo] me llevó a hacerlo». La proyección surge al principio mismo del desarrollo del ego.

El hombre inventó el lenguaje para satisfacer su profunda necesidad de quejarse.

Lily Tomlin (1949-presente), actriz y comediante norteamericana

Falsa certeza y la necesidad de quejarse

Salí a cenar con una pareja de amigos a quienes no había visto en varios años. A lo largo de la cena, y en la conversación que le siguió, la mujer en especial no dejó de atacar a los líderes de la organización en la que trabajaba. Su marido, con la cabeza gacha, farfullaba y confirmaba. Me estaba hablando de sus «enemigos disfrazados de amigos». Estaba compartiendo la pesadilla en la que vivía. Hice lo que pude por apaciguar sus temores, aunque, al parecer, mi voz no encontró un oído receptivo.

Ocultamos nuestras pesadillas en la oscuridad de nuestra falsa certeza y nos negamos a ver lo que estamos haciendo (T-12.II.4:7). En la serie de libros de Carlos Castaneda (1925-1998), que supuestamente describen su formación chamánica, el profesor don Juan cuenta a su alumno, Carlos, que él (Carlos) no sabe nada porque está continuamente dándole vueltas a sus problemas con sus familiares y amigos. Examinar, revisar y repasar nuestros problemas nubla nuestra vista.

Mientras estábamos sentados en una mesa de *picnic* con un grupo de amigos cerca del río Hudson un precioso día de junio, la mujer que tenía enfrente me contó una historia horrible sobre cómo le habían maltratado en una reciente estancia en el hospital. Cuando acabó, la mujer que tenía al lado dijo: «¿Y te quejas de eso?». Y empezó a contar su propia historia. La cosa continuó así, cada persona contó «cómo alguien la había maltratado» hasta terminar de dar la vuelta a la mesa.

¡El mundo no es el problema!
¡Los demás no son el problema!
¿Eres adicto al juicio?
¡Cambia inmediatamente de profesor!

Todos hemos vivido situaciones como esta en la que yo estaba con mis amigos, o bien hemos sido el que se quejaba. La falsa certeza y el pensamiento proyectivo equivalen a «no ver». Es una pesadilla. Solo después de que Adán cayera en un profundo sueño pudo experimentar pesadillas (T-2.I.4:5). Si estuviéramos plenamente despiertos y manteniendo en nuestra mente el recuerdo de Dios, las pesadillas (como la guerra) serían imposibles. Cuando despertamos a la verdad, todas las pesadillas acaban.

En la mente que Dios creó perfecta como Él Mismo se adentró
un sueño de juicios. Y en ese sueño el Cielo se trocó en infier-
no, y Dios se convirtió en el enemigo de Su Hijo. ¿Cómo pue-
de despertar el Hijo de este sueño? Es un sueño de juicios. Para
despertar, por lo tanto, tiene que dejar de juzgar.

T-29.IX.2:1-5

La perfecta felicidad viene de estar perfectamente despierto, y estar perfectamente despierto significa estar libre de juicios. Si niegas tu responsabilidad te adentras aún más en el olvido. Asume tu responsabilidad y da un paso adelante en la luz. El juicio implica una falta de confianza. Sin juicio, todos somos iguales.

Debe quedar claro, no obstante, que es más fácil que tu día
transcurra felizmente si no permites que la infelicidad haga
acto de presencia en primer lugar. Pero esto requiere tener
práctica con las reglas que te protegen de los embates del te-
mor. Cuando hayas dominado estas reglas, el amargo sueño de
juicios habrá sido des-hecho para siempre.

T-30.I.13:1-3

Estamos avanzando en la dirección de renunciar a todo juicio para siempre. No podemos juzgar y aprender al mismo tiempo. La intolerancia divide, separa y rechaza. La naturaleza del ego es separar, segregar, comparar, analizar, interpretar, proyectar y juzgar. La naturaleza del ego es defender. El ego es frágil, volátil y fácil de ofender. Nos lleva a creer que tenemos el derecho (y que deberíamos) de corregir a los demás. Si echamos la bronca a alguien de una vez por todas, la persona «lo entenderá» y se reformará. ¡Pero eso no ocurre nunca! El ataque simplemente genera una actitud aún más defensiva. La mentalidad milagrosa no contiene juicio. No hace nada. Espera, observa y no juzga. Dios no sabe nada de juicios (T-2.VIII.2:3).

Verdadera percepción y perfecto juicio

Las opiniones y los juicios son sueños. Las proyecciones nos alejan de la verdadera percepción. La verdadera percepción es inocencia. Todas las percepciones del ego están distorsionadas; por lo tanto, la verdadera percepción nunca viene del ego. La verdadera percepción es, no obstante, la base del conocimiento y la afirmación de la verdad más allá de todas las percepciones (T-3.III.1:10).

La verdadera percepción es un remedio que se conoce por muchos nombres. El perdón, la salvación, la Expiación y la percepción verdadera son todos la misma cosa. Son el comienzo de un proceso cuyo fin es conducir a la Unicidad que los trasciende a todos. La percepción verdadera es el medio por el que se salva al mundo de las garras del pecado, pues el pecado no existe. Y esto es lo que la verdadera percepción ve.

C-4.3:5-9

Dios no juzga

El propósito del tiempo es «darnos tiempo» para alcanzar esta percepción perfecta de nuestras propias creaciones perfectas. Los sueños acaban donde comienza el conocimiento o el juicio perfecto. Entonces, a pesar de la aparente severidad de nuestra situación, estamos bien. Aunque el cuerpo no esté bien, la mente lo está.

Es tiempo de contar una historia

La dama de noventa y dos años de edad, pequeña, serena y pacífica está completamente vestida y preparada para las ocho de la mañana, con el pelo bien peinado y el maquillaje aplicado con tino, aunque esté legalmente ciega. Hoy se va a trasladar a un asilo. Su marido, que tenía setenta años, ha fallecido recientemente, haciendo que este traslado sea necesario. Después de esperar pacientemente muchas horas en el recibidor, sonríe con amabilidad cuando le dicen que su habitación está preparada.

Mientras maniobra con su andador hacia el ascensor, la enfermera le ofrece una descripción visual de su pequeña habitación, incluyendo las cortinas que cuelgan junto a su ventana. «¡Me encanta!» —dice ella con el entusiasmo de una niña de ocho años a quien le acaban de regalar un cachorrito—.

—Pero, señora Jones —dice la enfermera— aún no ha visto la habitación... espere.

—Eso no tiene nada que ver —responde ella—, la felicidad no depende de cómo esté amueblada la habitación... sino de cómo está amueblada mi cabeza. Ya está decidido: *¡Me encanta!*

La gran mentira

La gran mentira es que la vida está limitada por un cuerpo atrapado en el espacio y en el tiempo. La gran mentira es que vamos a morir: que eso es el final de la historia y eso es todo lo que hay. Que no hay Dios; que no hay Cielo; que no hay verdad eterna. La «Lección 10» del «Libro de ejercicios» del *Curso* dice: «Mis pensamientos no significan nada» y los pensamientos «que pensamos que pensamos» no son nuestros pensamientos reales (L-10:1:2). No son reales porque son sueños, fantasías, juicios, ilusiones, deseos, preocupaciones, dramas, telenovelas y tragedias. Los instantes santos (pequeñas ventanas y puertas) que detienen las creaciones erróneas de la mente comienzan a posibilitar la visión. El recuerdo de Dios no puede llegar a una mente en conflicto (T-23.I.1:1-2). Estar libre de juicio no significa no participar en la toma de decisiones o no tener discernimiento. El verdadero discernimiento es sabiduría, y la sabiduría es renunciar al juicio (M-10.4:5).

Aproximación y evitación: haz solo esto

Un profesor sabio nos enseña aquello que necesitamos aprender para incrementar nuestra alegría.

> *«Entonces tú te juzgarás a ti mismo», respondió el rey. «Eso es lo más difícil de todo». Es mucho más difícil juzgarse uno mismo que juzgar a otros. Si consigues juzgarte a ti mismo correctamente, eres ciertamente un hombre de verdadera sabiduría.*

De *El principito*, de Antoine de Saint-Exupéry

El juicio correcto reside en el reconocimiento de que, como hijo de Dios, yo soy como mi Padre, incapaz de juzgar a otros con los que comparto una mente perfecta. Por lo tanto, tampoco me juzgaré a mí mismo.

Despertar

Así es como el místico inglés Douglas Harding (1909-2007) describió su despertar:

Lo que realmente ocurrió fue algo absurdamente simple y nada espectacular: dejé de pensar. Una quietud peculiar, una extraña clase de flojera o atontamiento en el que aún mantenía la alerta se apoderó de mí… el pasado y el futuro desaparecieron. Olvidé quién y qué era, mi nombre, mi humanidad, mi animalidad, todo lo que podría llamar mío.

Having no head, de Douglas Harding, Inner Directions Publishing, Carlsbad, Ca., 1961

Detener el pensamiento

Una amiga terapeuta me contó esta historia de uno de sus clientes:

Este hombre estaba viviendo una vida de pesadilla. Su negocio se estaba yendo a pique, luchaba contra el alcoholismo, tenía muchos problemas con Hacienda y su esposa amenazaba con abandonarlo. Abrumado por la carga de la vida y no viendo salida, decidió suicidarse. Se puso una pistola contra la sien. Al darse cuenta de que estaría muerto en unos segundos, decidió dar a su mente unos momentos de descanso antes de apretar el gatillo e irse de este mundo para siempre. Pronto estaría muerto de modo que, ¿por qué preocuparse? Hacienda no iba a poder molestarle allí donde iba. Y entonces se dijo: «Espera un momento...». Bajó el arma. Libre por primera vez en muchos años de su ira, de sus proyecciones, de sus juicios, de sus pesadillas con respecto al mundo, se descubrió a sí mismo en un estado de dicha y oyó una voz que decía: «Estoy aquí para ayudarte».

Su esposa le abandonó. Vendió su gran casa para pagar facturas y vendió el negocio a su hijo. Un amigo abogado le ayudó a resolver los asuntos con Hacienda. Incluso le perdonaron una parte de la deuda. Alquiló un pequeño apartamento a pie de calle, con patio y una puerta de cristal corredera que miraba hacia el oeste, donde se ponía el sol, y que daba acceso a un césped desde el que se divisaba un pequeño lago artificial. Allí los vecinos se reunían cada noche para compartir la alegría de observar a sus perros persiguiéndose en torno al lago.

Se hizo miembro de Alcohólicos Anónimos y dejó la bebida, dejó de fumar, dejó de comprar comida rápida y dejó los helados. Empezó a caminar alrededor del lago cada día. Con el tiempo, perdió quince kilos. Su salud mejoró. Estaba libre de sus adicciones, de una esposa que le daba la lata, de un hogar que se había convertido en una fuente de gastos sin fin y de un negocio del que ya no disfrutaba. Se sentía milagrosamente libre, alegre y libre de cargas. Consiguió un trabajo a tiempo parcial en Walmart: era el encargado de saludar a la gente que entraba en el supermercado. Con una gran sonrisa y un feliz «buenos días», se descubrió haciendo nuevos amigos cada día. Pronto, una nueva amiga que conoció en Walmart se unió a él en su patio para sorber un vaso de té mientras se daban la mano y veían a los perros perseguirse alegremente al atardecer.

Los maestros de Dios no juzgan. Juzgar es ser deshonesto, pues es asumir un papel que no te corresponde.

M-4.III.1-2

El deseo de ser una víctima

Al ego le gusta ser traicionado y abandonado; eso prueba su realidad. El sufrimiento es la «prueba» de que alguien puede hacernos daño. No nos hemos hecho daño a nosotros mismos, alguien externo nos lo ha hecho. Percibirnos a nosotros mismos como víctimas alude a nuestros sueños, habla de nuestras ilusiones. No podemos ser tratados injustamente. Jesús estuvo en la cruz, con una multitud insultándole y mofándose, y sin embargo no se consideró traicionado. «Padre —dijo—perdónales, porque no saben lo que hacen». No dijo eso para que Dios supiera qué tenía que hacer. Lo dijo para que nosotros supiéramos qué hacer en circunstancias mucho menos severas.

Cuando Jesús dice: «Los enemigos del hombre son los que están en su propia casa» (Mateo 10:30), no está hablando de nuestros hermanos y hermanas. Está hablando de nosotros mismos. Si contamos al mundo lo mal que se nos ha tratado y cuánto hemos sufrido a manos de otros, enfermamos emocional y/o físicamente, y nos adentramos más profundamente en la culpa a través de nuestras proyecciones.

Solo mi propia condenación me hace daño.
Solo mi propio perdón me puede liberar.

L-198.9:3-4

Sueños temerosos y sufrimiento

Date cuenta de que en muchos de tus sueños intentas alejarte de alguna figura sombría. Podemos soñar que se averigua algo que nosotros no queremos que se sepa. En nuestros sueños a menudo somos víctimas. Estamos siendo perseguidos, alguien viene a por nosotros; por lo tanto, tenemos derecho a estar paranoicos, ¿cierto?

El señor Blackman va al psiquiatra y le dice:

—Doctor, tengo este sentimiento terrible de que todo el mundo está intentando aprovecharse de mí.

—Relájese, señor Blackman —dice el psiquiatra—, esto es algo muy común. Todos pensamos que los demás están tratando de aprovecharse de nosotros.

—Doc, ¡qué alivio! —dice el señor Blackman—. ¿Cuánto le debo?

—¿Cuánto tienes? —replica el psiquiatra—.

Cuando creemos ser víctimas, lo único que «sabemos» es lo que creemos que se nos ha hecho. También es probable que dediquemos buena parte de nuestro tiempo a contar al mundo con exactitud cuán injustamente hemos sido tratados.

> *El «razonamiento» que da lugar al mundo, sobre el que descansa y mediante el cual se mantiene vigente, es simplemente este: «Tú eres la causa de lo que yo hago. Tu sola presencia justifica mi ira, y existes y piensas aparte de mí. Yo debo ser el inocente, ya que eres tú el que ataca. Y lo que me hace sufrir son tus ataques». Todo el que examina este «razonamiento» exactamente como es se da cuenta de que es incongruente y de que no tiene sentido. Sin embargo, da la impresión de ser razonable, ya que ciertamente parece como si el mundo te estuviese hiriendo.*

> T-27.VII.3:1-6

Escapar del victimismo

Para ser felices, tenemos que dejar de vivir de acuerdo con los dictados dementes y sin sentido del ego, y empezar a vivir de acuerdo con la certeza de la perfecta ley de Dios.

Hay un modo de encontrar certeza aquí y ahora. Niégate a ser parte de ningún sueño de miedo, sea cual sea su forma, pues si lo haces perderás tu identidad en ellos.

T-28.IV.2:1-2

Todos los pensamientos tienen consecuencias. Podemos disculparnos diciendo: «Lo siento. No estaba pensando». Y, literalmente, no estábamos pensando. Somos, en todo momento, prisioneros de nuestros pensamientos. Cuando nos regodeamos en rumores, habladurías y mentiras, resulta fácil quedarse atrapado en el tiempo. El perdón es el único camino que nos saca del victimismo. Al perdonar, dejamos de vivir en el pasado. El perdón nos acerca al final del tiempo.

La ley de extensión y la ley de privación

Tal como existe una forma correcta de negación —a saber: negar el error—, también hay una forma de proyección de la mente recta, a la que el *Curso* llama extensión.

Hemos dicho que sin proyección no puede haber ira, pero también es verdad que sin extensión no puede haber amor.

T-7.VIII.1:1

Para el Espíritu Santo, es la ley fundamental del compartir, mediante la cual das lo que consideras valioso a fin de conservarlo en tu mente. Para el Espíritu Santo, es la ley de la extensión. Para el ego, la de privación. Produce, por tanto, abundancia o escasez, dependiendo de cómo elijas aplicarla.

T-7.VIII.1:6-9

El día del no-juicio

La intolerancia es infelicidad. Podemos proyectar el temor y el dolor, o extender el amor y la comodidad. No podemos proyectar el temor y el dolor y al mismo tiempo ser felices. Experimentamos la verdadera felicidad dejando que los demás sean quienes son sin intentar enmendarlos. Proyectar nuestra insatisfacción, juicio, molestia e ira no nos satisface ni nos aporta felicidad. Si condenamos, nos volvemos prisioneros de la culpa. Si perdonamos, nos liberamos (T-27.VIII.13:1). Es una ley básica y simple: tal como hago a los demás, me es hecho a mí.

Una pareja va a la iglesia un domingo. Cuando vuelven a casa, la esposa dice:

—¿Has visto cómo iba vestida hoy la hija de los Jones? ¿Dónde creía que estaba, en la iglesia o en una fiesta?

—No —dice el marido—, no me he dado cuenta.

—¿Has visto cómo iba vestida la señora Hacket? Llevaba una blusa demasiado corta.

—No —dice el marido—, no me he dado cuenta.

—¡Oh! —dice la esposa frustrada— ¿De qué te sirve ir a la iglesia el domingo?

Siéntate deliberadamente en un restaurante, en un centro comercial, en una iglesia o en el trabajo. Mira a tu alrededor y ama a todas las personas que veas. Cómo se vista la gente o cómo se ganen la vida… nada de eso importa. Cuando renunciamos al juicio, renunciamos a la ilusión. Renunciar al juicio es renunciar a algo que nunca hemos tenido. Cuando dejamos que Dios tome las riendas, vemos el camino que se extiende ante nosotros con más claridad. Este juicio no es «bueno» ni «malo». Es el único juicio que existe, y es solo uno: «El Hijo de Dios es inocente y el pecado no existe» (M-10.2:7-9).

Olvídalo

Si ves a un tipo alto por delante de la multitud,
un líder del grupo, marchando intrépido y orgulloso,
y conoces una historia que solo con contarla
haría que tuviera que bajar la cabeza,
es un plan muy bueno olvidarla.

Si sabes de un esqueleto escondido en el armario,
guardado y oculto del día en la oscuridad,
y que mostrarlo, exhibirlo repentinamente
causaría pena y dolor, y consternación de por vida,
es un plan muy bueno olvidarlo.

Si conoces una mancha en la vida de un amigo,
todos nosotros tenemos manchas escondidas por los siglos de los siglos,
y que con solo mencionarla le dolería el corazón
y la vergüenza causada sería irreparable,
es un plan muy bueno olvidarla.

Si sabes de algo que apagaría la alegría
de un hombre o mujer, de una chica o un chico,
que borraría una sonrisa, o al menos le molestaría
a alguien y amargaría su contento,
es un plan muy bueno olvidarlo.

Mortimer Lewis (1796-1879), arquitecto inglés.

CAPÍTULO 15

La fuerza de la amabilidad

Entonces dirá el Rey a los que están a su derecha: «Venid, benditos de mi Padre, tomad posesión del reino preparado para vosotros desde la creación del mundo. Porque tuve hambre y me disteis de comer; tuve sed y me disteis de beber; peregriné, y me acogisteis; estaba desnudo y me vestisteis; enfermo y me visitasteis; preso y vinisteis a verme». Y le responderán los justos: «Señor, ¿cuándo te vimos hambriento y te alimentamos, sediento y te dimos de beber? ¿Cuándo te vimos peregrino y te acogimos, desnudo y te vestimos? ¿Cuándo te vimos desnudo o en la cárcel y fuimos a verte?». Y el Rey les dirá: «En verdad os digo que cuantas veces hicisteis eso a uno de estos mis hermanos menores, a mí me lo hicisteis».

Mateo 25,34-40

La llamada al amor

Eleanor Callahan fue a la oficina de Correos a comprar sellos justo antes de Navidad. Las colas eran especialmente largas y alguien le señaló que no le hacía falta hacer cola porque había una máquina expendedora en la entrada. «Lo sé —dijo Eleanor—, pero la máquina no me preguntará por mi artritis».

... donde lo que hay es una petición de amor, tú tienes que dar amor por razón de lo que eres.

T-14.X.12:3

Al comienzo de la sección sobre la mansedumbre en el «Manual para el Maestro» del *Curso*, leemos:

*Para los maestros de Dios el daño es imposible. No pueden
infligirlo ni sufrirlo. El daño es el resultado de juzgar. Es el
acto deshonesto que sigue a un pensamiento deshonesto. Es
un veredicto de culpabilidad contra un hermano, y por ende,
contra uno mismo.*

M-4.IV.1:1-5

El ego no es manso ni bondadoso

Quien encuentra fallos en su hermano encuentra fallos en sí mismo. El castigo es desconocido para Dios y, por tanto, desconocido para la mente recta. Dios, literalmente, no puede pensar un pensamiento desagradable, y en verdad tú tampoco. El *Curso* pregunta: «¿Son los pensamientos, entonces, peligrosos? ¡Para los cuerpos sí!» (T-21.VIII.1:1-2). Después del juzgar, el juez (el ego) decide qué medidas punitivas se necesitan. Sin embargo, los maestros de Dios son totalmente mansos.

*¿Quién elegiría la debilidad que irremediablemente resulta
de hacer daño cuando puede elegir la fuerza infalible, todo-
abarcante e ilimitada de la mansedumbre?*

M-4.IV.2:6

Mansedumbre y *bondad* son sinónimos, y el *Curso* usa estas palabras de manera intercambiable, aunque *bondad* se usa con más frecuencia que *mansedumbre*. La mansedumbre es paciente, firme, y es lo opuesto del daño.

*El poder de los maestros de Dios radica en su mansedumbre,
pues han entendido que los pensamientos de maldad no ema-
nan del Hijo de Dios ni de su Creador.*

M-4.IV.2:7

Helen Schucman siempre fue totalmente bondadosa y amable conmigo. Asimismo, Ken Wapnick también fue siempre totalmente amable y bondadoso, incluso cuando no estábamos de acuerdo. En *Un curso de milagros y el cristianismo*, escribe: «Con frecuencia he comentado públicamente que una de las lecciones más importante que puede aprender un estudiante de *Un curso de milagros* es a estar en desacuerdo con alguien (tanto si esa persona está en otro camino o en el *Curso*) sin que ello suponga un ataque».

Hace falta mansedumbre para ser padre, profesor, ministro, médico, comerciante, empleado de ultramarinos... ser humano. ¿Puede hacerse de manera consistente y con amor incondicional? ¿Cómo corregimos a un empleado que no rinde lo suficiente, a un niño que no se comporta o a un socio egoísta o perezoso? ¿Puede hacerse delicadamente y sin rencor o preferimos la lengua afilada? Aprender a vivir con principios espirituales requiere una conciencia creciente y una gran disciplina.

> *Deseas ser feliz. Deseas la paz. No lo has logrado todavía porque tu mente no tiene ninguna disciplina...*
>
> L-20.2:4-6

En los Evangelios, Jesús dice que es manso y humilde de corazón. Su yugo es suave y su carga ligera. Jesús, como expresión de la Mente Crística, no se sintió tenso cuando el mundo que le rodeaba enloqueció. La perfecta felicidad exige mantener la cordura y la mansedumbre en un mundo duro y a veces demente.

> *Los maestros de Dios, por lo tanto, son completamente mansos. Necesitan la fuerza de la mansedumbre, pues gracias a ella la función de la salvación se vuelve fácil.*
>
> M-4.IV.1:12&2:1

Tal como la paz es más fuerte que la guerra, nada es más fuerte que la mansedumbre. La mansedumbre, como un río que no deja de fluir, puede desgastar los cantos más duros. El amor bondadoso y la dulzura son más fuertes que la ira y el ataque. Incluso los abusones y los tiranos se funden en presencia del amor bondadoso.

El maestro espiritual americano Ram Dass (1931-presente) cuenta en su libro *¿Cómo puedo ayudar?* una historia sobre un hombre «grande, sucio y borracho» que estaba aterrorizando a todo un vagón de tren en Tokio. Resulta que en el vagón había un experto en artes marciales que empezó a pensar en tumbar al borracho antes de que hiciera daño a alguien. Cuando este experto en artes marciales estaba a punto de atacar al borracho, un hombre bajito intervino educadamente, dirigiéndose al borracho y desarmándole con palabras agradables. A medida que el hombrecito entablaba conversación con el borracho, este se fue derrumbando anímicamente y empezó a llorar, diciendo que no tiene esposa, ni hogar, ni trabajo, y que se sentía avergonzado de sí mismo. El anciano japonés empezó a acariciar el pelo sucio y apelmazado del borracho, que tenía la cabeza en el regazo del anciano.

> *¿Quién elegiría la debilidad que irremediablemente resulta de hacer daño cuando puede elegir la fuerza infalible, todo-abarcante e ilimitada de la mansedumbre?*
>
> M-4.IV.2:6

San Francisco de Asís, tal vez el más querido de todos los santos católicos y el hombre cuyo nombre decidió tomar el papa Francisco, era admirado por la bondad que mostraba a todas las criaturas vivas. Era amable y delicado con los animales, las plantas y con quienes estaban heridos, débiles o eran pobres. Es recordado por sus sermones a los animales y por su amor a la naturaleza.

El desinterés y la plenitud del Espíritu

Tenzin Gyatso, el décimocuarto dalái lama, ha dicho que su religión es la bondad. La bondad es la «ley» por la que vive. La bondad es lo opuesto del egoísmo. El egoísmo es deshonesto y acaparador, mientras que la verdad es sincera y desea compartir. Es, literalmente: «Hacer a los demás lo que nos gustaría que ellos nos hicieran a nosotros».

> *Si quieres que otros sean felices, practica la compasión.*
> *Si quieres ser feliz, practica la compasión.*
>
> El dalái lama (1935-presente)

No hay más Dios que Dios. Dios tiene un trabajo para nosotros. A Él le gustaría que fuéramos sus empleados. Necesita nuestra ayuda para transformar este mundo en un lugar de mansedumbre y alegría (T-25.III.8:1). Simplemente sé manso y amable con todos. Sin apegos, sin aversiones. No te aferres a ningún sentimiento herido. Lo que es mejor aún, no los crees. El perdón es una demostración de amabilidad y mansedumbre. En «El canto de la oración», Jesús habla de la «benevolencia del perdón» (S-2.I.1:4). Se trata de la bondad para perdonar.

Una de las hermosas compensaciones de la vida es que nadie puede intentar ayudar a otro sinceramente sin ayudarse a sí mismo.

Charles Dudley Warner (1829-1900), coautor con Mark Twain de *The Gilded Age*

El único modo de dar cualquier cosa es hacerlo sin esperar nada a cambio. La mansedumbre no es un préstamo. Tuve un amigo con una apariencia exterior áspera, un tipo duro, no resultaba fácil conocerle. Tal vez sabiendo que la muerte estaba cerca, lloraba a menudo y dijo a todos los miembros de su familia y a su círculo de amigos cuánto les quería. El amor había estado dentro de él en todo momento; simplemente estaba cubierto por una máscara.

A veces, solo un fino barniz
impide que nuestra vista esté clara.

Solo pasaré por este mundo una vez.
Cualquier bien que pueda hacer, o cualquier bondad que pueda mostrar
a cualquier ser humano, mejor hacerla ahora y no retrasarla.
Porque no volveré a pasar por aquí.

Stephen Grellet (1773-1855), cuáquero americano nacido en Francia

El Hacedor del mundo de la mansedumbre tiene absoluto poder para contrarrestar el mundo de la violencia y del odio que parece interponerse entre Su mansedumbre y tú.

T-25.III.8:1

No veas a nadie como un cuerpo. Saluda a todos como el hijo o la hija de Dios. Si algo me inquieta con respecto a mi hermano, quiero mirar con cuidado y ver qué es. ¿Por qué estoy alterado? ¿No puedo soltar esta demencia? ¿Puedo optar por ser «razonable»? Conocer a cualquier persona es tener un encuentro santo y una oportunidad de ofrecer una demostración de nuestro amor. Lo que pensamos de los demás lo pensamos de nosotros mismos (T-8.III.4:1-3). Los compasivos son amorosos consigo mismos y con todos los demás. Es una bendición sentirse movido a ayudar, tanto si el otro llega a saberlo como si no.

La gracia de Dios descansa dulcemente sobre los ojos que perdonan, y todo lo que estos contemplan le habla de Dios al espectador. Él no ve maldad, ni nada que temer en el mundo o nadie que sea diferente de él. Y de la misma forma que ama a otros con amor y con dulzura, así se contempla a sí mismo.

T-25.VI.1:1-3

La única seguridad radica en extender el Espíritu Santo porque a medida que ves Su mansedumbre en otros, tu propia mente se percibe a sí misma como totalmente inofensiva.

T-6.III.3:1

Ausencia de culpabilidad

En el Cielo (la única realidad que existe), todo el mundo está libre de culpa. El Cielo es la experiencia de la mansedumbre. Dios es totalmente manso, y el Espíritu Santo solo ve mansedumbre.

Tú no sabes lo que haces, pero Aquel que sabe está contigo. Tuya es Su dulzura, y todo el amor que compartes con Dios Él lo ha salvaguardado para ti. Él solo quiere enseñarte a ser feliz.

T-14.V.2:6-8

¡Hay tanta necesidad de dulzura en este mundo! Mirando a los ojos de la camarera que solía servirme el desayuno, podía ver toda su soledad, dolor y necesidad de apoyo. Fumaba mucho y no tenía buen aspecto. Vivía sola; sus hijos se habían ido de casa. Nadie le invitaba nunca a visitarle. No podía permitirse viajar. Sus únicos ingresos eran lo poco que ganaba como camarera. Ella quería hablar, necesitaba una palabra amable y una propina generosa.

Mientras miraba a la gente que me rodeaba volverse mala, encogida, sin color, vieja y extraña, de repente pensé: «Bueno, ¿quién crees que necesita ser amado?». Y, de repente, las puertas se abrieron y estaba en el paraíso.

Manual de iluminación para holgazanes, de Thaddeus Golas

Todo el mundo está pasando por alguna situación complicada. Todo el mundo se siente solo. Todo el mundo está aislado. Todo el mundo necesita ser visto tal como es: un perfecto hijo de Dios. Al elegir ver el rostro de Cristo en mi hermana o en mi hermano, les abro la puerta a todos ellos al Reino de los Cielos.

El beso del domingo por la mañana

Mildred Byrnes era una pequeña mujer que venía a mi parroquia en Central Valley, Nueva York. Cada domingo por la mañana, al igual que una serie de señoras mayores, Mildred se unía a una pequeña fila procesional que se formaba en el vestíbulo de la iglesia para que les diera un abrazo, para que les dijera «¿cómo estás?», y les diera un beso en la mejilla. Este era el único verdadero afecto que recibía de un hombre, este pequeño beso del domingo por la mañana. Hay muchas «Mildred Byrnes» en el mundo. Necesitamos su amor y ellas necesitan el nuestro.

La felicidad es un atributo del amor. No se puede separar de él ni experimentarse donde este no está. El amor no tiene límites, al estar en todas partes. La dicha, por consiguiente, está asimismo en todas partes.

L-103.1:1-5

Los tipos amables acaban los primeros: el trofeo al juego limpio

Leo Durocher (1905-1991), cuyo apodo era Leo, *el labio*, era un famoso entrenador de béisbol al que se le recuerda por haber dicho: «Los tipos amables acaban los últimos». El ciclista Lance Armstrong (1971-presente) pidió perdón por haber tomado drogas para potenciar su rendimiento, diciendo que lo que le había llevado a usarlas era su «determinación de ganar a toda costa». Nada nos hace más infelices que la culpabilidad y el sentimiento de que hemos «herido» a otros, y por tanto a nosotros mismos. Es posible que los tipos amables acaben los últimos, pero tienen la conciencia limpia.

El Comité del Juego Limpio de la Asociación Internacional de la Prensa Deportiva otorga anualmente trofeos a los gestos de juego limpio. El primer trofeo fue para un corredor italiano de descenso en trineo llamado Eugenio Monti (1928-2003). En una de las carreras de descenso en trineo celebrada en los Juegos Olímpicos de Innsbruck, Monti había quedado en primera posición después de su carrera final. El único que tenía posibilidades de ganarle era Tony Nash, de Gran Bretaña. Cuando Nash y su compañero de equipo se preparaban para su carrera final, descubrieron que se les había roto un tornillo del trineo. Se informó de esto a Monti, que envió un tornillo sobrante a Nash. Gracias a la generosidad de Monti, Nash pudo arreglar su trineo y descendió a tal velocidad que estableció un nuevo record y ganó la medalla de oro. A Monti le otorgaron el Premio Internacional al Juego Limpio.

En una carrera de kayak en tándem que tuvo lugar en el campeonato del mundo de Copenhage, los remeros daneses iban ganando cuando se les rompió el timón. Los remeros ingleses, que iban en segundo lugar, se detuvieron para ayudarles. Los daneses siguieron adelante y derrotaron a los británicos por un segundo, pero los remeros británicos recibieron el Premio Internacional al Juego Limpio.

En los Juegos Olímpicos de 1992, Henry Pearce, de Australia, estaba compitiendo en una carrera de remo corto. Iba ganando cuando una pata seguida por una larga fila de patitos se cruzaron en su camino. Estaban en su trayectoria, de modo que Pearce reconoció que rompería la fila de patitos en dos y hundiría a algunos de ellos, de modo que dejó de remar. Cuando pasaron los patos, Pearce se puso a remar de nuevo. No estableció ningún record, pero ganó la carrera y el Premio Internacional al Juego Limpio.

El recuerdo de Dios aflora en la mente que está serena. No puede venir allí donde hay conflicto, pues una mente en pugna consigo misma no puede recordar la mansedumbre eterna. Los medios de la guerra no son los medios de la paz, y lo que recuerda el belicoso no es amor. Si no se atribuyese valor a la creencia en la victoria, la guerra sería imposible. Si estás en conflicto, eso quiere decir que el ego tiene el poder de salir triunfante.

T-23.I.1:1-5

La mansedumbre de la creación

La proyección da lugar a la percepción y la extensión crea amor. Las imágenes que vemos reflejan nuestros pensamientos. No podemos entender el mundo cuando hacemos nuestras proyecciones sobre él. La perfecta visión sana todos los errores que cualquier mente haya cometido en cualquier momento o lugar. La perfecta visión ve la mansedumbre de la creación.

Pero de esto puedes estar seguro: solo con que te sentases calmadamente y permitieses que el Espíritu Santo se relacionase a través de ti, sentirías empatía por la fortaleza, y, de este modo, tu fortaleza aumentaría, y no tu debilidad.

T-16.I.2:7

En Dios no hay crueldad ni en mí tampoco.

L-170

Ese anciano que va en el metro, el hombre con la ropa arrugada y el pelo despeinado: ha estado de pie todo el día, atendiendo a la gente en una tienda de delicatesen. Está muy cansado. Lo único que le importa es llegar a casa, quitarse los zapatos, servirse un vaso de vino y mirar la tele. Hay una gran dulzura en este anciano. Él estará rezando por ti en la iglesia el domingo por la mañana.

La «Lección 67» del «Libro de ejercicios» es «El Amor me creó a semejanza de Sí Mismo». Tómate un momento y repite estas líneas de la «Lección 67».

La Santidad me creó santo.
La Bondad me creó bondadoso.
La Asistencia me creó servicial.
La Perfección me creó perfecto.

L-67.2:3-6

CAPÍTULO 16

La constancia de la alegría

Una dicha constante es una condición completamente ajena a tu
entendimiento. No obstante, si pudieses imaginarte cómo sería eso,
lo desearías aunque no lo entendieses. En esa condición de constante
dicha no hay excepciones ni cambios de ninguna clase.

T-21.VIII.2:1-3

El Reino, que no es sino gloria excelsa y júbilo perfecto, reside en ti
para que lo des. ¿No te gustaría darlo?

T-7.V.9:10-11

La dicha, como la confianza, la honestidad, la tolerancia y la mansedumbre es nuestro estado natural. Mi amigo George Robinson, un profesor del *Curso* de Charlottesville, Virginia, compartió su experiencia de haber ido a ver a un oftalmólogo porque le había salido un herpes en el ojo izquierdo. El oftalmólogo estaba describiendo todas las cosas horribles que le podrían pasar, incluyendo la ceguera. George, exudando calma, dijo:

—Todo está bien.

El doctor pegó con el puño en la mesa y dijo:

—¡Todo no está bien!

—Doctor —replicó Georges—, usted está hablando del cuerpo. Yo estoy hablando de la mente.

A pesar del diagnóstico potencialmente nefasto de su cuerpo, la mente de George seguía siendo libre. Algunos cuerpos son minusválidos de nacimiento; otros se quedan así por accidentes o porque envejecen. A nivel físico, es posible que no se pueda hacer mucho. Sin embargo, a nivel de actitud, se pueden dar pasos increíbles. Helen Keller, que era ciega y sorda, dijo que en medio de sus dificultades y gracias a su mente había encontrado a Dios. No veía ni oía nada del mundo. Ella sabía lo que sabía porque el amor de su profesora, Anne Sullivan (1866-1938), le había dado la vida.

> *Esta ley rige incluso en el Cielo. El Hijo de Dios crea para ser*
> *feliz, puesto que comparte con su Padre el propósito que Este*
> *tuvo al crearlo a fin de que su alegría fuese cada vez mayor y*
> *la de Dios junto con la suya.*
>
> T-25.IV.2:6-7

La dicha procede de un propósito unificado (T-8.VII.15.1). La vida es alegre cuando sabemos que en todo momento estamos siendo dirigidos por la voz de Dios. Cuanto más despertamos, más asombrosos son los caminos de Dios. Cada vez hay menos motivos para la desesperación.

> *El plan de estudios del Espíritu Santo nunca es deprimente*
> *porque es un plan de estudios que produce dicha.*
>
> T-8.VII.8:5

Puedo amar y ser dichoso, pero no puedo ser dichoso y albergar resentimientos. Soltar la ira y los resentimientos significa que el ego ya no existe. Si no hay pensamientos de ataque, no hay culpabilidad, y el ego no tiene hogar. El Espíritu Santo lo ve todo como una expresión de amor o una llamada al amor. Lo único que conoce el Espíritu Santo es el amor. Ver solo amor es conocer solo amor. La dicha va acompañada por la tolerancia, puesto que:

> *Las mentes que están unidas, y que reconocen que lo están,*
> *no pueden sentir culpabilidad. Pues no pueden atacar, y se*
> *regocijan de que así sea, al ver que su seguridad reside en ese*
> *hecho feliz. Su alegría radica en la inocencia que ven.*
>
> T-25.IV.1:1-3

La desdicha es del ego, y la dicha viene del espíritu (T-4.VI.5:6). Desde el punto de vista del ego, la dicha es conseguir lo que el cuerpo quiere: todo el dinero, los juguetes y los estimulantes que sea posible. Para el Espíritu, la dicha viene en la abundancia del compartir, de unir y de recordar la Unicidad.

La llamada a la dicha

L a totalidad de Las Vegas es un espectáculo. Es tan mitológica, tan desmesurada. Es claramente una fantasía que no debe tomarse demasiado en serio. Una amiga me dijo que su marido, que había ido a una convención a Las Vegas, la llamó a las veinticuatro horas de llegar y le dijo: «¡Ayuda! Todo es artificial. Tengo que irme de aquí». Todo está afuera. Tanta excitación, aunque puede resultar emocionante temporalmente, no aporta paz mental ni provee felicidad duradera.

Ve a Las Vegas y echa una mirada. Todo guarda relación con la estimulación de los sentidos: más y más ostentación, más y más luces, más y más pompa, glamur y brillo; más sexo, más comida, más bebida, más sonido, más todo en 3D. Desde un punto de vista objetivo, puede resultar divertido. Aún así, todo se queda fuera. Un clip de Los Vídeos Hogareños más Famosos de América muestra a un niño pequeño sentado en el asiento de atrás del coche. Mira a la cámara y dice con toda sinceridad: «¿Es real este mundo?».

Siempre estaremos construyendo un las vegas en alguna parte, y espectáculos cada vez más llamativos. El ego «vive» en un mundo de fantasía. Busca un «subidón» rápido, una solución fácil, un chute, un alivio, algo que venga de fuera, tal vez una píldora. Lo interno nunca se encuentra afuera, y no nos sorprende oír que la tasa más elevada de suicidios en Estados Unidos está en Las Vegas, «la ciudad del pecado». Tengo varios amigos allí, y sabiendo que todo es un espectáculo, ellos asumen una visión objetiva y miran más profundamente dentro de sí mismos.

Los ritos del dios de la enfermedad son extraños y muy estrictos. En ellos la alegría está prohibida, pues la depresión es la señal de tu lealtad a él. La depresión significa que has abjurado de Dios.

T-10.V.1:1-3

Renegar es «rechazar», «renunciar», «negar» o «abjurar». «Caer» en el ego y en la idea de un yo separado es alejarse del hogar, alejarse de la protección de Dios. Estar deprimido significa no seguir el Plan de Dios para la Salvación. Significa estar fuera de lugar, perdido, sin sentido de la orientación. Dios está siempre ahí y siempre está disponible. De nosotros depende responder. Si no lo hacemos, si tomamos la decisión de estar enfadados, de atacar a nuestro hermano o a nuestra hermana, nos separamos de la Unicidad, y la separación de la Unicidad es deprimente.

> *Lo opuesto de la dicha es la depresión. Cuando lo que aprendes fomenta la depresión en lugar de la dicha, es que no estás escuchando al Maestro jubiloso de Dios ni aprendiendo Sus lecciones.*
>
> T-8.VII.13:1-2

La dicha es lo opuesto de la depresión. La dicha viene de unirse. La depresión viene del aislamiento y de la soledad: de estar solos en nuestra propia mente, de estar solos en un lugar donde somos incapaces de compartir, de estar solos en nuestra experiencia de culpabilidad. Nadie entra en el Cielo solo (L-134.17:7).

> *Eres ciertamente esencial en el plan de Dios. Del mismo modo en que tu luz aumenta el fulgor de todas las luces que brillan en el Cielo, así también tu dicha en la tierra exhorta a todas las mentes a abandonar sus pesares y a ocupar su puesto junto a ti en el plan de Dios. Los mensajeros de Dios rebosan dicha, y su júbilo sana todo pesar y desesperación. Ellos son la prueba de que lo que la Voluntad de Dios dispone para todos los que aceptan los regalos de su Padre como propios es perfecta felicidad.*
>
> L-100.4:1-4

La depresión viene cuando no estamos cumpliendo nuestro destino. Jesús siguió la guía de Dios para poder decir claramente: «El Padre y yo somos uno». No había diferencia entre su Voluntad y la voluntad de Su Padre. Nosotros tenemos el mismo Padre, y tal como Jesús recordó Su identidad, nosotros también podemos recordarla. Los Maestros de Dios aprenden a orientar progresivamente su voluntad hacia Dios. Solo así es posible la perfecta felicidad. La dicha es una decisión que tomamos con respecto a qué queremos ver. ¿Dónde buscamos una confirmación de la realidad? Cuando dejamos que nuestras mentes se ocupen de asuntos corporales, de las cosas que compramos, o del prestigio tal como lo valora el mundo, estamos invitando al pesar, no a la felicidad (L-133.2:2).

Un estudio realizado por un grupo de psicólogos sociales concluyó que las conexiones íntimas y empáticas con los demás son el ingrediente más importante de la felicidad. Si tuviera que pensar en una palabra para describir nuestro estado penoso, aislado, separado y roto, podría ser soledad. La soledad es infelicidad y depresión. Dios es amor. Lo que nos hace felices es dar y recibir amor.

La depresión es una consecuencia inevitable de la separación, como también lo son la ansiedad, las preocupaciones, una profunda sensación de desamparo, la infelicidad, el sufrimiento y el intenso miedo a perder.

L-41.1:2-3

El egoísmo es infelicidad

Las cosas que más nos deprimen son consecuencia del egoísmo: la elección de mentir, de comer demasiado, de beber demasiado, de gastar demasiado, o la elección que hacemos de juzgar.

Solo la mente sana puede experimentar una revelación de efectos duraderos, porque la revelación es una experiencia de pura dicha. Si no eliges ser completamente dichoso, tu mente no puede tener lo que no elige ser. Recuerda que para el espíritu no hay diferencia entre tener y ser.

T-5.I.1:3-5

La verdadera dicha viene de saber que nunca estamos solos. El Espíritu Santo siempre está con nosotros; Dios está siempre con nosotros. Cuanto más profundamente sepa esto, más profundas serán mi paz y mi tranquilidad.

> *La mañana es cuando estoy despierto y se produce un amanecer en mí.*
>
> Henry David Thoreau, filósofo estadounidense

Mi madre, Milly, se sentaba cada mañana a la mesa de su cocina y leía unos párrafos devocionales de la Iglesia de la Unidad. A primera hora de la mañana, estando solos en nuestra habitación, en el salón, en el estudio, en el balcón, o en la cocina y con solo el *Curso* como compañero, podemos sentir una alegría serena y una conexión que nos comunica serenamente con lo invisible pero conocido. A veces, cuando el cuerpo está más solo es cuando más conectados estamos.

> *El Espíritu Santo es invisible, pero puedes ver los resultados de Su Presencia, y por ellos te darás cuenta de que Él está ahí.*
>
> T-12.VII.3:1

Los místicos son amantes de Dios. Cuando Dios llena nuestro ser, nosotros somos Dios. Estamos enamorados.

> *La pena puede encargarse de sí misma, pero, para disfrutar el pleno valor de la dicha, tienes que tener a alguien con quien repartirla.*
>
> Mark Twain, autor estadounidense

¡Oh, cariño, mira!

En 2009 fui a la conferencia de *Un curso de milagros* en San Francisco. Después de la conferencia, fui a ver a Judy y a su marido, Bill WhitWhitson, *Whit,* que viven justo al otro lado del puente en Belvedere, California. Después de cruzar el puente hay un área de descanso que ofrece una magnífica vista de San Francisco. Desde ese punto se toman muchas fotografías. Yo paré el coche, y como deseaba compartir el momento, saqué mi viejo teléfono móvil, llamé a Dolores y le dije:

—Cariño, ¡deberías ver lo que estoy viendo ahora! —y traté de describírselo—.

—Estoy segura de que es precioso, pero no estoy ahí —dijo ella—. Por desgracia, no puedo verlo.

Dios, que abarca todo lo que existe, creó seres que lo tienen todo individualmente, pero que quieren compartirlo para así incrementar su gozo. Nada real puede incrementarse excepto compartiéndolo. Por eso es por lo que Dios te creó a ti. La Abstracción Divina se deleita compartiendo. Eso es lo que significa la creación.

T-4.VII.5:1-5

Dos años después, en 2011, estaba de vuelta en San Francisco para la conferencia bianual. Esta vez Dolores vino conmigo, y nos reservamos tiempo libre para conducir por la carretera 1 Norte que sale de San Francisco. Si has conducido alguna vez por ella, sabrás que hay muchos puntos en los que tomas una curva y de repente se abre ante ti un magnífico espectáculo de grandes olas chocando contra enormes rocas y promontorios que surgen del mar. Cada vez que tomábamos una curva y veíamos algo de este tipo, Dolores decía: «¡Oh, cariño, mira!». Nada podría haber traído más alegría a mi corazón que oír a Dolores decir: «¡Oh, cariño, mira!».

Es imposible recordar a Dios en secreto y a solas. Pues recordarle significa que no estás solo… Todo el mundo anda en busca del amor al igual que tú, pero no pueden saberlo a menos que se unan a ti en esa búsqueda.

T-14.X.10:1-2&5

Cuando hayas aprendido que tu voluntad es la de Dios, tu voluntad no dispondrá estar sin Él, tal como Su Voluntad no dispone estar sin ti. Esto es libertad y esto es dicha.

T-8.II.6:4-5

Dicha y libertad

Cuando juzgamos a nuestros hermanos y hermanas, «no oímos el himno de liberación para nosotros mismos» (T-26.I.6:4). Los adictos que se liberan de la adicción descubren toda una nueva vida que se abre a ellos. Piensa en un momento en el que hayas experimentado verdadera dicha y te apuesto a que era un momento en que se produjo una «apertura», tal vez una «revelación», algún tipo de «comprensión». Ciertamente, se te dio algún tipo de libertad —alguna «buena nueva»— y el amor de Dios llenó tu corazón. La revelación es una experiencia dichosa por la «novedad» de la comprensión, la libertad del temor y el alivio que aporta a la mente atrapada. La mentalidad milagrosa deja sitio a la revelación.

Solo la mente sana puede experimentar una revelación de efectos duraderos porque la revelación es una experiencia de pura dicha.

T-5.I.1:3

Durante el verano de 1975 hice un curso de supervivencia en el bosque. Junto con cuatro conocidos de Nueva York conduje mi auto caravana Volkswagen a las montañas de Adirondack, al norte del estado de Nueva York, donde nos unimos a otras cinco personas y dos guías para realizar el programa de formación de Backwoods. Seguidamente pasamos tres días y dos noches solos en el bosque. El programa resultó ser divertido y educativo. Aprendimos a vivir de la tierra y disfrutamos socializando con los demás participantes.

Teníamos dos formadores, un hombre y una mujer, ambos jóvenes. Recuerdo muy poco del joven, pero la joven dejó una profunda impresión en todos nosotros. Parecía estar haciendo lo que hacía para probarse a sí misma, y establecía las reglas a seguir como un sargento de instrucción. Todo el mundo se mostró estoico y educado, y nadie se quejó de cómo nos trataba. Por algún motivo, nunca hablamos de ella entre nosotros, aunque de vez en cuando alguien arqueaba una ceja o miraba de soslayo.

El día que nos fuimos, entramos todos en mi camioneta y al salir del parquin a la carretera, todos estallamos en carcajadas. Durante los siguientes cinco minutos, o más, no pudimos dejar de reír. Fue un momento interesante de comunicación no verbal de mente a mente. Nadie dijo nada sobre por qué nos estábamos riendo. Nadie tuvo que decir nada. Todos estábamos riéndonos por la pura alegría de estar lejos de la tiranía, y todos lo sabíamos. Muchas personas tienen miedo de que la muerte sea su fin y, sin embargo, no es otra cosa que un comienzo, y en eso hay una gran alegría. Tener miedo de la muerte es tener miedo de la vida.

Sólo la dicha aumenta eternamente, pues la dicha y la eternidad son inseparables. Dios se extiende hacia fuera, más allá de todo límite y más allá del tiempo, y tú que eres co-creador con Él, extiendes Su Reino eternamente y más allá de todo límite. La eternidad es el sello indeleble de la creación. Los eternos son felices y viven en paz eternamente.

T-7.I.5:3-6

Revelación y renacimiento

La dicha procede de la libertad y de la revelación. La revelación es una especie de despertar, una especie de renacimiento. Viene cuando estamos curados, cuando sabemos que hemos sido perdonados. La dicha puede presentarse de una manera práctica: un aumento de salario o el traslado a una casa mejor, en el que nos vamos de la aglomeración a un espacio más abierto. Puede acompañar al comienzo de un nuevo trabajo. Pero nada supera a un nuevo amor. Y no hay motivo por el que nuestro amor actual no pueda renovarse eternamente. Hay más profundidad en la otra persona de la que nunca llegaremos a conocer, de modo que cava más profundo: la intimidad es alegre, la comunicación es alegre. La dicha viene de abrir el corazón haciendo sitio para más amor. El amor es dicha interminable.

Dije anteriormente que tienes que aprender a pensar con Dios. Pensar con Él es pensar como Él, lo cual produce dicha y no culpabilidad porque es algo natural.

T-5.V.4:5-7

Ser dichoso es ser natural. Ser natural es ser dichoso. ¿Por qué canta un pájaro? Porque es la cosa más natural para él. Según el *Curso*, el aprendizaje es algo alegre porque nos conduce a nuestro camino natural, y facilita el desarrollo de la persona que ya somos (T-8.II.2:7). Ser dichoso es extender la libertad, y significa no aferrarse a nada. No hay ninguna libertad tan hermosa como ser libre de la culpa y del temor. La libertad de la culpa procede de saber la verdad: conocer la verdad disipa la ilusión.

Elige este preciso instante, ahora mismo, y piensa en él como si fuese todo el tiempo que existe. En él nada del pasado te puede afectar, y es en él donde te encuentras completamente absuelto, completamente libre y sin condenación alguna.

T-15.I.9:5-6

Ser libre de la culpa es pura dicha, verdadera dicha. La verdad es dichosa porque es una experiencia liberadora. La dicha no viene de lo temporal; viene de saber quiénes somos, y de saber que no somos autómatas limitados a cuerpos que van a morir. La verdadera dicha viene de saber que nuestros cuerpos no son eternos.

La dicha suscita que uno esté completamente dispuesto a compartirla, y fomenta el impulso natural de la mente de responder cual una sola.

T-5.In.1:6

La dicha viene de soltar todo lo que podría herirnos y hacernos daño. Solo los que atacan conocen la culpabilidad. La dicha viene de liberarse de toda culpa. La dicha viene de saber que eres un hijo de Dios: un hijo maravilloso, bendito y eterno. Nos sentimos progresivamente más felices a medida que crecemos en esta conciencia. No tener intenciones, ni ideas preconcebidas de cómo han de ser las cosas, simplemente observar la vida puede ser maravillosamente dichoso y liberador.

El júbilo es el resultado inevitable de la mansedumbre. La manse-
dumbre significa que el miedo es ahora imposible. ¿Qué podría enton-
ces obstaculizar el júbilo?

M-4.V.1:1-2

El júbilo viene de ser libre.
El júbilo viene de estar liberado del dolor.
El júbilo viene de saber quién es nuestro hacedor.
El júbilo viene de conocer nuestra realidad como hijos de Dios.
El júbilo viene de hacer Su voluntad y ninguna otra. Es el alegre des-
cubrimiento de que Su Voz es nuestra voz y de que todos somos uno con
Dios.

… la dicha es nuestra función aquí. Si te dejas abatir por la tristeza,
no solo no estarás cumpliendo tu función, sino que estarás privándote
a ti mismo de dicha y al mundo también. Dios te pide que seas feliz
para que el mundo pueda ver cuánto ama Él a Su Hijo y que Su Vo-
luntad es que ningún pesar menoscabe su dicha ni que ningún miedo
lo acose y perturbe su paz. Tú eres hoy el mensajero de Dios. Brindas
Su felicidad a todo aquel que contemplas y Su paz a todo aquel que
al contemplarte ve Su mensaje en tu feliz semblante.

L-100.6:1-5

Quien más da es quien da con alegría.
El mejor modo de mostrar nuestra gratitud a Dios y Su pueblo es acep-
tarlo todo con alegría. Un corazón alegre es el resultado inevitable de
un corazón que arde de amor. Por eso, no dejes que nada te llene tanto
de dolor como para hacerte olvidar la alegría de Cristo resucitado.

Madre Teresa

CAPÍTULO 17

En mi indefensión reside mi seguridad

*Los maestros de Dios han aprendido a ser sencillos. No tienen sueños
que tengan que defender contra la verdad. No tratan de forjarse a sí
mismos. Su júbilo procede de saber Quién los creó. ¿Y es acaso necesario defender lo que Dios creó?*

M-4.VI.1:1-5

L a investigación psicológica muestra que, a medida que envejecemos,
nos hacemos más apacibles, más suaves y más serenos y, por tanto,
más felices; o nos volvemos más rudos, más duros, más tensos y, por tanto,
más infelices. ¿En qué sentido deseamos ir? Tal como nuestras elecciones
con relación a la comida, al ejercicio y al estilo de vida determinan nuestra
forma física a medida que envejecemos, nuestra actitud determina nuestro
estado mental.

La meta de todas las defensas es impedir que la verdad sea íntegra.

L-136.2:4

La deshonestidad de la actitud defensiva

L a verdad siempre carece de defensas y no tiene razones para esconderse.
Así, las defensas son los planes que esgrimimos contra la verdad. Una
mentira necesita defensas; la verdad no necesita ninguna. La actitud defensiva requiere deshonestidad para sustentar sus pretensiones. Las defensas son:

… como varitas mágicas secretas que utilizas cuando la verdad
parece amenazar lo que prefieres creer. Parecen ser algo inconsciente
debido únicamente a la rapidez con que decides emplearlas.

L-136.3:2-3

Como la función del ego es proyectar, no ve nada sino sus propios pensamientos de ataque, aparentemente justificados, que le son reenviados. El ego siempre está a la defensiva. La mayoría de los *reality shows* que vemos en televisión no muestran a personas felices. Más bien tratan de personas peleándose entre ellas. Muestran ataques y defensas, más ataques y más defensas.

Estaba en Daytona Beach, Florida, e iba conduciendo por una carretera en la que nunca había estado antes. De repente me di cuenta de que el carril en el que me encontraba salía de la autopista. Como en ese momento no quería salir, puse el intermitente para indicar que me iba a meter hacia la derecha, al carril que seguía hacia delante. Tenía un coche justo en el «punto ciego» del lado del pasajero, y un joven empezó a tocar la bocina insistentemente y a todo volumen. A continuación se puso a mi altura, bajó la ventanilla y empezó a gritarme obscenidades, informándome exactamente del tipo de idiota que era. Debería haber mirado con más cuidado; simplemente no le había visto.

A continuación empezó a conducir justo delante de mí, mostrándome su dedo por encima de su hombro derecho. Todos los coches que estaban detrás de nosotros se estaban viendo obligados a conducir más despacio y también empezaron a tocar la bocina. Como el joven parecía dispuesto a continuar con este comportamiento, salí de la autopista para escapar.

En esto puede verse la versión descabellada que el mundo
tiene de la salvación. Al igual que en un sueño de castigo en
el que el soñador no es consciente de lo que provocó el ataque
contra él, este se ve a sí mismo atacado injustamente, y por
algo que no es él.

T-27.VII.1:2-3

Represalia y revancha, desesperación e infelicidad

El ego busca la dicha en la represalia y en la revancha. Esta forma de pensar reaccionaria y vuelta del revés nos conduce a una mayor infelicidad. Albergar un resentimiento es dejar que el ego gobierne. Soltar el resentimiento implica que el «yo» que lo alberga deja de existir. Por lo tanto, el ego debe defenderse a sí mismo o desaparecer. Las acciones del joven se basaban en la necesidad de tener razón. Haberse molestado con él habría sido tan erróneo como su negativa a perdonar mi error.

Tanto la separación como el miedo son creaciones falsas que tiene que deshacerse a fin de que se pueda restaurar el templo y abrir el altar para que reciba la Expiación. Esto supone el fin de la separación, al poner dentro de ti la única defensa eficaz contra todo pensamiento de separación, haciendo de este modo que seas absolutamente invulnerable.

T-2.III.2:3-4

La defensa del perdón

El perdón reside en nuestra capacidad de elevarnos por encima del campo de batalla y verlo tal como es, en lugar de devolver el golpe. Se trata de ver el error como la tontería que realmente es y dejarlo ir. Si yo hubiera atacado al joven tocando a mi vez la bocina, habría sido tan demente como él lo estaba siendo en ese momento. Perfectamente consciente de la defensa correcta, la visión perfecta pasa por encima de todas las defensas y mira más allá del error a la verdad.

«Lo que enseñes es lo que aprenderás». Si reaccionas como si te estuvieran persiguiendo, estarás enseñando persecución. No es esta la lección que el Hijo de Dios debe enseñar si es que ha de alcanzar su propia salvación. Enseña más bien tu perfecta inmunidad, que es la verdad acerca de ti, y date cuenta de que no puede ser atacada.

T-6.I.6:1-4

Elegir el milagro es permitir que el Espíritu guíe. Albergar resentimientos es «olvidarnos» de quiénes somos. Si dejamos que el milagro reemplace el resentimiento, reactivamos el recuerdo de quiénes somos verdaderamente: reemplazamos el temor por el amor, y el resultado es la felicidad. No puedo conservar un resentimiento y ser feliz. No puedo albergar un resentimiento y conocerme a mí mismo. Albergar resentimientos es verme a mí mismo como un cuerpo. Albergar resentimientos es olvidarme de quién soy.

> *Todo aquel que concibe el cuerpo como un medio de ataque y cree que de ello puede derivar dicha, demuestra inequívocamente que es un mal estudiante.*
>
> T-8.VII.14:5

Un estudiante dijo en una ocasión: «Necesitas al ego para conducir el automóvil. Después de todo, lo llamamos conducción defensiva». No necesitas un ego para conducir el coche. Lo que necesitas es mucha conciencia. Necesitamos saber lo que está pasando delante de nosotros. Y también lo que está pasando detrás, a nuestra derecha y a nuestra izquierda. Los egos tienen bocinas y saben usarlas. Los psicólogos a veces dicen que se necesitan las defensas del ego; de otro modo, uno se volvería loco. La verdad es justo lo contrario. Sin las defensas del ego hallamos la cordura, encontramos el Ser, encontramos a Dios.

> *Dios no cree en el castigo. Su Mente no crea de esa manera.*
> *Dios no tiene nada contra ti por razón de tus «malas» acciones.*
>
> T-3.I.3:4-6

Deshacer la culpa

A fin de conocer la perfecta felicidad, debemos deshacer todo ataque, toda culpa, toda proyección. Literalmente, no hay nadie a quien culpar, ni siquiera podemos culparnos a nosotros mismos. Acostumbramos a culparnos sobre todo a nosotros mismos, y esto produce depresión. La solución es perdonarnos, y el perdón solo puede producirse desde una perspectiva más elevada.

Si tus hermanos forman parte de ti y los culpas por tu privación, te estás culpando a ti mismo. Y no puedes culparte a ti mismo sin culparles a ellos. Por eso es por lo que la culpa tiene que ser deshecha, no verse en otra parte. Culparse a uno mismo, por tanto, es identificarse con el ego, y es una de sus defensas tal como culpar a los demás lo es. No puedes llegar a estar en presencia de Dios si atacas a Su Hijo.

T-11.IV.5:1-6

En una ocasión el canal National Geographic ofreció una serie sobre los que se preparan para algún tipo de cataclismo, una especie del Día del Juicio Final. Hay personas que almacenan armas, municiones, comida, medicinas, gasolina y todo tipo de cosas para defenderse de este tipo de escenarios en los que supuestamente se producirá el final de los tiempos. Pueden hacer preparativos para el colapso de la economía mundial, para una explosión nuclear, para un gran terremoto, para cuando un asteroide impacte en la Tierra, para el cambio de los polos magnéticos o para la erupción del volcán situado debajo del parque de Yellowstone. Se presentan una miríada de posibilidades.

Tú que te sientes amenazado por este mundo cambiante, por sus cambios de fortuna y amargas ironías, por sus fugaces relaciones y por todos los «regalos» que únicamente te presta para más tarde arrebatártelos, presta mucha atención a lo que aquí decimos. El mundo no ofrece ninguna seguridad. Está arraigado en el ataque. Y todos los «regalos» que aparentemente ofrecen seguridad no son más que engaños. El mundo no puede sino atacar una y otra vez. Es imposible gozar de paz mental allí donde el peligro acecha de ese modo.

L-153.1:1-5

En lugar de disfrutar de los días que les quedan con sus amigos, leyendo, montando en bicicleta, jugando a golf, viajando o haciendo cualquier otra cosa que les interese, hay una pareja de estos jubilados «que prepara el día del cataclismo», que se pasa el día almacenando más y más comida y acumulando montones cada vez mayores de armamento para defenderse contra cualquiera que pudiera atacar su casa, que poco a poco se va convirtiendo en una fortaleza.

Uno de ellos dijo que usaría cualquier medio disponible para detener a los intrusos. Estaba entrenando a sus pastores alemanes para que fueran perros de ataque, enseñaba a sus hijos a sacar gasolina de los coches aparcados y a «hacer el puente» a los automóviles para poder arrancarlos sin llaves. También enseñaba a sus hijos a fabricar pólvora y los llevaba a realizar prácticas de tiro.

Yo no puedo controlar el miedo, pero este puede ser auto-controlado. Tu miedo me impide darte mi control. La presencia del miedo indica que has elevado pensamientos corporales al nivel de la mente. Eso los pone fuera de mi control y te hace sentir personalmente responsable de ellos, lo cual es una obvia confusión de niveles.

T-2.VI.1:4-8

En la espiritualidad tradicional hindú, a la etapa final de la vida se la conoce como *vanaprastha*, o «vivir en el bosque». A cierta edad, el hombre (con o sin su esposa) se retira de los apegos mundanos y se traslada al bosque para llevar una vida de contemplación. Así, pasa los días que le quedan en meditación, convirtiéndose en uno que «no odia ni ama», preparándose alegremente para profundizar en su paz antes de dejar este mundo.

Learning to die [Aprender a morir] es el título del primer libro que escribí. Ojalá que pudiéramos pasar nuestros últimos días aprendiendo a morir y soltando la ilusión del mundo en lugar de intentar aferrarnos a cualquier nadería.

No alleguéis tesoros en la tierra, donde la polilla y el orín los corroen y donde los ladrones horadan y roban. Atesorad tesoros en el cielo, donde ni la polilla ni el orín los corroen y donde los ladrones no horadas ni roban. Donde está tu tesoro, allí estará tu corazón.

Mateo 6,19-21

Puedes defender la verdad así como el error. Los medios son fáciles de entender después de que se ha establecido firmemente el valor del objetivo. Pero lo que hay que tener en cuenta es cuál es su propósito. Todo el mundo defiende tu tesoro y lo hace automáticamente. Las preguntas esenciales son pues: ¿qué es realmente importante para ti?, y ¿cuán importante lo es?

T-2.II.3:1-5

A los soldados se les enseña a referirse a sus opositores como el «enemigo». Durante la Segunda Guerra Mundial, los soldados estadounidenses llamaban a los alemanes *krauts* (chucrut). En Vietnam les llamaban *gooks* (amarillos). Los soldados deben deshumanizar al enemigo para poder darle muerte.

Se te tiene que enseñar a odiar y temer,
se te tiene que enseñar año a año,
es algo que se te debe repetir al oído,
se te tiene que enseñar cuidadosamente.

Del musical *South Pacific* (1949), de Rogers y Hammerstein

Uno de los preparadores del día del juicio había diseñado un plan para ocultarse y dejar que los intrusos entraran en su casa. Él les llamaba «los malos». Cuando «los malos» (tal vez fueran niños) pensaran que estaban a salvo, él aparecería de repente y los mataría. «Los últimos que quedarían de pie —dijo— serían los buenos que habrían matado a los malos».

Nadie puede convertirse en un maestro de Dios avanzado hasta que no comprenda plenamente que las defensas no son más que absurdos guardianes de ilusiones descabelladas. Cuanto más grotesco es el sueño, más formidables y poderosas parecen ser sus defensas.

M-4.VI.1:6-7

Una mujer había amasado más de dos mil kilos de comida. Tenía comida almacenada en cada habitación de la casa. Su cama estaba construida sobre depósitos de agua. Todos los pasillos de su casa y todo el sótano estaban llenos de suministros. «Cuando el mundo se vaya al infierno —dijo—, yo seguiré aquí».

El «aquí» en el que estamos no es el cuerpo.
El «aquí» que es la verdadera causa del dolor está en el siste-
ma de pensamiento del ego.

Doctor Ken Wapnick

La creencia en el infierno es inevitable si nos vemos a nosotros mismos únicamente como cuerpos. Sacrificar la verdad de nuestro ser espiritual es el infierno (M-13.6:11). Si las personas empezaran a matarse unas a otras por la comida, este mundo se convertiría en un infierno. ¿Qué te parecería mirar por la ventana de tu cocina y ver el cuerpo de tu vecino tumbado allí, muerto, y que hubieras sido tú quien apretara el gatillo?

¿No es este un cuadro aterrador? ¿Cómo puedes estar en paz con
semejante concepto de tu hogar? Sin embargo, ¿qué fue lo que
dotó al cuerpo con el derecho de servirte de esta manera sino tus
propias creencias? Fue tu mente la que asignó a tu cuerpo todas
las funciones que percibes en él, y la que fijó su valor muy por
encima del pequeño montón de polvo y agua que realmente es.

L-135.6:1-4

¿Por qué te gustaría apostar, por un cuerpo efímero o por un espíritu eterno? Sin duda es una buena idea contar con seguros para el coche, para el hogar y para nuestros cuerpos. Probablemente es buena idea tener algún dinero ahorrado en caso de que se produzca una emergencia. Podría ser buena idea tener baterías, agua, y algo de comida extra almacenada, pero tener que defender nuestro almacén de dos mil kilos de comida es una gran carga, y nos ofrece muy poco en términos de verdadera seguridad y felicidad.

El cuerpo es el ídolo del ego, la creencia en el pecado hecha
carne y luego proyectada afuera. Esto produce lo que parece ser

una muralla de carne alrededor de la mente, que la mantiene prisio-
nera en un diminuto confín de espacio y tiempo hasta que llegue la
muerte, y disponiendo de un solo instante en el que suspirar, sufrir y
morir en honor a su amo.

T-20.VI.11:1-2

¿Dónde pondremos nuestra fe? ¿En crecientes montones de armamento y municiones para poder matar a nuestros vecinos si vienen a pedirnos ayuda? Si tu vecino viene a ti y te pide ayuda, haz todo lo que puedas por ayudarle.

Una de las causas principales del estado de desequilibrio del ego es
su falta de discernimiento entre lo que es el cuerpo y lo que son los
Pensamientos de Dios. Los Pensamientos de Dios son inaceptables
para el ego porque apuntan claramente al hecho de que
él no existe.

T-4.V.2:1-2

El final del mundo no será su destrucción. El mundo no será destruido, ni atacado, ni siquiera tocado. Cuando no quede ni un pensamiento de pecado, el mundo acabará (M-14.2:10). La ilusión, que el ego mantiene de una pieza, dejará de parecer que existe, y entonces la Tierra se transformará en el Cielo y el conocimiento reemplazará a la percepción.

El ego dice: «Mi seguridad radica en mi actitud defensiva».
El Curso dice: «En mi indefensión radica mi seguridad».

El precio de las defensas es el más alto de los que exige el ego. La lo-
cura que reina en ellas es tan aguda que la esperanza de recobrar la
cordura parecer ser solo un sueño fútil y encontrarse más allá de lo
que es posible. La sensación de amenaza que el mundo fomenta es
mucho más profunda, y sobrepasa en tal manera cualquier intensidad
o frenesí que jamás te hayas podido imaginar que no tienes ni idea de
toda la devastación que ello ha ocasionado.

L-153.4:1-3

Cuando se abandonan las defensas no se experimenta peligro.
Lo que se experimenta es seguridad. Lo que se experimenta
es paz. Lo que se experimenta es dicha. Y lo que se experimenta
es Dios.

M-4.VI.1:11-15

Finalmente, llega el día en el que despertamos, dándonos cuenta de que nunca hubo nada que temer.

Ellos pueden matar el cuerpo, pero la verdad de Dios perma-
nece. Su Reino es eterno.

Del himno *Una fortaleza poderosa*, de Martin Luther (1483-1546),

fundador de la reforma protestante.

El Reino está perfectamente unido y perfectamente protegido,
y el ego no prevalecerá contra él. Amén.

T-4.III.1:12

CAPÍTULO 18

La ley fundamental del compartir

Hemos dicho que sin proyección no puede haber ira, pero también es verdad que sin extensión no puede haber amor. Todo ello refleja una ley fundamental de la mente y, por consiguiente, una ley que siempre está en vigor. Es la ley mediante la cual creas y mediante la cual fuiste creado. Es la ley que unifica al Reino y lo conserva en la Mente de Dios. El ego, sin embargo, percibe dicha ley como un medio para deshacerse de algo que no desea. Para el Espíritu Santo, es la ley fundamental del compartir, mediante la cual das lo que consideras valioso a fin de conservarlo en tu mente. Para el Espíritu Santo, es la ley de la extensión. Para el ego, la de la privación. Produce, por lo tanto, abundancia o escasez, dependiendo de cómo elijas aplicarla. La manera en que eliges aplicarla depende de ti, pero no depende de ti decidir si vas a utilizar la ley o no. Toda mente tiene que proyectar o extender porque así es como vive, y toda mente es vida.

T-7.VIII.1:1-11

Hagamos una breve revisión

LA PROYECCIÓN (CONDENA) ES EL REINO DEL EGO

Cuando proyectamos, ofrecemos nuestros juicios, interpretaciones, evaluaciones, críticas, análisis, quejas y vilipendios al mundo. Al hacerlo, acotamos y reducimos nuestra vida.

LA EXTENSIÓN (AMOR) ES EL REINO DEL ESPÍRITU

Cuando extendemos, ofrecemos nuestro amor, apoyo, aprecio, amabilidad, gratitud, comprensión, afecto, amistad, ternura, devoción y bondad al mundo. Al hacerlo, experimentamos abundancia.

> *El ego es engañoso, inestable y temporal.*
> *El espíritu es razonable, estable y eterno.*

> *Cuando aprecias por completo la llenura de Ser de tu mente, el egoísmo se vuelve imposible y la extensión inevitable. Por eso es por lo que Reino goza de perfecta paz. El espíritu está cumpliendo su función, y solo el pleno cumplimiento produce paz.*
>
> T-7.IX.4:6-8

Se nos pide que intercambiemos el punto de vista de la mentalidad errónea (ilusorio) —la visión proyectiva— del ego por la extensión verdaderamente natural del Espíritu. Vivimos en un mundo impulsado por el ego, en un mundo de «conseguir cosas». Había un libro popular a comienzos de la década de los noventa titulado *Go for it* [*Ve a por ello*]. Si quieres tener algo, consíguelo, tómalo, cómpralo y es tuyo. La escasez se basa en la desconfianza y en la ilusión de tener necesidades. No obstante, la sensación de estar separados de Dios es la única «necesidad» que tenemos que corregir. Tal como son las cosas, nuestras «necesidades» se basan en nuestra creencia en el ego-cuerpo. Por otra parte, la generosidad se basa en la confianza. En tiempos de guerra, todo el mundo sufre; en tiempos de paz, todo el mundo prospera.

> *Hay una luz que este mundo no puede dar. Más tú puedes darla, tal como se te dio a ti. Y conforme la des, su resplandor te incitará a abandonar el mundo y a seguirla. Pues esta luz te atraerá como nada en este mundo puede hacerlo. Y tú desecharás este mundo y encontrarás otro.*
>
> T-13.VI.11:1-5

LA LEY DE EXTENSIÓN Y LA LEY DE PRIVACIÓN

Para el ego, si te doy lo que tengo a ti, dejo de tenerlo; ahora lo tienes tú. Para el Espíritu, dar y recibir son lo mismo. Si no estás consiguiendo suficiente (amor, por ejemplo), empieza a dar más.

Si pagar se asocia con dar no se puede percibir como una pérdida, y la relación recíproca entre dar y recibir se reconoce.

T-9.II.10:3

CREEMOS EN AQUELLO QUE PROYECTAMOS
La abundancia de Cristo es el resultado natural de haber elegido seguirle (T-1.V.6:2). ¿Cómo puedes querer algo si ya lo tienes todo? La perfecta felicidad es abundancia, no de cosas, sino una abundancia del amor que viene de dentro.

A aquello que proyectamos le «damos» realidad al creer que es verdad (T-7.II.3:1). Uno de los que estaban preparando el día del Juicio Final estaba tan convencido de que se iba a producir una gran catástrofe en la ominosa fecha del 12.12.12 que, a pesar de las protestas de su familia, les trasladó desde su casa en Florida a una posición bien fortificada y defendida en lo alto de una montaña de Tennessee.

Creer es una función del ego, y mientras tu origen siga sujeto a interpretaciones lo seguirás viendo desde el punto de vista del ego. Cuando el aprendizaje deje de ser necesario, simplemente conocerás a Dios. La creencia de que hay otra forma de percibir es la idea más sublime de que es capaz el pensamiento del ego. Ello se debe a que dicha idea reconoce, aunque sea mínimamente, que el ego no es el Ser.

T-4.II.4:8-11

Los mormones creen que aquellos correligionarios que se lo merezcan y lleguen al cielo tendrán allí cuerpos idénticos a los que tienen en este mundo. Los hindúes y budistas creen en la reencarnación. Los católicos creen en el purgatorio y en distintos niveles del cielo y del infierno. El ego puede creer todo tipo de cosas, pero la creencia no crea la realidad. La creencia es fantasía. La creencia es sueño. La creencia es ilusión. Las creencias pueden cambiar. La verdad permanece constante eternamente.

Para el mundo, generosidad significa «dar» en el sentido de
«perder». Para los maestros de Dios, generosidad significa dar
en el sentido de conservar.

M-4.VII.1:4-5

Cuando el amor de Dios se expresa a través de nosotros, no hay ganadores ni perdedores. Al dar amor, sabemos (es decir, experimentamos y entendemos) lo que es el amor. Cuanto más amor damos, más lo conocemos en nosotros mismos. Para el ego (que solo conoce la proyección), dar significa perder. O bien proyectamos nuestras interpretaciones (o creencias) sobre el mundo o extendemos amor. Esta ley básica de la mente opera en el mundo del ego o en el mundo del Espíritu produciendo escasez o abundancia. Cuanto más amor damos, más amor nos vuelve. Cuanto más proyectamos sobre el mundo, más culpa le asignamos, más culpables nos sentimos, mayor es nuestra escasez y mayor nuestra codicia.

Proyectar juicios tiene dos grandes inconvenientes:

1. El conflicto separa y no puede ser compartido.

Nadie quiere estar en conflicto. Un profesor en conflicto es un mal profesor y un mal alumno, y el valor de transferencia de sus lecciones es limitado (T-7.VIII.3:4).

Los pensamientos se expanden cuando se comparten.
Cuantos más creen en ellos, más poderosos se tornan.
Todo es una idea.
¿Cómo, entonces, puede asociarse dar con perder?

T-5.I.2:2-5

2. Lo que damos nos vuelve.

Todas las proyecciones nos vuelven. Pueden hacerlo inmediatamente o pueden llevar algún tiempo, pero cualquier cosa que demos nos vuelve. Los actos deshonestos retornan a quien los hace; todos los sistemas falsos acaban implosionando, mientras que los actos de generosidad bendicen a quien da y a quien recibe. El ego cree que podemos liberarnos de la culpa lanzándola sobre otros. La proyección es, más bien, el modo de conservar algo. Lanzar nuestros juicios sobre el mundo es nuestra manera de conservarlos. Buena parte de las conversaciones «casuales» consisten en confirmar prejuicios.

El juego de la vida es el juego de los bumerán. Antes o después, nuestros pensamientos, palabras y actos vuelven a nosotros con asombrosa precisión.

Florence Scovel Shinn (1871-1940), artista y autor americano

¿Una bendición o un incordio?

En seis ocasiones el *Curso* dice: «Las ideas no abandonan su fuente». No podemos perpetuar una ilusión sobre otras personas sin perpetuar la ilusión con respecto a nosotros mismos (T-7.VIII.4:1). Si pensamos que alguien no es merecedor del amor de Dios, debemos sentir que, en el fondo, nosotros tampoco lo merecemos.

Estaba haciendo cola en la caja del supermercado cuando una señora mayor situada delante de mí, al darse cuenta de que no tenía suficiente dinero para pagar los artículos que había puesto en el mostrador, pidió al empleado que devolviera algunos de ellos a su lugar. Estaba intentando decidir cuáles eran los más esenciales y de cuáles podía prescindir. Con renuencia retiró el queso de los productos que iba a comprar y pensé: «Apuesto a que el queso le gusta mucho». Entonces el hombre que estaba detrás de ella dio un billete de veinte euros al cajero y le dijo: «Vuelve a poner esos productos en la bolsa».

Ese hombre se fue de la tienda feliz, habiendo hecho lo correcto. ¿Cómo sería posible hacer algo así y no sentirse feliz? El hombre se sintió enriquecido, y también la señora que recibió su dádiva. El enriquecimiento no estaba en el queso, sino en el acto de generosidad. La verdad nos hace libres y la generosidad de Espíritu también. Somos verdaderamente generosos cuando hacemos algo por alguien a quien no conocemos.

Solo aquellos que tienen una sensación real y duradera de abundancia pueden ser verdaderamente caritativos. Esto resulta obvio cuando

consideras lo que realmente quiere decir ser caritativo. Para
el ego dar cualquier cosa significa tener que privarse de ella.
Cuando asocias el acto de dar con el sacrificio, das solamente
porque crees que de alguna forma vas a obtener algo mejor, y
puedes, por lo tanto, prescindir de la cosa que das.

T-4.II.6:1-4

La felicidad viene de hacer algo sin pedir nada a cambio. Cuando damos sin necesidad de que se nos devuelva, no nos cuesta nada, y nos enriquece en gran medida. Siempre estamos dando nuestros pensamientos a otros. Siempre estamos proyectando o extendiendo. Si proyectamos culpa, experimentamos más culpa. Si extendemos amor, experimentamos más amor. Obtenemos aquello que damos, y siempre recibimos más de lo que damos: así es como crece la culpa, y así es como crece el amor.

Sacrificio y abundancia

El cristianismo tradicional dice que es necesario sacrificarse por (es decir, pagar por) nuestros pecados, es decir, expiarlos. Dar para recibir no es un verdadero dar. Dar a regañadientes no es verdadero dar.

«Dar para obtener» es una ley ineludible del ego, que siempre
se evalúa a sí mismo en función de otros egos.

T-4.II.6:5

Una de las muchas técnicas de los psicópatas es usar la generosidad como un medio de «dar para recibir». Nos ofrecen sus alabanzas para caernos bien y nos dan para que estemos en deuda con ellos.

El don de la vida es tuyo para que lo des, ya que fue algo que
se te dio. No eres consciente de él porque no lo das. No puedes
hacer que lo que no es nada tenga vida, puesto que es impo-
sible darle vida a lo que no es nada. Por lo tanto, no estás

extendiendo el don que a la vez tienes y eres, y consecuentemente no
puedes conocer a tu propio Ser.

T-7.VII.5:1-4

Podemos dar la Luz que el mundo no puede dar: como nos ha sido dada, es nuestra y podemos darla. A medida que la damos, nuestra luz brilla. ¡Resplandece! Ponte al sol. Mientras el sol calienta tu cuerpo, también calienta millones de otros cuerpos en ese mismo momento. Asimismo, el amor de Dios, tal como lo refleja el Espíritu Santo, fluye hacia las mentes de todos aquellos que están dispuestos a recibirlo. Jesús, a la edad de doce años, dijo a sus padres: «¿No entendéis? Tengo que dedicarme a los asuntos de mi padre». La búsqueda de Dios es el asunto definitivo al que en último término todos tenemos que dedicarnos. Es un asunto gratificante, un buen asunto.

«Muchos son los llamados, pero pocos los escogidos» debería rezar:
«Todos son llamados, pero son pocos los que eligen escuchar». Por lo
tanto, no eligen correctamente. Los «escogidos» son sencillamente los
que eligen correctamente más pronto. Las mentes sanas pueden hacer
esto ahora, y al hacerlo hallarán descanso para sus almas. Dios te
conoce solo en paz, y esa es tu única realidad.

T-3.IV.7:12-16

Abundancia

Un día, mientras trabajaba como ministro de una parroquia, fui a visitar a Amy Clark, una mujer mayor de nuestra iglesia. Amy tenía que ir al hospital al día siguiente para ser operada. Mientras yo estaba allí, recibió la llamada de alguien ofreciéndose para llevarla al hospital. «Me han llamado otros dos para hacerme la misma oferta», dijo. Este es un ejemplo perfecto de abundancia. A Amy le ofrecieron más que suficiente ayuda porque era una dama encantadora a la que la gente quería ayudar. Uno no podía evitar enamorarse de ella. Esta mujer no tenía que preocuparse por la logística.

Un día, Dolores y yo conocimos a una señora extraordinaria en la caja de un hipermercado. Mostrándose muy despierta y animada, nos obsequió con un «¡Hola!» y una declaración positiva de nuestro buen gusto por haber escogido aquellos «tesoros». Nos dijo que le encantaba ser vendedora y que llevaba treinta y seis años haciéndolo. Aquella mujer iluminaba el lugar. Le comenté que parecía muy animada, y su supervisor que estaba por allí nos comentó que hacía poco una cliente la había «catalogado» como la mejor dependienta que había conocido. Le ofrecí mis felicitaciones. No tenía un trabajo glamuroso y probablemente ganaba poco dinero, pero tenía mucho amor para compartir, y todas las personas a las que ella atendía se sentían enriquecidas.

El principio de Jen

Nuestra tarea no consiste únicamente en hacer el bien, también hemos de reconocer el bien en nuestros hermanos y hermanas, porque está allí. Los confucianos creen en el principio de Jen: en esencia, todo el mundo es fundamentalmente bueno. Del mismo modo que «todo el mundo ya sabe», «todo el mundo ya es bueno». Hay una luz en cada uno, incluso en los psicópatas que saben esconderla tan bien dentro de sus sueños. No hay nadie en quien la luz se haya apagado completamente.

> *A pesar de todo, aún creo*
> *que la gente es muy buena en su corazón.*
> *Simplemente no puedo construir mis esperanzas sobre una*
> *base de confusión, desdicha y muerte.*
>
> Anne Frank (1929-1941), víctima del holocausto

En la película de 1991 *A propósito de Henry*, Harrison Ford representa a un abogado duro y sin principios a quien disparan en la cabeza. Poco a poco recupera la memoria y la capacidad de trabajar, pero una vez curado está muy cambiado. Se olvida del entrenamiento que le había dado el mundo y retorna con absoluta inocencia. Ya no es listo, frío y calculador. Cuando descubre las prácticas clandestinas del bufete de abogados para el que trabaja, busca la verdad y deshace las injusticias que había forjado anteriormente a cambio de riqueza.

Hoy aprendo la ley del amor: que lo que le doy a mi hermano es el
regalo que me hago a mí mismo.

L-344

Necesitamos algo para despertar del sueño demente del ego. Aunque todos sentimos el impulso natural de hacer el bien, la mentalidad correcta en nosotros puede quedar tan enterrada por los pensamientos de pecado, culpa y temor que nos cueste recordar o acceder a nuestro verdadero Ser. Si queremos recordar quiénes somos, debemos mirar el lado oscuro del ego y dejarlo ir para poder recordar nuestra inocencia.

Cuando un hermano actúa insensatamente, te está ofreciendo una
oportunidad para que lo bendigas. Su necesidad es la tuya. Tú nece-
sitas la bendición que puedes darle. No hay manera de que tú puedas
disponer de ella excepto dándola. Esa es la ley de Dios, la cual no hace
excepciones. Careces de aquello que niegas, no porque haya carencia
de ello, sino porque se lo has negado a otro, y, por lo tanto, no eres
consciente de ello en ti.

T-7.VII.2:1-6

Tenemos la capacidad de recordar el Cielo, y revindicamos esta capacidad para nosotros y para los demás cuando permanecemos vigilantes hacia el Reino de Dios, bendiciendo a nuestros hermanos y a nosotros mismos.

Se te dio todo cuando fuiste creado, exactamente como se les dio a
todos los demás.

T-1.IV.3:7

La luz del amor

Cuando estamos «enamorados», somos más conscientes de las necesidades de nuestro ser amado, y nos resulta fácil ser generosos. Damos nuestro amor y entonces nos vuelve más. Cuanto más amor extendemos, más crece nuestra capacidad de amar. Los matrimonios fracasan cuando uno o ambos miembros dejan de dar, dejan de nutrir, dejan de extender amor. Si cada miembro de la pareja da su cien por cien a la relación, abunda aquello que se necesita para sustentarla.

Conocer la luz del amor es ser la luz del amor. Cuanto más amor damos, más puede entrar en nuestra mente la presencia del amor, como evidencia esta experiencia con la «luz» de mi amigo el doctor Rod Chelberg. Rod está al cargo de ciento ochenta y cuatro pacientes en cuatro hogares de acogida en Bangor, Maine.

Cuando estaba haciendo mi ronda en la unidad de demencia, vi a todos los pacientes en mi mente. Todos ellos estaban atrapados en sus cuerpos y no podían soltar. Tenían una especie de circuito de *feedback* que los mantenía atrapados aquí, sin manera de comunicar. Estando allí, me sentí lleno de amor y compasión por todo lo que vi. Todos estábamos conectados a través de nuestra mente.

Permití que el amor fluyera y fue muy hermoso. Todos nos sentimos muy conmovidos. El ruido de fondo del lugar se apaciguó por un rato mientas nos cubría un manto de paz y amor. Me quedé allí, asombrado. En un instante santo, todos fuimos bendecidos. Me encantan estos sucesos. Fue muy hermoso y asombroso al mismo tiempo. Aquí brilló la luz blanca. Soy un hombre afortunado.

Dar nuestro perdón

No hay nada que el mundo necesite más que nuestro perdón: solo al perdonar comprendemos el perdón. El perdón, como toda forma de dar, siempre es recíproco. Dando libremente, sin dejar que la mano izquierda sepa lo que hace la derecha, recibimos de modos que son inconmensurables según los términos habituales.

> *El maestro de Dios es generoso en interés propio. Pero no nos referimos aquí al interés propio del ser del que el mundo habla. El maestro de Dios no quiere nada que él no pueda dar, pues se da cuenta de que, por definición, ello no tendría ningún valor para él. ¿Para qué lo iba a querer? Solo podría perder por su causa. No podría ganar nada. Por lo tanto,*

no busca nada que sea solo para él, ya que eso sería la garantía de que lo perdería. No quiere sufrir. ¿Por qué entonces iba a querer buscarse dolor? Pero sí quiere conservar todas las cosas que son de Dios, y que, por ende, son para Su Hijo. Esas son las cosas que le pertenecen. Esas sí que las puede dar con verdadera generosidad, conservándolas de este modo para sí mismo eternamente.

M-4.VII.2:1-12

CAPÍTULO 19

Paciencia y felicidad

Algunos dicen que mis enseñanzas no tienen sentido.
Otros dicen que son elevadas pero poco prácticas.
Pero, para aquellos que han mirado dentro de sí mismos,
este sinsentido tiene mucho sentido.
Y para quienes lo ponen en práctica,
esta elevación tiene raíces muy profundas.

Solo tengo tres cosas que enseñar:
simplicidad, paciencia, compasión.
Estas tres son tus mayores tesoros.
Siendo simple en tus acciones y pensamientos,
retornas a la fuente del ser.
Siendo paciente con amigos y enemigos,
estás de acuerdo con cómo son las cosas.
Siendo compasivo contigo mismo,
te reconcilias con todos los seres del mundo.

Del *Tao Te Ching*, de Lao Tsé

Tener paciencia es algo natural para aquellos que tienen confianza.
Seguros de la interpretación final de todas las cosas en el tiempo, nin-
gún resultado, ya visto o por venir, puede causarles temor alguno.

M-4.VIII.1:9-10

El coche de un hombre se quedó atascado en medio del intenso tráfico justo cuando el semáforo se puso en verde. Todos sus esfuerzos por arrancar el motor fracasaron, y el coro de bocinas situadas detrás no hacían sino empeorar las cosas. Al final, salió del coche, caminó hasta el conductor que tenía detrás y le dijo: «Lo siento, pero parece que no puedo arrancar el coche. ¿Me puedes hacer un favor? Ve tú e inténtalo y yo me quedaré aquí tocando tu bocina».

La paciencia, como la confianza, la honestidad, la mansedumbre y la dicha son «estados mentales». El ego «vive» en una historia, en un drama, en una telenovela. «Fueron felices para siempre» no funciona en las telenovelas ni en los *reality show*. El ego debe preocuparse o afrontar una muerte cierta. «Fueron felices para siempre» solo funciona en la eternidad. Dios no tiene ego... por lo tanto, tampoco tiene problemas.

> *La tribulación no hace que la gente sea impaciente,*
> *más bien prueba que son impacientes.*
>
> Martín Lutero, reformador protestante alemán

Simplicidad, paciencia, compasión

Conocí a un hombre que trabajaba en una compañía naviera internacional en uno de los pisos superiores del Empire State Building, en Nueva York. Cada día hablaba con gente de todo el mundo, manejaba cuentas de millones de euros y tenía muchos empleados que trabajaban para él y con él. Un día, en una fiesta, estábamos sentados en un sofá juntos, hablando, y me dijo que su sueño era ser librero en una ciudad pequeña. Soñaba con una vida simple, en algún lugar donde pudiera caminar al trabajo por una calle arbolada. «Ah, eso —dijo—, eso sería una buena vida». Más adelante me pregunté: si fuera librero en una pequeña ciudad, ¿empezaría a soñar con trabajar en el edificio Empire State?

> *El Espíritu Santo, que ve donde te encuentras, pero sabe que realmente te encuentras en otra parte, comienza Su lección de simplicidad con la enseñanza fundamental de que la verdad es verdad. Esta es la lección más difícil que jamás tendrás*

que aprender y, al fin y al cabo, la única. La simplicidad es algo muy
difícil para las mentes retorcidas.

T-14.II.2:1-3

La lección más difícil que vamos a tener que aprender es esta: lo que
nunca fue verdad, no es verdad ahora. Existen miles de filosofías, psicologías
y sistemas religiosos diseñados para «descifrar cómo son las cosas». Lo más
que me he acercado a la verdad es en el misticismo, el budismo y, por supuesto, el *Curso*. Reconocer que la verdad es verdad nos aporta la increíble
toma de conciencia de que el supuesto «error» (culpa) nunca ocurrió.

He dicho que el último paso en el redespertar al conocimiento lo da
Dios. Esto es verdad, pero es difícil de explicar con palabras porque las
palabras son símbolos, y lo que es verdad no necesita explicación. El
Espíritu Santo, no obstante, tiene la tarea de traducir lo inútil a lo útil,
lo que no tiene significado a lo significativo y lo temporal a lo eterno.

T-7.I.6:3-5

En el estado de intemporalidad, las cosas son tal como son y están bien.
Nosotros fabricamos el tiempo para que tomara el lugar de la intemporalidad, y después empezamos a hacernos a nosotros mismos no como somos,
sino, más bien, como queríamos ser. El ateísmo es un callejón sin salida,
puesto que toda esperanza es nuestra gracias a Dios. Por más que el ego lo
intente, no hay manera de alejarse de Dios y, al final, el ego lo sabe.

Los que están seguros del resultado final pueden permitirse el lujo de
esperar, y esperar sin ansiedad.

M-4.VIII.1:1

La paciencia descansa sobre la confianza y la certeza del resultado. Ser
impaciente es ser una víctima del tiempo. Cuando nos falta paciencia,
creemos que la paz mental depende de algo externo.

Alguien dijo en una ocasión que el secreto de la paciencia es hacer alguna otra cosa entre tanto. Hacer cola es un buen momento para «hacer
otra cosa», como por ejemplo meditar. En cuanto nos damos cuenta de que

nos estamos impacientando, podemos decirnos a nosotros mismos: «¡Podría practicar la paciencia ahora mismo!». Esta cola no se va a mover por algún tiempo. Puedo esperar con una mente pacífica o con una mente tensa». Mientras esperas, observa tu propia calma y serenidad. La paciencia permite la conciencia y la atención. La paciencia permite ver muchas cosas. Tómate tu tiempo. Mira a tu alrededor. La paciencia no es una espera sin vida. Podemos verles y ser de una sola mente con las demás personas que están haciendo cola, que son nuestros hermanos y hermanas. Recuerda que todo pensamiento amoroso que mantenga cualquier parte de la filiación le pertenece a toda ella.

Ser paciente no implica ser irresponsable, ignorar el tiempo, ser abúlico, llegar tarde al trabajo o perderse las citas. Mientras estamos viviendo en el tiempo, obedecemos las leyes del tiempo, tal como obedecemos las leyes de la física o las leyes de la sociedad de la cual formamos parte. Se trata de: «Dar al césar lo que es del césar y a Dios lo que es de Dios».

No hay tensión ni ansiedad en la paciencia. Si el gato no sale cuando la puerta está abierta, o si un niño tarda mucho en prepararse, puedo poner un pie detrás del gato y empujarlo suavemente por la puerta, o decir al niño que estamos listos sin mostrarme molesto ni enfadado.

Quejarse no es nada, la fama no es nada.
La apertura, la paciencia, la receptividad, la soledad lo son todo.

Rainer María Rilke (1875-1926), poeta austro-bohemio

Cuando conducimos con un GPS y nos salimos del curso marcado o hacemos un giro equivocado, el aparato simplemente nos informa de que está «recalculando». Asimismo, por muchas veces que nos extraviemos, Dios nunca nos riñe ni nos avergüenza. El Espíritu Santo nunca dice: «¿Qué estás haciendo? Te dije que fueras a la derecha y has ido a la izquierda». Más bien, continúa ofreciéndote, amable y consistentemente, la guía adecuada. Después de todo, Él sabe que acabaremos volviendo a casa, porque:

Las ideas no abandonan su fuente.
No podemos evitar hacer el Curso.

La paciencia de Dios es infinita. Nosotros nos despistamos haciendo todo tipo de cosas aparte de la voluntad de nuestro Padre, y sin embargo Dios no nos abandona. La introducción del *Curso* dice que es un curso obligatorio, pero que el momento en el que decidamos tomarlo es voluntario. Si Dios es infinitamente paciente con nosotros, ¿podemos nosotros ser un poco más pacientes con nuestros hermanos y hermanas?

La paciencia que tengas con tu hermano es la misma paciencia que
tendrás contigo mismo. ¿No es acaso digno un Hijo de Dios de que
se tenga paciencia con él? He tenido infinita paciencia contigo
porque mi voluntad es la Voluntad de nuestro Padre, de Quien aprendí
lo que es la paciencia infinita. Su Voz estaba en mí tal como está en ti,
exhortándonos a tener paciencia con la Filiación en Nombre de su Creador.

T-5.VI.11:4-7

Por más que nos cueste reorientarnos y prestar atención, por más que nos podamos haber alejado, por más que cerremos nuestros oídos, la voz del Espíritu Santo nos llama amablemente a «elegir de nuevo». Hay un gran poder en la aceptación, en la paciencia, la perseverancia y la consistencia que nos permite ir más allá de las ilusiones que parecen atarnos.

Ahora debes aprender que solo la paciencia infinita produce resultados
inmediatos. Así es como el tiempo se intercambia por la eternidad. La
paciencia infinita recurre al amor infinito, y, al producir resultados
ahora, hace que el tiempo se haga innecesario.

T-5.VI.12:1-3

Es posible estar despierto ahora. No tenemos que esperar ni un segundo. Ser impaciente es tener prisa. Cuando se vive en el presente, no hay nada por lo que apresurarse. No hay ningún otro lugar en el que estar. Después de todo, vayas donde vayas, allí es donde estás. Lo importante es dónde está la mente. El primer ministro británico Benjamin Disraeli

(1804-1881) decía que el secreto de la realización consiste en ser maestro de ti mismo. Tal maestría solo puede conseguirse mediante el estudio y la práctica continuos. Las complejidades que nos tensan y que atan nudos en nosotros han tardado toda una vida en desarrollarse; soltarlas suele ser un proceso lento. Sin embargo, el milagro acelera dicho proceso trascendiendo el tiempo.

Las respuestas están a nuestra disposición ahora mismo, pero necesitamos paciencia para ver los resultados. El éxito con el *Curso*, como con la mayoría de las cosas, requiere que «sigamos ahí», que nos mantengamos aquietados el tiempo suficiente para oír la pequeña y serena voz de Dios. ¿Por qué solemos decir que alguien tiene la paciencia de un santo sino porque la paciencia es santa? Solo podemos experimentar la paz de Dios cuando la mente deja de proyectar.

Afronta tus deficiencias y reconócelas;
pero no dejes que te dominen.
Deja que te enseñen paciencia, dulzura, comprensión.

Helen Keller

La paciencia espera al momento adecuado, al principio adecuado y a la correcta manera de actuar. Comprende que todo el mundo tiene fallos y no ve ninguna ventaja en apresurarse. Cuando se comete un error, la paciencia nos ofrece más tiempo para corregirlo, y nos permite seguir adelante en momentos difíciles. El Reino del Cielo espera aquietada y pacientemente nuestro retorno.

La paciencia no es una virtud. Es un logro.

Vera Nazarian, autora rusa (1966-presente)

El tiempo, como el cuerpo, es una «herramienta de aprendizaje» y nos enseña a tener paciencia. Cuanto mayores somos, especialmente después de la jubilación, más tiempo tenemos para ser pacientes. En último término, el tiempo no tiene significado. Solo el amor perdura eternamente.

Enfoque

De acuerdo con un estudio sobre la felicidad llevado a cabo por un grupo de psicólogos, uno de los rasgos que caracteriza a las personas felices es su capacidad de enfocarse. Las personas felices viven el momento, sin volver al pasado ni preocuparse por el futuro. Estar enfocados nos permite «fluir». En una ocasión oí decir a Ken Wapnick que él tenía una buena capacidad de concentración, y estoy seguro de que era así; de otro modo no podría haber hecho todo lo que hacía.

Hay tanto que hacer cada día,
si no rezara dos horas al día,
no sé como conseguiría hacerlo todo.

Doctor Martin Luther King Jr. (1929-1968), líder americano de los derechos civiles.

La eternidad y la paz están tan estrechamente relacionadas como lo
están el tiempo y la guerra.

T-5.III.8:13

Las guerras solo pueden producirse en el tiempo, donde hay «tiempo» para planificarlas. Dios no ataca. El ataque solo puede ser del ego.

La palabra «jihad»no se usa en ningún lugar del Corán para signifi-
car 'guerra'... Significa 'prueba'. La acción a la que el Corán llama
de manera más consistente es el ejercicio de la paciencia.

Maulana Wahiduddin Khan (1925-presente)

Nada te turbe, nada te espante, todo se pasa, Dios no se muda. La pa-
ciencia todo lo alcanza; quien a Dios tiene nada le falta: solo Dios basta.

Santa Teresa de Ávila

CAPÍTULO 20

¿Dónde está tu fe?

La verdad es verdad. Es lo único que importa, lo único que es real y lo único que existe. Permíteme hacer por ti la única distinción que tú no puede hacer, pero que necesitas aprender. **La fe que tienes en lo que no es nada te está engañando. Deposítala en mí,** y yo, a mi vez, la depositaré delicadamente en el santo lugar donde le corresponde estar. Allí no encontrarás engaño, sino únicamente la simple verdad. Y la amarás porque la comprenderás (T-14.II.3:3-9).

Al llegar ellos a la muchedumbre, se le acercó un hombre y, doblando la rodilla, le dijo: «Señor, ten piedad de mi hijo, que está lunático y padece mucho, porque con frecuencia cae en el fuego y muchas veces en el agua; le presenté a tus discípulos mas no han podido curarle». Jesús respondió: «¡Oh generación incrédula y perversa!, ¿hasta cuándo tendré que estar con vosotros? ¿Hasta cuándo habré de soportaros? Traédmelo acá». E increpó al demonio, que saltó, quedando curado el niño desde aquella hora.

Entonces se acercaron los discípulos a Jesús y aparte le preguntaron: «¿Cómo es que nosotros no hemos podido arrojarle?» Díjoles: «Por vuestra poca fe; porque en verdad os digo que, si tuvierais fe como un grano de mostaza, diríais a este monte: «Vete de aquí allá", y se iría, y nada os sería imposible».

Mateo 17,14-20

Los discípulos no pudieron curar al niño epiléptico porque no creían que podían hacerlo, y el niño lo sabía. A menudo, cuando Jesús realiza una curación, antes de que esta se produzca el Evangelio dice: «Y Jesús lo miró y lo amó». Todo el mundo tenía miedo del niño epiléptico porque nadie sabía cuándo podría tener un ataque. Jesús lo miró no con temor en sus ojos, sino con amor. Contempló su inocencia dentro, y el niño sintió por primera vez que podía ser visto como alguien completo.

> *La curación es un reflejo de nuestra voluntad conjunta. Esto resulta obvio cuando se examina el propósito de la curación. La curación es la manera de superar la separación. La separación se supera mediante la unión. No se puede superar separando. La decisión de unirse tiene que ser inequívoca, o, de lo contrario, la mente misma estaría dividida e incompleta.*
>
> T-8.IV.5:1-6

En tiempos de Jesús, las enfermedades como la epilepsia se consideraban una obra del diablo. ¿Qué otra explicación podrían tener? Personas que por lo demás eran normales cambiaban de repente y hacían cosas contrarias a su comportamiento habitual. Esto tenía que explicarse de alguna manera, y ¿quién sabía nada de los fallos en el córtex cerebral? Resultaba fácil culpar a una causa externa: parecía que la persona estaba poseída por un demonio.

Al padre de esta historia le preocupaba particularmente su hijo, porque se hacía daño cuando caía en el fuego o en el agua. Los discípulos habían intentado curarlo, pero sin conseguirlo. Cuando se preguntaron por el motivo de su fracaso, Jesús les dijo que les faltaba fe.

> *Te he pedido que obres milagros, y he dejado claro que los milagros son naturales, correctivos, sanadores y universales. No hay nada que no puedan lograr, pero no pueden llevarse a cabo con un espíritu de duda o de temor.*
>
> T-2.II.1:2-3

Tener fe significa *saber* que la voz de Dios es verdad. Dios lo sabe, pero nosotros también debemos saberlo; de otro modo, no curaremos. Antes de poder «dar» fe, debemos tener fe.

Volver a casa

En la historia de cada héroe o heroína se produce inevitablemente un punto de inflexión. El héroe se proponer volver a casa después de un largo, arduo y probablemente fútil viaje, cuando, en el momento de mayor desesperación, dice: «Ya no huiré. Haré lo que Dios me está pidiendo». Finalmente, todo el mundo empieza a ver el mundo como un sueño. No obstante, en lugar de ponernos a la defensiva y quejarnos del sueño, nos resistimos al impulso de volver a dormir y luchamos por despertar. Para conocer la perfecta felicidad no solo tenemos que despertar, sino mantenernos despiertos. Necesitamos volver a casa. El cuerpo fue creado con el propósito de distraernos y de que nos olvidáramos de que tenemos una mente que puede recordar a Dios.

La fe está implícita en la aceptación del propósito del Espíritu Santo.

T-17.VI.6:2

La depresión sobreviene cuando se ignora al Espíritu Santo. Entonces solo gobierna el ego tiránico. El ego es inexistente, aunque parece ser real y cruel, golpeándonos, persuadiéndonos de que no somos buenos y convenciéndonos de que no tenemos esperanza de felicidad o liberación de la desdicha causada por nuestros pecados.

Te estoy enseñando a que asocies la infelicidad con el ego y la felicidad con el espíritu. Tú te has enseñado a ti mismo lo contrario.

T-4.VI.5:6-7

Decir «no me gobiernan otras leyes que las de Dios» (L-76) es una declaración que nos libera de la tiranía. Es el reconocimiento de que Dios nos ha dado un camino de vuelta a casa. El olvido, el sueño y la muerte son los mecanismos que tiene el ego para lidiar con las presiones punitivas de la culpa. «Mantente en la inconsciencia, toma otra cerveza, toma otro Diazepan, sírvete otra copa de vino». Como dijo el músico inglés John Lennon: «Es fácil vivir con los ojos cerrados». Hagas lo que hagas, «no mires lo que has enterrado».

El tema de la canción del ego es «lo haré a mi manera»; pero «mi manera» puede ser muy solitaria e insatisfactoria. Al aceptar nuestra parte en el Plan de Dios para la Salvación, la vida se abre. Lo único que necesitamos es fe y estar dispuestos a hacerlo a la manera de Dios. No te resistas a Su plan. Cree que Dios te va a ayudar.

La sequía del invierno anterior amenazaba las cosechas de un pueblo cretense. El sacerdote dijo a su congregación: «Lo único que nos pueda salvar es rezar una letanía para que llueva. Id a casa, ayunad durante la semana, creed y volved el domingo para rezar la letanía por la lluvia». Los campesinos obedecieron al sacerdote. Ayunaron durante la semana y volvieron a la iglesia el domingo por la mañana. Pero, en cuanto el sacerdote les vio, se puso furioso. Les dijo:

—¡Iros de aquí! No voy a rezar la letanía. ¡No tenéis fe!

—Pero padre —protestaron— hemos ayunado y tenemos fe.

—Si tenéis fe —dijo el sacerdote—, ¿dónde están vuestros paraguas?

*Tener a la verdad por objetivo requiere fe. La fe está implícita
en la aceptación del propósito del Espíritu Santo, y esta fe
lo abarca todo. Allí donde se ha establecido el objetivo de la
verdad, allí tiene que estar la fe.*

T-17.VI.6:1-3

Podemos poner nuestra fe en el ego y en su capacidad de manipular y abrirse camino en el mundo, o podemos poner nuestra fe en el Espíritu Santo. ¡La elección es evidente! Cuando ponemos nuestra fe en el ego, nos metemos en problemas. Cuando ponemos la fe en el Espíritu Santo, nos mostramos optimistas y reconocemos todo lo que es santo en nuestros hermanos.

Rose Kennedy, la madre de John, Robert, Ted y otros seis hijos, sufrió mucho por todas las pérdidas que se produjeron en su vida. Cuando le preguntaron qué la mantenía en pie a pesar de tantas tragedias, respondió: «Mi fe». Se refería a su fe católica.

En cualquier tradición, lo que importa es la fe. Aunque Madre Teresa hablaba de un Jesús muy diferente del que nos encontramos en el *Curso*, solo la teología es diferente, y esta diferencia no importa. Seguimos aprendiendo esta lección una y otra vez en nuestras relaciones. Una teología universal es imposible. Una experiencia universal no solo es posible, sino necesaria (C.In.2:5). Lo importante es tener fe. Cómo siempre lo ha hecho, Dios cuidará de nosotros. La santidad no puede verse sino a través de la fe (T-17.VII.4:3). Independientemente de lo inhumana que parezca una situación, la fe puede llevarnos a completar las tareas más duras.

La fe y el deseo van de la mano, pues todo el mundo cree en lo que desea.

T-21.II.8:6

Optimismo realista

Optimismo no es una palabra que se use en el *Curso*. *Fe* es un término mejor. Cuando un científico realiza un experimento, comienza con una visión de lo que espera encontrar. El psicólogo Erich Fromm habló de lo que llamó la «visión racional». La historia de la ciencia está llena de ejemplos de personas visionarias que pusieron su fe en un resultado que sabían que tenía que ser verdad, aunque no tuvieran pruebas.

Bruno, Copérnico, Kepler y Galileo se aferraron a su visión de que el Sol, y no la Tierra, era el centro de nuestro sistema solar. Mantuvieron su fe sabiendo que tenían razón, aunque la Iglesia condenó a Bruno a morir en la hoguera, impidió la publicación de los trabajos de Copérnico y obligó a Galileo a retractarse de sus enseñanzas.

Decir las cosas como verdaderamente son ayuda a darles realidad. Esta es una de las razones por las que se dio el «Libro de ejercicios» del *Curso*. Las cosas son realmente tal como son en el Cielo. No existe nada más. Viviendo la vida de acuerdo con la voluntad de Dios manifestamos la voluntad de Dios.

Soy un hombre de fe. Confío únicamente en Dios.

Mahatma Gandhi (1869-1948), líder indio de los derechos civiles

Falta de fe

Cuando vemos el mundo como un lugar amenazante y atemorizante, ponemos nuestra fe en abogados, en pólizas de seguros, en derechos de autor, en patentes, en el dinero, en los mercados financieros, en las acciones y en los bonos, en los médicos, en los perros guardianes, en las cámaras de seguridad, en las armas de fuego, en las bombas nucleares y más. No estoy diciendo que no debamos tener seguros, cerrar la puerta de casa o ahorrar dinero. Sin embargo, ninguna de estas cosas nos proporciona una seguridad duradera. Nuestra única seguridad viene de conocer la verdad de Dios.

La falta de fe no es realmente falta de fe, sino fe que se ha depositado en lo que no es nada.

T-21.III.5:2

Poner fe en el ego es poner fe en lo que no es nada. La mayor expresión de falta de fe que podemos tener es afirmar el ego y negar a Dios.

La falta de fe es la sierva de lo ilusorio (T-17.VII.5:5).
La falta de fe es enfermedad. Es tristeza. Es dolor.
La falta de fe es ver a tu hermano como un cuerpo.
La falta de fe es una falta de visión.
La falta de fe es deprimente.

No hay ningún problema que la fe no pueda resolver.

T-17.VII.2:1

La fe hace que los milagros sean posibles. Los milagros «nacen» de la fe. Al final de cada una de sus curaciones, Jesús decía: «Tu fe te ha completado». El primer principio del *Curso* es que no hay orden de dificultad en los milagros. Cuando hay falta de fe, la mente se considera impotente. El hecho de que los milagros no ocurran no es natural. Lo *natural* es ser feliz. Lo *natural* es que todas las cosas salgan de manera óptima.

La falta de fe no tiene causa; la fe, en cambio, sí tiene Causa.

T-17.VII.8:7

Cuando resolvemos un problema que necesita resolución, lo mejor es hacerlo con Dios. El fracaso a menudo sigue a la falta de fe.

La falta de fe que se lleva ante la fe nunca será un escollo para la verdad. Pero usar la falta de fe contra la verdad siempre destruirá la fe.

T-17.VII.3:9-10

La fe es lo opuesto al miedo, y forma parte del amor tal como el miedo forma parte del ataque.

T-19.I.10:1

Fomentar la fe

Durante la década de los setenta, tuve la oportunidad de trabajar con un sabio profesor y guía, Salvador Roquet (1920-1995), un psiquiatra mejicano. Salvador había adquirido su sabiduría estudiando la medicina occidental junto con el chamanismo de su México natal. En dos ocasiones distintas, mi amigo Shanti Rica Josephs y yo nos aventuramos en México para trabajar con él, y en otras dos ocasiones él vino a Nueva York para trabajar con un grupo de buscadores.

En una ocasión me dirigí a Salvador para hablarle de un problema con el que yo estaba luchando. Me miró confiadamente y dijo: «Lo superarás». Me asombró su fe en mí y quise creerle. Me llevó algún tiempo, pero más adelante llegué a superar ese problema particular. Asimismo, cuando me sentía un poco triste o descorazonado, Helen Schucman sostenía mi fe, asegurándome que a un nivel más profundo todas las cosas suceden por el motivo correcto, y ella estaba segura de que yo tomaría la decisión correcta. Como se dice al final de la película *The Best Exotic Marigold Hotel*: «Todo estará bien al final… Si todo no está bien, es que aún no ha llegado el final».

Cuando ponemos nuestra fe y nuestra confianza en Dios y avanzamos, la fe se va profundizando. Como dijo Mahatma Gandhi: «La fe no es algo

267

que se tenga que comprender, sino un estado hacia el que se crece» Tal como Salvador y Helen pusieron su fe en mí, también forma parte de mis agradables tareas depositar mi fe en aquellos que acuden a mí en busca de guía. Cuando alguien viene a mí luchando contra una adicción y cree que no podrá superarla, yo le digo que creo que sí podrá superarla. Y lo hará. Dios también tiene una completa fe en nosotros y, a medida que confiamos y ponemos nuestra fe en Él, nos sentimos curados y somos conducidos a casa. Todos estamos destinados a iluminarnos, ¡de modo que pongámonos a ello!

> *Cuando un hermano se comporta de forma demente solo lo*
> *puedes sanar percibiendo cordura en él. Si percibes sus errores*
> *y los aceptas, estás aceptando los tuyos.*
>
> T-9.III.5:1-2

La gente de su tiempo creía que el niño epiléptico estaba poseído por un demonio. Él debía haber oído que otras personas decían que estaba poseído, y, habiéndolo oído, él mismo debe haberlo creído. Tenía estos ataques en los que se caía, a veces al fuego o en el agua. ¿Cómo lo curó Jesús?

> *La mente puede hacer que la creencia en la separación sea*
> *muy real y aterradora, y esta creencia es lo que es el «diablo».*
>
> T-3.VII.5:1

Jesús lo miró con amor, y el niño se dio cuenta de que podía ser pleno. No es que se expulsara un diablo de él; se trataba de miedo. Los discípulos eran incapaces de verle como un ser completo. Deben haber sentido miedo y cuestionaban su capacidad de realizar la cura. Solo alguien que veía al niño como un ser completo podía ayudarlo. Dios nos ve como seres completos porque sabe que lo somos. Él nos ve como Sus hijos, no como cuerpos de carne impotentes, durmientes y atados al ego. Recuerda: «Dios solo crea mentes despiertas» (L-167.8:1). A ojos de Dios, somos perfectos porque siempre lo hemos sido. El mensaje del *Curso* es que podemos vernos a nosotros mismos como nos ve Dios. Entonces, y solo entonces, estaremos completamente curados y seremos seres completos.

No hay nada que la fe no pueda perdonar.

T-19.I.14:4

La fe y el perdón

La fe y el perdón van de la mano. En la fe no hay temor, no hay necesidad de aferrarse a lo no esencial. La fe es una herramienta para el héroe que está realizando su viaje. Es la llave del Reino, la contraseña que garantiza la entrada a la vida eterna. Cuanto más descansamos en la fe y confiamos en la guía del Espíritu Santo, más se transforma nuestra visión, y más experimentamos la paz de Dios.

La mente puede servir al ego o al Espíritu. Sin embargo, nosotros solo podemos tener un maestro. Solo podemos crear desde el reino del Espíritu. No tener fe es deprimente. No tener fe es creer en las cadenas. En la fe abandonamos la privación en favor de la abundancia que nos pertenece (T-1.IV.4:8). La fe es visión racional. Es optimismo realista. Es ver lo bueno. Es esperar lo bueno. Es experimentar lo bueno.

Lo que se le entrega a la verdad para que esta sea su único objetivo, se lleva a la verdad mediante la fe.

T-19.I.1:3

La falta de fe está dedicada a la ilusión, pero la fe está dedicada a la verdad. Por tanto, la fe nos lleva más allá de la ilusión.

¿Dónde está tu fe?

¿Vamos a poner nuestra fe en el ego, que fracasará, o soltaremos y confiaremos en la guía del Espíritu Santo? Podemos confiar en el poder de nuestra mente recta o elegir creer que nunca seremos plenos. Jesús nos dice que nosotros podremos hacer obras aún mayores que las suyas, entonces, ¿por qué no las hacemos? Todos somos hijos de Dios, todos somos

capaces de expresar y de experimentar el Reino del Cielo. La falta de
fe es confiar en el ego, y el ego no es nada. Dios es la totalidad. Él es
todas las cosas. A medida que ponemos nuestra fe en Él, descubrimos riquezas sin medida, abundancia y vida eterna.

> *Es claro que lo que Él te capacita para hacer no es de este*
> *mundo, pues los milagros violan todas las leyes de la realidad*
> *tal como este mundo la juzga. Las leyes del tiempo y del es-*
> *pacio, del volumen y la masa son trascendidas, pues lo que el*
> *Espíritu Santo te capacita para hacer está claramente más allá*
> *de todas ellas. Al percibir sus resultados, comprenderás dónde*
> *debe estar Él, y sabrás por fin lo que Él es.*
>
> T-12.VII.3:2-4

No hay ningún problema que la fe no pueda resolver.

T-17.VII.2:1

CAPÍTULO 21

La importancia de tener una mente abierta

El papel central que ocupa la mentalidad abierta, **quizá el último de los atributos que el maestro de Dios adquiere,** puede entenderse fácilmente cuando se reconoce la relación que guarda con el perdón (M-4.X.1:1).

La mentalidad abierta es «tal vez el último de los atributos que el maestro de Dios adquiere». ¿Por qué es el último? Si es tan central, ¿por qué no es el primero? La mentalidad abierta es el último porque tenemos que afinar nuestro camino hacia el núcleo central de la perfecta claridad que nos ofrece la mentalidad totalmente abierta, y necesitamos herramientas como la confianza, la honestidad, la tolerancia, la paciencia y los demás atributos del maestro de Dios como medios para alcanzar esa visión perfecta que solo se halla en la mentalidad completamente abierta.

La mentalidad abierta es fundamental en las enseñanzas del hinduismo, el budismo y el taoísmo. El sabio indio Ramakrishna (1836-1886), que exploró en profundidad las enseñanzas del Islam, el cristianismo y el hinduismo, enseñó que, a pesar de sus diferencias, todas las religiones son válidas y verdaderas. En último término todas conducen a Dios. El budismo y el taoísmo, en particular, hablan de la importancia de una mente aquietada, serena, lúcida, es decir, despejada.

Trata hoy, pues, de comenzar a aprender a mirar a todas las cosas con amor, con aprecio y con una mentalidad abierta.

L-29.3:1

271

¿Y si fuera posible mirar a «todas las cosas» con *amor, aprecio y mentalidad abierta?* La mente-ego es, por definición, cerrada, limitada y está restringida a un pequeño espacio dentro de sí misma. Solo se ve a sí misma. Como solo conoce sus propios juicios y proyecciones, no distingue nada más. La cita siguiente del autor norteamericano Ralph Waldo Emerson (1803-1882) es una descripción casi perfecta de una experiencia mística. También es una definición de la mentalidad completamente abierta.

De pie sobre el suelo pelado,
mi cabeza se bañaba en el aire jovial
y elevándose al espacio infinito,
todo el mezquino egoísmo se desvanece.
Me convierto en un globo ocular transparente.
No soy nada. Lo veo todo.
Las corrientes del Ser Universal circulan a través de mí.
Formo parte integrante de Dios.

La mentalidad abierta no tiene ningún interés en el aspecto que se supone que ha de tener el mundo. La mentalidad abierta no tiene un resultado predeterminado, esperado ni requerido. Imagínala como un espacio vasto, abierto y vacío, y a ti mismo como un punto central en el corazón de esa vastedad. La perfecta claridad solo es posible cuando no hay nada que bloquee la conciencia de la presencia del amor: ni nubes, ni nieblas, ni brumas que oscurezcan la verdadera percepción. Cuando nuestra mente está completamente abierta no tenemos complejos, ni «cuelgues», ni nudos en nuestra psique.

Una de las líneas del *Curso* que suelo citar más a menudo es: «Deja que él sea lo que es, y no trates de hacer del amor un enemigo» (T-19.IV.D.13:8). Deja que ella sea quien es. Deja que «ella» (la situación) sea lo que es. Deja que el mundo sea lo que es. Dejar que el mundo sea lo que es nos aporta una paz infinita.

La eternidad es un solo tiempo, y su única dimensión es «siempre». Esto no tendrá ningún sentido para ti hasta que no recuerdes los Brazos abiertos de Dios, y conozcas finalmente Su Mente receptiva. Al igual que Él, tú existes «siempre», en Su Mente y con una mente como la Suya. Tus creaciones se encuentran en tu mente receptiva en perfecta comunicación nacida de un perfecto entendimiento.

T-9.VI.7:1-4

Pensamientos privados y comunicación perfecta

L os pensamientos privados bloquean la conciencia de la presencia del Amor. Son «mis» pensamientos y están relacionados con la culpa, con sentimientos de superioridad o inferioridad, con fantasías y con «el soñar del mundo». Los pensamientos privados (pecados secretos y odios ocultos) bloquean la perfecta comunicación. Abandonar los pensamientos privados no significa que tengamos que ir por ahí aburriendo al mundo con ellos. Abandonar los pensamientos privados significa que no hay pensamientos que *necesitemos* mantener ocultos.

La serena luz en la que el Espíritu Santo mora dentro de ti es sencillamente una luz donde todo está al descubierto, donde no hay nada oculto, y, por ende, donde no hay nada que temer.

T-14.VI.2:1

Perfecto alineamiento

P ara alcanzar la felicidad perfecta necesitamos establecer perfecta comunicación. Tenemos que enfocarnos en seguir el Plan de Dios para la Salvación en todo momento, sin entrar en las distracciones del ego.

Esta convergencia parece encontrarse en un futuro lejano solo porque tu mente no está en perfecta armonía con esta idea y, consecuentemente, no la desea ahora.

T-6.II.9.8

La perfecta felicidad solo puede venir a una mente completamente abierta y trasparente. Si mi mente está completamente abierta, no tengo que pensar en qué decir; me es «dado».

De la misma manera en que la condenación juzga al Hijo de
Dios como malvado, de igual modo la mentalidad abierta
permite que sea juzgado por la Voz de Dios en su Nombre.

M-4.X.1:4

Aceptación es mentalidad abierta

N ada tiene por qué inquietarte. Nada tiene por qué disgustarte. Las cosas son como son. ¿Son repugnantes los pañales de los bebés? Siendo un niño de granja, aprendí a aceptar muchas cosas tal como son, como que una vaca defecara mientras yo intentaba ordeñarla. La mentalidad completamente abierta es, tal vez, el último atributo que adquiere el maestro de Dios. Tener la mente totalmente abierta significa estar libre de todo juicio. La mentalidad abierta invita a Dios a entrar. Tener la mente completamente abierta significa aceptar totalmente el papel que Dios quiere que desempeñemos.

Tienes miedo de todo aquello que has percibido y te has
negado a aceptar. Crees que por haberte negado a aceptarlo
has perdido control sobre ello. Por eso es por lo que lo ves en
pesadillas, o disfrazado bajo apariencias agradables en lo que
parecen ser tus sueños más felices. Nada que te hayas negado
a aceptar puede ser llevado a la conciencia. De por sí, no es
peligroso, pero tú has hecho que a ti te parezca que lo es.

T-3.VI.4:1-5

A medida que la mente se va abriendo y renunciamos a las historias de fantasía y nos vamos haciendo más receptivos, experimentamos una creciente inspiración. No podemos tener una comunicación perfecta si albergamos pensamientos privados. El instante santo es un momento de comunicación perfecta y mentalidad completamente abierta que nos ofrece perfecta felicidad.

El juicio cierra la mente

Tal como el juicio cierra la mente, la mentalidad abierta invita a la inspiración y a la revelación (M-4.X.1:3). Si hay algo que me aleja de Dios es el juicio. Dios nos ha creado inmaculados. Para conocer a Dios, debo ver la naturaleza inmaculada de cada hermano y hermana. Se nos pide que alcancemos la visión de Cristo. Lo logramos mediante el perdón: mediante el completo dejar ir de todas las cosas, no trayendo al presente ningún pensamiento que el pasado nos haya enseñado, ni ninguna creencia que, sea cual sea su procedencia, hayamos aprendido con anterioridad (L-189.7:4). La condenación juzga al Hijo de Dios como malvado. La mentalidad abierta le permite ser juzgado por Dios, quien juzga perfectamente.

El ego nunca contempla nada con perfecta honestidad. Y cuando carece de perfecta honestidad, la mente permanece cerrada. Cuando otras personas «esconden» sus pensamientos de nosotros, o cuando nosotros los «escondemos» de ellos, sentimos como si nos faltara algo. No sabemos qué nos falta, pero nuestra sensación es la de que algo «no está del todo bien».

La mentalidad completamente abierta invita a la percepción verdadera y a la perfecta comunicación. Hacia el final de la década de los sesenta acostumbraba a hacer retiros en la abadía de New Melleray, un monasterio trapense cerca de Dubuque, Iowa. Aquellos monjes habían desarrollado la capacidad de comunicarse telepáticamente. Un día estaba sentado en el jardín, leyendo, mientras dos monjes reparaban un muro de piedra. Un pájaro entonó su hermoso canto en un árbol cercano. Uno de los monjes se detuvo y miró al pájaro. El otro monje también levantó la vista. Entonces se miraron uno al otro, y sonrieron como si se hubieran dicho «qué hermoso» el uno al otro. A continuación siguieron trabajando en el muro. No intercambiaron palabras y sin embargo comunicaron con claridad. Percibí otros casos de comunicación similares en New Melleray. El lenguaje es algo adquirido y, en este sentido, es artificial y no algo propio del corazón.

Nunca olvides que el Espíritu Santo no depende de tus palabras. Él comprende las peticiones de tu corazón, y las colma.

M-29.6:1

Dios nos conoce en nuestra pureza e inocencia. La sensibilidad a la guía interna (es decir, a la comunicación perfecta) requiere la quietud de la mentalidad abierta. Cuantas más cosas mantengamos ocultas y más queramos ocultar nuestros pensamientos, más nos aterrarán el mundo y Dios. Si no tenemos nada que esconder, no nos importa que los demás sepan lo que estamos pensando.

> *Cada pensamiento que prefieres mantener oculto interrumpe la comunicación, puesto que eso es lo que quieres. Es imposible reconocer la comunicación perfecta mientras interrumpir la comunicación siga teniendo valor para ti. Pregúntate sinceramente: «¿Deseo estar en perfecta comunicación? ¿Estoy completamente dispuesto a renunciar para siempre a todo lo que la obstaculiza?».*

T-15.IV.8:1-3

En su libro *Las voces del desierto*, Marlo Morgan (1937-presente) dijo que, según los aborígenes, los «occidentales» no pueden leerse la mente unos a otros porque ocultan muchas cosas. Todo el sistema de pensamiento del ego bloquea el amor, y por lo tanto nuestra capacidad de experimentar alegría. Ocultarnos de esta manera hace que nos sintamos insatisfechos (T-7.IX.3.5).

La salvación, según el ego, consiste en guardarnos nuestros pensamientos para nosotros. Esto potencia su sistema de pensamiento, incrementando los sentimientos de aislamiento, soledad, temor y la sensación de estar separados de la totalidad. Los que se sienten separados de la totalidad a menudo se recluyen en sí mismos, y en esta reclusión reside el potencial para la enfermedad mental y la conducta antisocial. Los que están muy fragmentados a menudo se consideran víctimas del mundo y tratan de atacarlo. Vemos este tipo de violencia en la vida de los asesinos en serie, en los jóvenes que ponen bombas o realizan matanzas indiscriminadas, en los tiranos que provocan genocidios y en los sociópatas carismáticos que (al servicio del ego) se muestran encantadores y son expertos en manipular.

¿Cómo hallar la paz mental?

A comienzos del siglo XIX, los cuáqueros reformaron las leyes de Pennsylvania para construir una prisión basada en la idea de reformar a los presos través de la soledad y la reflexión interna. Ellos asumían que la conciencia del interno, si se le dejaba suficiente tiempo solo, haría de él un penitente (de ahí el nombre de penitenciaría). A los prisioneros se les puso en celdas sin nada que hacer: ni trabajo, ni materiales para leer, nada. No se les permitía cantar, silbar, tener visitantes, leer periódicos ni oír nada sobre el mundo externo. Si se les pillaba comunicando con otros, como por ejemplo golpeando sobre una tubería, se les negaba el alimento y las mantas, y se les mantenía aislados en una celda completamente vacía y oscura. Se les ponía una capucha sobre la cabeza cuando estaban fuera de las celdas para que no pudieran ver a otros internos.

Si estabas prisionero en la penitenciaría del estado oriental, en Filadelfia, ibas a tu celda y te quedabas allí. No veías a nadie ni hablabas con nadie. A los prisioneros no se les debía mostrar amor ni compasión. Siendo tratados de esta manera tan inhumana, no encontraron la Mente; más bien se volvieron locos. Si el Hijo de Dios «está perdido en la culpabilidad, solo en un mundo oscuro donde el dolor le presiona por doquier desde el exterior» (T-13.X.8:3), no debería sorprendernos que el resultado sea la locura.

> *Pero la creencia en la culpabilidad no puede sino conducir a la creencia en el infierno, y eso es lo que siempre hace… Pues nadie que se considere merecedor del infierno puede creer que su castigo acabará convirtiéndose en paz.*
>
> T-15.I.6:5&7

Los cuáqueros pensaron que el interno aislado se orientaría hacia dentro y encontraría la naturaleza de su alma. Esto puede funcionar bien para un monje que busca el silencio voluntariamente, o para los propios cuáqueros. Sin embargo, los prisioneros de la penitenciaría, que ya estaban llenos de culpa, vivieron un infierno y, al no ver salida, se volvieron locos.

La verdad no lucha contra la ignorancia,
ni el amor ataca al miedo.

T-14.VII.5:2

La religión tradicional está llena de admoniciones sobre el bien y el mal, y de condenas al infierno si haces el mal. De niño no podía entender las enseñanzas de la iglesia baptista a la que pertenecía: ¿Por qué la gente debía ser condenada al fuego eterno del infierno por haber tomado una mala decisión?

Dice el esquimal:

—Aunque no haya oído hablar del pecado, ¿seguiría yendo al infierno?

—No, si no sabes, no vas al infierno —responde el misionero—.

—Entonces, ¿por qué me has hablado de él?

Una mente cerrada y dividida se pone a la defensiva. Una mente abierta es receptiva. Cuando estamos enfadados, nos aislamos de los demás. Cerramos los brazos y apretamos los puños. Tal como la mentalidad abierta es una experiencia liberadora, la mentalidad cerrada nos aísla. La mentalidad abierta permite que el Espíritu Santo trabaje a través de nosotros. La mente cerrada y dividida establece que es el ego el que está al cargo. La mentalidad abierta abraza la verdad, el amor y la conciencia de Dios y del Espíritu Santo.

De la misma manera en que la proyección de la culpabilidad sobre él lo enviaría al infierno, de igual modo la mentalidad abierta permite que la imagen de Cristo le sea extendida. Solo aquellos que tienen una mentalidad abierta pueden estar en paz, pues son los únicos que ven razones para ello.

M-4.X.1:5-6

Como Dios ama a todos sin juzgarlos, la mentalidad abierta lo acepta todo. Aceptándolo todo, lo amamos todo. Si proyecto mi culpa sobre ti y te condeno al infierno, lo único que veré será infierno. Cuando elijo soltar mis juicios, la imagen y la conciencia de Cristo se manifiestan a través de mí.

¿Cómo perdonan los que tienen una mentalidad abierta? Han renun-
ciado a todas las cosas que les impedirían perdonar.

M-4.X.2:1

Perdonar o deshacer

«El perdón, en cambio, es tranquilo y sosegado, y no hace nada. Simplemente observa, espera y no juzga» (L-2ªp.1.4:1,3). Deshace. Despeja el desorden. Abre la mente. El perdón retira «el follón mental» y lo que nos impide tomar conciencia de la presencia del Amor. El simple hecho de mirar y «ver», ver verdaderamente, abre la puerta. No necesitamos buscar la verdad. Lo que necesitamos es reconocer lo que es falso (T-16.IV.6:1-2).

El ego sabe mucho más de lo falso que de lo verdadero. Hemos estado viviendo con lo falso durante tanto tiempo que pensamos que *es* verdad. No tenemos que «descifrar» la verdad. Lo único que tenemos que hacer es unirnos al Espíritu Santo en nuestra mente recta y permitir que Su amor, a través del perdón, deshaga lo que no es verdad.

Lo falso es aquello con respecto a lo cual nos sentimos culpables. Lo falso es cualquier cosa que nos molesta. Es aquello de lo que tenemos miedo de hablar. Lo único que se necesita es retirar las interferencias (o las mentiras y la culpa) mediante el perdón. Una vez que la mentira queda a un lado, el amor que ya está presente puede emerger al primer plano. Juzgar, evaluar, culpar y acusar —nuestros ataques, nuestra agresión y nuestra culpa— son los que nos alejan de la verdad.

«Los de mentalidad abierta» han abandonado realmente el mundo,
y han permitido que este les sea restaurado con tal frescura y en júbilo
tan glorioso, que jamás hubieran podido concebir un cambio así.

M-4.X.2:3

279

Perfecta visión, perfecta inocencia

Mi amigo Tom Baker (1950-presente), un líder del *Curso* de Virginia Beach, de joven fue hermano trapense en un monasterio donde se observaba el silencio y se dedica mucho tiempo a cantar oraciones. Una mañana, después de haber cantado continuamente durante cuatro horas, Tom iba caminando por un camino del monasterio, mirando al suelo. De repente, dijo, ¡la hierba se llenó de luz! Levantó la vista y los árboles también estaban llenos de luz. Miró hacia el otro lado y vio un granero que también estaba lleno de luz. En ese momento, dijo, todas las cosas que veía comunicaban conmigo, y su mensaje era: «¡Somos felices!».¡Simplemente siendo hierba, un árbol y un granero!

La Expiación de por sí solo irradia verdad. Es, por lo tanto, el epítome de la mansedumbre y derrama únicamente bendiciones. No podría hacer eso si procediese de cualquier otra fuente que no fuese la perfecta inocencia. La inocencia es sabiduría porque no tiene conciencia del mal, y el mal no existe.

T-3.I.7:1-4

¡Soltar!

La «Lección 193» del *Curso* dice: «Todas las cosas son lecciones que Dios quiere que yo aprenda». Cuando se es de mentalidad abierta, se da la bienvenida a todas las cosas, porque todas las cosas son las lecciones que tengo que aprender en el viaje de la vida. A menudo, cuando la gente me trae un problema difícil, les aconsejo que lo «dejen ir». Si están luchando con él, es posible que esto sea lo último que deseen oír, pero frecuentemente es el consejo adecuado. Después de algún tiempo, ven que «dejar ir» es la única respuesta.

Jesús fue traicionado, golpeado, abandonado y crucificado. Sin embargo, nunca se consideró perseguido. Nunca se enfado ni se molestó con los discípulos porque no comprendieran sus enseñanzas. Creer que algo puede herirnos no hace que eso sea verdad. «Soltar» es una función de la mentalidad abierta.

*Ya no quedan tinieblas que ocultan la faz de Cristo. Ya se ha logrado
el objetivo.*

M-4.X.2:7-8

Las nubes son símbolos de las ilusiones del ego que bloquean nuestra visión. La faz de Cristo es un símbolo de perdón. «Contemplar la faz de Cristo» en nuestros hermanos o hermanas no significa que intentemos ver una imagen del aspecto que tenía Jesús impreso en la cara de otra persona. Lo que significa es que cuando le miramos a los ojos, solo vemos inocencia. El perdón no cambia nada en el mundo de la forma. Cuando miramos al mundo con ojos inocentes, no vemos pecado en nuestros hermanos y hermanas, ni en nosotros mismos.

El programa de estudios del *Curso* consiste en deshacer: el perdón deshace todas las cosas que el ego ha puesto en nuestra mente. Cuando se deshacen los bloqueos a la conciencia de la presencia del amor, lo que queda es el amor de Dios. Este amor no es algo que se aprenda, sino que se recuerda. Cuando deshacemos todo lo que nos haría daño, nuestras mentes quedan abiertas. Una mente abierta no siente hostilidad, ni animosidad, ni amargura. No contiene pensamientos de ataque, ni siente lástima de sí misma. Cuando la mente está abierta, cuando no queda nada que ocultar y no se emiten juicios, lo único que queda es la paz mental.

Nuestra herencia natural

Las características del maestro de Dios reflejan un sistema de guía que nos permite vivir en el mundo sin confiar en el sistema de pensamiento del ego. Cuando este se deshace, lo que queda son los reflejos del Cielo.

*La función de los maestros de Dios es llevar al mundo el verdadero
aprendizaje. Propiamente dicho, lo que llevan es un desaprendizaje, que
es a lo único a lo que se le puede llamar «verdadero aprendizaje» en
este mundo.*

M-4.X.3:6-7

281

Es fácil elegir el ego porque lo hemos elegido con mucha frecuencia. El ego es una penosa adicción. El ego está ahí fuera: es evidente, está involucrado en el mundo y no mira adentro. El ego no quiere ver a Dios, que le da miedo. Lo que piensa es: «Si Dios gana, yo pierdo». Siguiendo su guía, tenemos miedo de que si dirigimos nuestros pensamientos hacia Dios, seremos destruidos. A nivel del ego esto es cierto porque él desaparece ante la faz de Dios. Lo que queda, no obstante, no es la nada, sino el todo: mentalidad abierta, unicidad y conciencia de Dios y del Pensamiento del Universo (L-52.5:7).

Si no le prestases atención a la voz del ego, por muy ensorde-
cedora que parezca ser su llamada; si no aceptases sus míseros
regalos que no te aportan nada que realmente quieras, y si
escuchases con una mente receptiva que no te haya dicho lo
que es la salvación, podrías entonces oír la poderosa Voz de la
verdad, serena en su poder, fuerte en su quietud y absoluta-
mente segura de Sus mensajes.

L-106.1:1

Cuando el mundo del pecado, la culpa, la enfermedad y el dolor desaparecen, nos quedamos en paz. El Mundo Real es Unicidad. En el Cielo, en la realidad, no hay división; no hay «bueno ni malo». Solo hay Unicidad.

Nada es ahora como era antes. Todo lo que antes parecía opa-
co y sin vida, ahora no hace sino refulgir. Lo que es más, todas
las cosas les dan la bienvenida, ya que ha desaparecido toda
sensación de amenaza.

M-4.X.2:4-6

Meditación de la verdadera percepción

Relájate un momento.
No hay nada en lo que tengas que pensar, nada.
Deja la mente completamente abierta.

No hay nada que la posea.

No hay de qué preocuparse.

No hay juicios que hacer.

No hay razón para estar molesto ni preocupado por nada.

Acéptalo todo tal como es.

Deja tu mente completamente abierta: cierta, clara y segura.

No dejes que nada venga a alterar tu paz mental.

La mentalidad abierta es paz porque está despejada.

Di: «No hay nadie contra quien sienta ira».

«No hay nadie a quien quiera atacar de ningún modo».

Cuando estas declaraciones son verdad, cuando la mente está completamente abierta, somos completamente libres.

QUINTA PARTE

Practicar los principios

∽

CAPÍTULO 22

Activar el pensamiento de la mentalidad recta

Un curso de milagros es un símbolo del pensamiento de la mentalidad recta. El pensamiento de la mentalidad recta nos ayuda a estar libres de ilusión.

Doctor Ken Wapnick

Mi misión consistió simplemente en unir la voluntad de la Filiación con la Voluntad del Padre, al ser yo mismo consciente de la Voluntad del Padre. Esta es la conciencia que vine a impartirte, y el problema que tienes en aceptarla es el problema de este mundo.

T-8.IV.3:4-5

Este es un «curso» de entrenamiento mental. En los ejercicios anteriores del «Libro de ejercicios», encontramos que se usa repetidamente la frase *busca en tu mente*. Casi seiscientas veces el *Curso* nos pide que pensemos. No estamos pensando, estamos soñando. Los penosos e insignificantes pensamientos «privados» no son pensar. Son fantasías.

El espejo en el que el ego trata de ver su rostro es ciertamente tenebroso. ¿De qué otra manera, sino con espejos, podría seguir manteniendo la falsedad de su existencia? Con todo, dónde buscas para encontrarte a ti mismo depende de ti.

T-4.IV.1:6

287

Fantasías y visiones

L o opuesto de ver con los ojos del cuerpo (o soñar) es el conocimiento. La verdadera visión (o ver espiritual) es un estado libre de oscuridad. No solo soñamos cuando está oscuro y tenemos los ojos cerrados, también lo hacemos durante el día, cuando los tenemos abiertos. La verdad solo puede revelarse en la luz. La fantasía es una forma de visión distorsionada, una realidad consensuada mantenida sutilmente a base de humo y espejos, pero no con una intención mezquina; más bien, solo por pura ignorancia.

Cuando vemos la imagen de nuestro cuerpo en el espejo, no se nos ocurre que nos estamos viendo a nosotros mismos al revés, a menos que llevemos puesta una etiqueta con nuestro nombre. Asimismo, cuando miramos hacia fuera, hacia el mundo, tampoco nos damos cuenta de que estamos viéndolo todo del revés. Pensamos que lo que ve el ego —hostilidad, ataques, ira, actitud defensiva— es real y nuestro juicio es la «prueba» de la realidad del mundo.

Los ataques de ira y la actitud defensiva no existen en el Cielo. El Cielo es la realidad. Todo lo demás es un sueño. Nuestra vida de cada día —lo que creemos que es la realidad— es una ilusión de la que despertaremos algún día. Cuando lo hagamos, el sueño ya no tendrá ningún significado. Nunca lo tuvo.

Escudriña tu mente en busca de aquellos pensamientos que se encuentran en ella en ese momento.

L-19.3:2

La mente, si así lo elige, puede convertirse en el medio a través del cual el espíritu crea en conformidad con su propia creación. De no elegir eso libremente, retiene su potencial creativo, pero se somete a un control tiránico en lugar de uno Autoritativo. Como resultado de ello aprisiona, pues tales son los dictados de los tiranos. Cambiar de mentalidad significa poner tu mente a disposición de la verdadera Autoridad.

T-1.V.5:4-7

Tenemos que reconocer el pensamiento erróneo y encontrar una voz más amorosa y razonable —una manera superior y mejor de ver— por encima del campo de batalla y fuera del reino del ego. Como dice Sullivan, el maestro de Juan Salvador Gaviota: «La gaviota que más lejos ve es la que vuela más alto».

Examina honestamente qué es lo que has pensado que Dios no habría pensado, y qué no has pensado que Dios habría querido que pensases.

Examina honestamente tanto lo que has hecho como lo que has dejado sin hacer, y cambia entonces de mentalidad para que así puedas pensar con la Mente de Dios. Esto parece difícil, pero es mucho más fácil que intentar pensar al revés de cómo piensa Él.

T-4.IV.2:4-7

Todo lo que va en contra de la voluntad de Dios acaba fallando. Finalmente, toda mente se cansa de intentar ir en contra de la «Mente Una». Se desperdicia una enorme energía tratando de negar la verdad. Tratar de hacer que las fantasías se hagan reales es estar en desacuerdo con la perfección.

La mentalidad milagrosa es la mentalidad recta

Despreciamos la mente cuando permitimos que el ego dirija nuestras vidas. Pensamos que somos un efecto del mundo, pero nosotros somos, en todo momento, la causa del mundo. Esto nos hace infelices, porque parecen ocurrirnos cosas que están más allá de nuestro control. No reconocemos el increíble poder de la mente y nuestra capacidad de ser felices simplemente cambiando nuestros pensamientos. El poder de la mente para realizar la elección correcta es el único que verdaderamente puede ayudarnos. Todos tenemos egos, pero también tenemos la capacidad de elegir la guía del Espíritu.

Instalar un interruptor de desconexión mental

El interruptor de desconexión es un dispositivo en un sistema mecánico o eléctrico que hace que el sistema se desactive cuando hay algún problema. Cuando el interruptor «salta», el sistema queda temporalmente inoperativo hasta que se resuelva el problema. El interruptor del cuerpo suele ser el dolor. El dolor nos dice que algo está mal (es decir, desequilibrado), y necesita atención. A los niños pequeños, cuando se portan mal repetidamente, se les dice que «salgan un rato afuera». A veces, los prisioneros o los pacientes ingresados en manicomios tienen que ser llevados a celdas acolchadas en las que no pueden herirse a sí mismos ni a otros. Deben ser observados cuidadosamente durante algún tiempo hasta que se «calmen». Cuando salta un interruptor de desconexión, eso permite encontrar la solución al problema. El sistema puede repararse y reiniciarse sin daños.

Podemos instalar un interruptor de desconexión en nuestra mente para que actúe como una alarma, identificando los pensamientos que elegimos equivocadamente y deteniendo las creaciones mentales erróneas. Es posible redirigir el pensamiento hacia los lugares adecuados. Es posible detener el ego, detener el pensamiento irracional, antinatural o poco razonable. Es posible invertir la dirección de la mente egoísta y proyectiva, y seguir otro camino. ¡Qué simple es lo evidente! El ego siempre se pone a la defensiva; siempre está dispuesto a juzgar, a esconderse, a defenderse o a atacar. El uso de los mecanismos de defensa se produce con tanta rapidez que no nos damos cuenta de qué estamos haciendo. Reaccionamos sin pensar, se produce una explosión y experimentamos las consecuencias, que suelen ser negativas.

El atrapador de pensamientos

Los maestros de Dios aprenden a atrapar los pensamientos irracionales. En el momento en el que viene a la mente un pensamiento irracional, desagradable, de juicio o de ataque, el interruptor de desconexión pone en marcha un «atrapador de pensamientos». Piensa en él como en una red lanzada sobre un pensamiento, que le impide seguir al ego por el camino de la locura. Al igual que ocurre con el interruptor de desconexión, el atrapador de pensamientos retrasa la acción hasta que se alcanza un estado mental más razonable (es decir, más pacífico).

Recuerda que el ego siempre habla primero; por tanto, cuando surja un problema, espera. Mira cuál es la respuesta del ego y después pide una respuesta «razonable y amorosa». Cuando salta el interruptor en el mundo de cada día y nos alerta de un problema, podemos pedir que intervenga un solucionador de problemas, un entusiasta de la tecnología, un psicólogo, un médico o un fontanero. El primer y principal «solucionador de problemas» es el Espíritu Santo. El Espíritu Santo corrige la mente situándola bajo la «autoridad adecuada», que nos ofrece una manera mejor de percibir lo que antes podríamos haber considerado un «ataque».

Si no puedes oír la Voz de Dios, es porque estás eligiendo no escucharla. Pero que sí escuchas la voz de tu ego lo demuestran tus actitudes, tus sentimientos y tu comportamiento.

T-4.IV.1:1-2

Actitud y altitud: por encima del campo de batalla

Nuestras actitudes reflejan nuestros valores, lo que nos gusta y lo que nos disgusta, y nuestras necesidades. Una actitud es un «punto de vista» y una reflexión sobre cómo elegimos ver el mundo. Las actitudes también son juicios y, como tales, pueden resultar cegadoras. Las actitudes son las opiniones que tenemos con respecto a la gente, a los lugares, las cosas y los sucesos. Optimista y pesimista, liberal y conservador son puntos de vista que reflejan actitudes. A veces decimos que «no podemos contactar con los adolescentes por su actitud», refiriéndonos a que hay un bloqueo en la comunicación, algo que nos impide tomar conciencia de la presencia del Amor.

Incluso las actitudes que tienes a este respecto son necesariamente conflictivas, puesto que todas las actitudes están basadas en el ego.

T-4.II.5:6

¿Qué impulsa las actitudes?

Cada pensamiento que tenemos nos aporta paz o guerra, amor o miedo (L-16.3:1). Las actitudes están controladas por la mente. Pueden cambiar de temerosas a amorosas, de dañinas a provechosas. La actitud que elijamos determina el mundo que vemos. Las actitudes también son hábitos. Y como todos los hábitos, pueden cambiarse. La vida no está determinada por lo que ella misma nos trae, ¡sino por lo que nosotros le aportamos!

> *Despertamos en otros*
> *la misma actitud mental que tenemos hacia ellos.*
>
> Elbert Hubbard (1856-1915), escritor y artista americano

Si mantenemos una actitud hostil hacia un hermano o hermana, él o ella la siente, aunque no digamos nada. Si la actitud que mantenemos hacia otra persona es amorosa, también la siente, aunque no diga nada.

> *La curación es un pensamiento por medio del cual dos mentes*
> *perciben su unidad y se regocijan.*
>
> T-5.I.1:1

> *Hacer comparaciones es necesariamente un mecanismo del*
> *ego, pues el amor nunca las hace. Creerse especial siempre*
> *conlleva hacer comparaciones.*
>
> T-24.II.1:1-2

¿Te has descubierto alguna vez preguntándote por qué estabas teniendo un pensamiento particular? Míralo y «piensa» de dónde viene. ¿Es pacífico? ¿Es cuerdo? Si no es pacífico, si no es cuerdo, viene del ego. Y debe haber otra manera de ver las cosas. La mayor dificultad en el proceso de aprender el *Curso* no reside en comprender su metafísica. La mayor dificultad consiste en poner en práctica lo que nos pide que hagamos.

> *El pensamiento irracional es pensamiento desordenado. Dios*
> *Mismo pone orden en tu pensamiento porque tu pensamiento*
> *fue creado por Él. Los sentimientos de culpabilidad son siem-*

pre señal de que desconoces esto. Muestran asimismo que crees que
puedes pensar separado de Dios, y que deseas hacerlo.

T-5.V.7:1-4

Interruptores de desconexión

1. Sentimientos de culpa

Los sentimientos de culpa, independientemente de cuál parezca ser su fuente, son una señal segura de que «ha saltado el interruptor», la señal de que un pensamiento particular requiere reajuste. La culpa es el resultado del pensamiento erróneo y antinatural. Surge cuando creemos que podemos pensar aparte de Dios, siguiendo el sistema de pensamiento del ego caracterizado por la separación), o cuando pensamos que podemos hacer algo en oposición a Dios. En último término, nuestra determinación constante de permanecer separados de Dios es la única razón por la que experimentamos sentimientos de culpa.

Mi amigo John Nagy (1941-presente), un estudiante/maestro del *Curso* procedente del área de Boston que es muy perceptivo, cuenta una historia ocurrida hace muchos años. John vive en una zona apartada y cerca del mar. Un día estaba sentado en los escalones del porche de su casa sintiéndose frustrado por su incapacidad de comprender la idea del *Curso* de amarse a uno mismo. Se sentía tan frustrado y bloqueado que empezó a gritar a Jesús en voz alta. Cuando acabó de hacerlo, una voz interna le dijo: «Bueno, si no quieres amarte a ti mismo, eso está bien. Pero, ¿te parece bien que yo te ame?». A los pocos minutos empezó a sentir amor dentro de sí. A partir de entonces, ha sentido amor y satisfacción con respecto a sí mismo, y ahora es un hombre feliz.

Como dice mi amigo Terry Badgett (1951-presente), de Tennessee: «No te hace falta conseguir la aprobación de Dios». Ya tenemos la aprobación de Dios. Dios solo conoce la verdad intemporal de nuestro Ser. Los sentimientos de culpa preservan la ilusión del tiempo y de la separación. Producen miedo a la represalia, y así confirman que el futuro será como el pasado. Si queremos ser felices, solo tenemos que hacer lo que Dios (nuestro Maestro Interno, el Espíritu Santo) nos pide que hagamos.

Vigila tu mente con sumo cuidado contra cualquier creencia
que se interponga en el logro de tu objetivo y recházala. Juzga
por tus sentimientos cuán bien has hecho esto, pues ese es el
único uso acertado del juicio.

T-4.IV.8:5-6

Cuando experimentamos un sentimiento de culpa, indica que algo ha ido mal en nuestro pensamiento. Podemos examinar la fuente del sentimiento y decidir realizar una elección más amorosa, reconociendo que hemos elegido incorrectamente y que hemos comprado el sistema de pensamiento de separación del ego. Resulta refrescante reconocer nuestro error en lugar de mantener actitudes defensivas, o de entrar en la proyección y el ataque. Podemos pedir perdón, o simplemente reconocer que «no tenemos que hacer nada». ¡Es el «hacer» lo que nos mete en problemas!

2. Conductas debilitantes

Una indicación evidente de que ha saltado un interruptor (de que algo ha ido mal y necesita corrección) es tener un comportamiento que debilite nuestro bienestar, como comer en exceso, o caer en el alcohol o en las drogas. O tal vez participemos en alguna acción egoísta e irresponsable que produzca un accidente, que haga que nos echen del trabajo, o que nos arresten. Si nos comportamos egoístamente, debemos detenernos y preguntarnos: ¿Queremos seguir por ahí? ¿De qué tenemos miedo? ¿Quién manda aquí? Podemos elegir ver y responder de otra manera.

«No nos dejes caer en la tentación» significa: «Reconoce tus
errores y elige abandonarlos siguiendo mi dirección».

T-1.III.4:7

No veas el error. No lo hagas real.

S-2.I.3:3-4

Activar el pensamiento de la mentalidad recta

3. Pensamientos antipáticos o desagradables

Los pensamientos desagradables son actitudes y signos claros de que ha saltado un interruptor de desconexión, y nos señalan que algunos de ellos tienen que ser corregidos. Si te descubres a ti mismo teniendo un pensamiento desagradable, detenlo ahí mismo. Pregúntate: «¿¡Qué estoy pensando!? ¿Por qué estoy teniendo este pensamiento? ¿Puedo soltarlo?».

4. Ira, enfado e irritación

La ira *nunca* está justificada (T-30.VI.1:1). Esto no significa que no debamos enfadarnos nunca. Solo significa que, si lo hacemos, tenemos que reconocer que algo ha ido mal en nuestro proceso de pensamiento; de otro modo no estaríamos enfadados. Por lo tanto, si estas sintiendo incluso la mínima irritación, detente y examina de dónde viene. ¿Cuál es su fuente? Antes de que la locura tome el mando, suéltala. La ira siempre involucra una proyección de separación. Y, como tal es «mi» responsabilidad. No puede atribuirse a nadie más.

El Espíritu Santo solo te pide este pequeño favor: que cada vez que tus pensamientos se desvíen hacia una relación especial que todavía te atraiga, te unas a Él en un instante santo y ahí le permitas liberarte.

T-16.VI.12:1

Cuando nos enfadamos, ¿dónde enfocamos nuestra atención? Según la neuroanatomista Jill Bolte Taylor, autora de *My Stroke of Insight* (2006), las investigaciones han mostrado que hacen falta noventa segundos para detener nuestra locura y redirigir la atención en otra dirección. Digamos que tu hijo está teniendo una rabieta. Si puedes cogerlo en brazos noventa segundos, la rabieta se detendrá. Asimismo, cuando notamos que se está formando un pensamiento de juicio o de ataque en nuestra mente, si podemos esperar noventa segundos, el sentimiento iracundo se disipa. Sin embargo, si lo «alimentamos», no se irá.

Tú eres responsable de la energía que aportas...
De *My Stroke of Insight,* de la neuroanatomista y autora
Jill Bolte Taylor (1959-presente)

Es imperativo que empecemos por curar nuestras propias proyecciones. Freud dijo que todas las proyecciones vienen de la represión. Examinemos cuidadosamente lo que podríamos estar reprimiendo. Recuerda:

No proyectamos aquello de lo que somos conscientes.
Proyectamos aquello de lo que no somos conscientes.

El *Curso* trata de ayudarnos a elevar de manera consistente nuestro nivel de conciencia. Si fuéramos plenamente conscientes, no proyectaríamos. Si estamos involucrados en cualquier tipo de condena, tenemos que examinar cuidadosamente nuestro propio proceso de pensamiento. Pregúntate: «¿Qué estoy pensando? ¿De qué tengo miedo?». Tal vez la persona con la que estamos molestos haya hecho algo egoísta. Tal vez ese mismo egoísmo esté en mí. Examínalo con cuidado. Este es el verdadero significado de «hacer a los demás lo que nos gustaría que ellos nos hicieran a nosotros».

La ira puede manifestarse en cualquier clase de reacción,
desde una ligera irritación hasta la furia más desenfrenada.
El grado de intensidad de la emoción experimentada es irre-
levante. Te irás dando cuenta cada vez más de que una leve
punzada de molestia no es otra cosa que un velo que cubre
una intensa furia.

L-21.2:3-5

Si hay algo que nos irrita de otra persona, esto es una clave que nos ayuda a entender dónde tenemos que hacer nuestro propio trabajo espiritual. El primer paso es no atacar al otro. El otro no es la fuente ni la causa del enfado, y no necesita que lo «enmendemos». A continuación, mira dentro (a la fuente proyectada), en busca de la causa de la irritación. Incluso una pequeña molestia puede encubrir la ira, la furia, la rabia. Queremos mantenernos vigilantes y mirar debajo de cada piedra de nuestra psique en busca de cualquier oscuridad que pueda acechar allí, para exponerla a la luz y al aire fresco. Si te sientes molesto en algún sentido, por cualquier razón, por grande que sea, por pequeña que sea, detente a mirar. Tú has puesto esa experiencia ahí, y eres responsable de cómo la percibes.

Nuestra tarea consiste en continuar, lo más rápidamente posible, el ineludible proceso de hacer frente a cualquier interferencia y de verlas a todas exactamente como lo que son.

T-15.IX.2:1

Ayuno de palabras

Un estudiante no dejaba de hablar de cuánto «odiaba» cierta situación que vivía en el trabajo. Cuando le señalé el uso repetido que hacía de la palabra «odio», él dijo que no se había dado cuenta de haber usado esta palabra ni una vez. Palabras como odio nos sirven, evidentemente, como interruptores de desconexión. Nos indican que hay algo equivocado en nuestro pensamiento. El odio es una respuesta reactiva procedente del miedo. Este es exactamente el tipo de respuesta del que podemos tomar conciencia y observar. Observa la respuesta de odio, pero no la juzgues. ¡Simplemente detente! Dios no condena, y nosotros tampoco podemos hacerlo. El Espíritu Santo (que habla por Dios) no condena, y cuando estamos en nuestra mente recta, estamos alienados con el Espíritu Santo.

Observa las palabras que salen de tu boca y recuerda que la proyección da lugar a la percepción. Las palabras que usamos revelan nuestras proyecciones, así como nuestras percepciones. ¿Por qué querríamos usar palabras que entran en las categorías siguientes?

1. Profanas y vulgares. ¿Queremos condenar a alguien al infierno? Dolores cuenta la historia de un padre que vino a la escuela donde ella trabaja para ver al director. Este estaba ocupado con otros padres, de modo que el hombre tuvo que esperar. Durante ese tiempo dijo que estaba «mosqueado» docenas de veces. Finalmente pasó a ver al direc-

tor. Cuando se fue, el director fue a la oficina y, moviendo la cabeza, dijo: «¡Chicos, estaba muy "mosqueado"»!

2. Insultos o palabras abusivas, entre las que se incluyen *estúpido, loco, idiota, ridículo, absurdo* y otras.

3. Palabras de juicio. *Asqueroso* e *irritante* representan algo que sale de las tripas y nos enferma. *Despreciable,* nos indica que algo no vale nada: ha perdido su precio, su valor. ¿Por qué diríamos que algo es despreciable? ¿Qué es lo que es asqueroso, irritante o enfurecedor en nosotros?

Podemos decir que estamos *desilusionados* cuando hemos tenido una ilusión. Es decir, cuando hemos tenido alguna expectativa o anticipación con respecto a cómo se supone que tiene que ser la situación. Si la cosa no sale así, entonces nos sentimos desilusionados o decepcionados. Estar *molesto* u *ofendido* indica que nuestras mentes están desequilibradas.

Invertir el pensamiento y seguir el otro camino

Hoy vamos a ir más allá de los resentimientos para contemplar el milagro en lugar de ellos. Invertiremos la manera como ves al no dejar que tu vista se detenga antes de que veas.

L-78.2:1-2

Cuando era niño, en los años cincuenta, me encantaba ir a la feria de Audrian Country en Mexico, Missouri. Mi bisabuelo, Jonathan Mundy, criaba caballos de montar, y por aquel tiempo Mexico era la «capital mundial de los caballos de montar». A estos caballos se les llama los «pavos reales» del mundo de la hípica. Cada año, durante las dos últimas semanas de agosto hay maravillosos espectáculos y concursos frente a las tribunas, de día y de noche. Íbamos allí y visitábamos algunos de los caballos en sus cuadras; aquello era maravillosamente divertido.

Durante los espectáculos, una de las órdenes que daba el juez a través del micrófono a los jinetes era: «Da la vuelta y haz caminar al caballo». Entonces los jinetes giraban los caballos en la dirección contraria y los hacían caminar delante de las tribunas a paso lento, hermoso y medido. Los caballos levantaban las patas y caminaban lentamente. Eran muy hermosos. Hasta el día de hoy, si veo un pensamiento siguiendo el camino equivocado, me digo a mí mismo: «Da la vuelta y haz caminar al caballo» En cuanto notes un pensamiento poco amoroso o mal intencionado, ¡detente! Ralentízate, date la vuelta, y vuelve lentamente, con ligereza y con amor.

El progreso [en psicoterapia] se vuelve imposible hasta que el paciente es persuadido para cambiar completamente su tergiversada manera de ver el mundo; su tergiversada manera de verse a sí mismo.

P-2.V.2:3

El proceso de deshacer

La «Lección 11» del «Libro de Ejercicios» dice: «Mis pensamientos sin significado me están mostrando un mundo sin significado». Esta comprensión es un primer paso en la inversión del pensamiento. Puede parecer que el mundo determina lo que percibimos, pero es justo al revés: nuestros pensamientos determinan el mundo que percibimos.

Para invertir el pensamiento, reconocemos que, independientemente de lo que ocurra, «nadie me está haciendo esto a mí, sino que soy yo quien me lo estoy haciendo a mí mismo» (T-28.II.12:5). Nosotros hicimos el ego, y podemos deshacerlo renunciando a creer en él. Lo que percibimos como un efecto (nuestros pensamientos basados en el ego), en realidad es una causa (de lo que percibimos). No somos víctimas del mundo que vemos. Al aceptar responsabilidad por lo que percibimos como un efecto, cambiamos la causa (que pasa a ser la mente), y como consecuencia todo cambia.

«El milagro no hace nada». El milagro, o el cambio de percepción, simplemente elimina la ilusión y nos permite ver las cosas tal como son, en lugar de verlas tal como las hemos hecho en nuestro proceso de «soñar el mundo». Un milagro es la corrección de una percepción errónea. Esta corrección (milagro) se consigue abandonando todas las proyecciones, juicios, definiciones, clasificaciones y caracterizaciones. Para lograr esta inversión de la percepción, el *Curso* nos pide que busquemos la verdad en nuestros hermanos y hermanas, por más profundamente que parezca estar enterrada.

> *No permitas que tu hermano esté enfermo, pues si lo está,*
> *ello quiere decir que lo dejaste a merced de su propio sueño al*
> *compartirlo con él.*
>
> T-28.III.3:3

Si decimos que una persona ha hecho o dicho algo *desagradable* o *repulsivo*, estamos proyectando nuestra propia repulsión sobre ella. Lo que vemos no es la verdad. Dios no tiene hijos favoritos. «El sol sale sobre malos y buenos, y llueve sobre justos e injustos» (Mateo 5:45).

Busca lo bueno en todo lo que veas

Si no somos conscientes de cuánto proyectamos, ¿cómo vamos a abandonar nuestras proyecciones? Por más negra que parezca el alma de un hermano, allí hay una luz que el ego no puede ver. Con más precisión, hay una luz dentro de nosotros de la que no somos conscientes, pues la oscuridad bloquea la percepción de la luz en nuestro hermano. Es esa luz la que tratamos de ver en nuestro hermano, no la oscuridad. Como dice mi amiga Jeannine Caryl una y otra vez: «Busca lo bueno en todo lo que ves». Busca lo bueno porque está allí. Si hacemos énfasis en la oscuridad, estamos mirando a través de los ojos del ego, y el ego es ciego. El ego solo conoce la oscuridad, sin embargo no hay ningún lugar donde Dios no esté.

> *El conflicto es la raíz de todos los males, pues al ser ciego no ve*
> *a quién ataca. Siempre ataca, no obstante, al Hijo de Dios, y*
> *el Hijo de Dios eres tú.*
>
> T-11.III.1:7-8

Si lo que vemos en un hermano o hermana nos molesta, nos disgusta o incluso nos enfada, entonces cedemos a las exigencias del ego y, así, a una ilusión. Un estudiante me envió un correo electrónico diciendo que se estaba esforzando por comprender que él era «la causa» de los problemas de salud de su esposa. Yo le respondí diciendo: «Tú no eres "la causa»de los problemas de salud de tu mujer. No somos responsables de las elecciones de los demás. Somos responsables de nuestra «reacción»a las elecciones de otros». Cuando reaccionamos a las decisiones de los demás, reforzamos esas reacciones en nosotros y en ellos.

Digamos que tienes un amigo fumador y le señalas las consecuencias negativas de fumar. No hace falta decir a nadie que fumar es malo para la salud. Esa información ya nos bombardea a diario. Si tratamos de corregir a un hermano señalándole lo enfermo que está, proyectamos nuestra propia culpa sobre él y enfermamos. Proyectar la culpa es la raíz de toda enfermedad. No vemos a nuestro hermano como verdaderamente es; vemos una ilusión. Si imbuimos esa ilusión de poder, nos condenamos a ambos al infierno.

¿Se condenaría Dios a Sí Mismo al infierno y a la perdición? ¿Y es eso acaso lo que dispones para tu salvador?

T-24.III.8:3-4

Lo único que hacen las ilusiones es ocasionar culpabilidad, sufrimiento, enfermedad y muerte a sus creyentes.

T-22.II.3:1

La razón te diría que la única manera de escaparte del sufrimiento es reconociéndolo y tomando el camino opuesto.

T-22.II.4:1

Tomar el otro camino

La inversión de causa y efecto (reconocer el pensamiento como «causa» y la aparente proyección/percepción «externa» como «efecto») nos permite seguir el otro camino, salir de la «desdicha» y el error para dirigirnos a la paz y la verdad. La «Lección 12» del «Libro de Ejercicios» del *Curso* dice: «Crees que lo que te altera es un mundo temible, un mundo triste, un mundo violento, o un mundo enloquecido. Todos estos atributos le son dados por ti». Hasta que no aprendamos a mirar «todas las cosas» con los ojos del amor, nos quedaremos atascados en el juicio, y no podremos conocer la perfecta felicidad.

Ese es el último paso de la separación, con el que da comienzo la salvación, la cual se encamina en dirección contraria. Este último paso es un efecto de lo que ha sucedido antes, que ahora parece ser la causa. El milagro es el primer paso en el proceso de devolverle a la Causa la función de ser causa y no efecto.

T-28.II.9:1-3

Si todo el mundo se ocupara de sus cosas,
el mundo giraría mucho más rápido de lo que lo hace.

Alicia, de *Alicia en el País de las Maravillas*, de Lewis Carroll

Todo el mundo piensa en cambiar el mundo, pero nadie piensa en cambiarse a sí mismo.

León Tolstoi (1828-1910), escritor ruso

Percibir el error en un hermano o hermana, y a continuación señalárselo, lo amplifica. Cuando atacamos a un hermano o hermana, nos atacamos a nosotros mismos. Una mente enloquecida (vinculada al ego) siempre percibirá la corrección como un ataque. Sin embargo, una mente sana no puede atacar ni ser atacada. Jesús se mantuvo en calma en presencia de la locura que le rodeaba.

[El ego] desconfía totalmente de todo lo que percibe debido a que sus percepciones son tan variables. El ego, por lo tanto, es capaz de ser desconfiado en el mejor de los casos, y cruel en el peor.

T-9.VII.3:6-7

Perdonarnos a nosotros mismos

El *Curso* nos pide repetidamente que observemos en nuestras mentes los retazos del miedo.

Nunca te abandonaré tal como Dios tampoco te abandonará, pero tengo que esperar mientras tú continúes eligiendo abandonarte a ti mismo. Debido a que espero con amor y no con impaciencia, es indudable que me pedirás con sinceridad que lo transponga. Vendré en respuesta a toda llamada inequívoca.

T-4.III.7:8-10

Una mente en conflicto no puede aprender consistencia. Si proyectamos conflicto, no estamos experimentando consistencia. Cuando somos conscientes del ego en nosotros y respondemos al ego en otros, estamos ciegos a la verdad.

Activar el pensamiento de la mente recta

1. Instala interruptores de desconexión.

2. Vigila tus pensamientos.

3. Observa las palabras que salen de tu boca.

4. Detén el pensamiento negativo.

5. Detén el estado de ánimo. Detén la actitud. Serénate.
   ¡No hagas nada!

6. Déjalo estar. La paz viene a una mente aquietada.

7. Experimenta el sentimiento. No lo analices.

8. Reconoce que se ha producido un error en tu pensamiento.

9. ¡Date cuenta de lo increíblemente proyectivos que somos!

10. La cuarta vez que una nueva estudiante vino a un grupo del *Curso*, dijo: «Estoy empezando a darme cuenta de que soy increíblemente juzgadora». Y yo respondí: «¡Genial! Lo estás entendiendo».

11. ¡Invierte tu manera de pensar! Toma el otro camino.

12. Si fuera necesario, suelta presión calladamente.

13. Ve a dar un paseo o a nadar, o simplemente vete a otra habitación.

14. Ofrece curación en lugar de dolor.

15. Di: «No, gracias» a la tentación.

16. Pon todo lo que ves en manos del Espíritu Santo. Mira a través de Sus ojos.

La visión de Cristo no utiliza los ojos, pero tú puedes mirar a través de los Suyos y aprender a ver como Él.

S-2.I.6:4

Si existe un efecto, debe responder a una causa. Esa causa siempre está en la mente; así, el *Curso* hace énfasis en nuestra necesidad de ver de otra manera. La mente determina todo lo que vemos. Una vez que decidimos con Dios, «… tomar decisiones se vuelve algo tan fácil y natural como respirar. No requiere ningún esfuerzo, y se te conducirá tiernamente como si te estuviesen llevando en brazos por un plácido sendero en un día de verano» (T-14.IV.6:1-3). A fin de cuentas, todo el mundo acaba dándose cuenta de que es mejor dejar que Dios gane. Puesto que eso es lo que ocurre cuando acaba la ilusión.

Dejar que algo que parece grande o pequeño se lleve la paz de Dios es una pérdida de tiempo. Nuestra manera de ver las cosas marca todas las diferencias del mundo, literalmente. Nuestro camino al Cielo nos conduce exactamente adonde tenemos que ir. Cuanto más avanzamos por el camino señalado, más fácil nos resulta mirar atrás y ver lo perfecto que ha sido el recorrido, ¡y podemos reírnos del absurdo de pensar que podría haber sido diferente! El destino se despliega a su propio paso, sin prisas. El proceso de despertar es altamente individualizado y, en este sentido, también es perfecto. Con paciencia, entendemos que, independientemente de lo que esté ocurriendo en el mundo, tenemos elección. Siempre podemos elegir el amor en lugar del miedo, el perdón en lugar de la ira, a Dios en lugar de al ego. Cuando perdonamos, el pasado deja de importar.

> *¡Qué paradójica es la salvación! ¿Qué otra cosa podría ser sino un sueño feliz? Lo único que te pide es que perdones todas las cosas que nadie jamás hizo, que pases por alto lo que no existe y que no veas lo ilusorio como si fuese real. Se te pide únicamente que permitas que se haga tu voluntad y que dejes de buscar las cosas que ya no deseas. Y se te pide también que permitas que se te libere de los sueños de lo que nunca fuiste y desistas de tu empeño de querer substituir la Voluntad de Dios por la fuerza de los deseos vanos.*

> T-30.IV.7:1-5

CAPÍTULO 23

Contratos sagrados

El guion está escrito

El perfecto plan de Dios

D etrás de todas las fachadas del mundo hay un plan de redención. Me siento cada vez más feliz a medida que voy entendiendo y siguiendo el perfecto plan de Dios. En la «Lección 113», que es una revisión de la «Lección 96» («La salvación procede de mi único Ser»), leemos:

> ... *veo el plan perfecto de Dios para mi salvación perfectamente consumado.*
>
> L-113.2(96).2

Podemos estar completamente seguros de que todos encontraremos nuestro camino de vuelta a casa. En realidad, ya lo hemos encontrado. Simplemente es cuestión de recordar la verdad.

> *Tras las apariencias hay un plan que no cambia. El guion ya está escrito. El momento en que ha de llegar la experiencia que pone fin a todas las dudas ya se ha fijado. Pues la jornada solo se puede ver desde el punto donde termina, desde donde la podemos ver en retrospectiva, imaginarnos que la emprendemos otra vez y repasar mentalmente lo ocurrido.*
>
> L-158.4:2-5

La autora contemporánea Carolyn Myss (1952-presente) se refiere a este guion como nuestro Contrato Sagrado, un acuerdo de aprender ciertas lecciones y desarrollar la sabiduría en nuestra vida. Todo el mundo está en el camino de vuelta a casa, y todos luchamos a nuestra manera por despertar. Cuanto más despiertos estamos, cuanto más conscientes somos, menos cosas de tipo «inconsciente» «parecen» ocurrirnos. Cuando se nos presentan experiencias inexplicables que no son bien recibidas, somos más capaces de gestionarlas al ver que incluso ellas forman parte de un plan mayor para nuestro despertar.

Tu paso por el tiempo y por el espacio no es al azar. No puedes
sino estar en el lugar perfecto, en el momento perfecto.

L-42.2:3-4

La vida siempre nos da lo que nos es más útil para nuestro desarrollo espiritual. Incluso si nos salimos del curso trazado, el Espíritu siempre está presente para ayudarnos a recalcular y encontrar nuestro camino de vuelta a casa.

Las lecciones que afrontamos en la vida forman parte del guion que nosotros mismos escribimos. Es posible que tenga por delante un cáncer, un divorcio, una ruina económica, o algo que preferiría evitar. En 2001-2002 tuve cáncer de colon y me extirparon un tumor del tamaño de un limón. En el momento de la operación vieron que el cáncer se había extendido a mi sistema linfático, por lo que necesité treinta semanas de quimioterapia. Después de la experiencia, escribí un capítulo de mi anterior libro, *Missouri Mystic*, llamado «La clase llamada cáncer». Fue una clase porque tuve la oportunidad de mirar a la muerte de cerca y con cuidado, y, para mi sorpresa, me llevó a una experiencia más profunda de la inmediatez de la vida.

El tipo de cerebro y de cuerpo que tienes, la familia y la socie-
dad, el tiempo histórico en el que naciste, todos estos aspectos
y otros más fueron determinados por ti mismo, por tu grado
de expansión, por tu disposición a amar. Nadie te hizo nada.

Nadie te obligó. Hay una justicia absoluta en la experiencia que cada uno de nosotros estamos teniendo a cada segundo del día. En un sentido, todos podemos relajarnos, porque no hay nada que sea secreto, nada está perdido, nada se ha olvidado, nadie es abandonado.

De *Manual de iluminación para holgazanes* (1983), de Thaddeus Golas

Pide ayuda

Al igual que ocurre con cualquier buen sistema de GPS, se nos da persistentemente la información adecuada para guiar nuestra toma de decisiones. Sin embargo, tenemos que «estar dispuestos» a ser guiados. Todos hemos oído chistes sobre esos hombres que no están dispuestos a parar y preguntar el camino para llegar a alguna parte. Admitir que uno está perdido implica indefensión. Pedir que se nos oriente implica reconocer nuestra dependencia del Plan de Dios para la Salvación. No seguir el Plan de Dios para la Salvación es una locura. Alcohólicos Anónimos no puede ayudar a sus miembros hasta que estos estén dispuestos a admitir que necesitan ayuda. Debemos admitir que somos desdichados antes de poder cambiar. Cuando pedimos ayuda, la ayuda está disponible, pero debemos pedirla.

Dios no creó el cuerpo porque el cuerpo es destructible, y, por consiguiente, no forma parte del Reino.

T-6.V.A.2:1

Según su biografía, al antiguo presidente de los Estados Unidos Richard Nixon le preocupaba mucho durante sus últimos años cómo sería recordado. No continuamos viviendo en los recuerdos. Continuamos viviendo en eso que siempre ha estado vivo y es eterno. Los planes basados en el ego siempre fracasarán, porque tienen dentro las semillas de su propia destrucción. En cada ego hay un mecanismo de implosión incorporado. Y, como todos los cuerpos son físicos, también llevan incorporado un mecanismo de implosión. Todos los cuerpos mueren.

Mientras escribo estas palabras, la persona más vieja del mundo tiene ciento dieciseis años. La persona más vieja de la que se tiene noticia vivió ciento veintidós años. La esperanza de vida se va alargando poco a poco, pero no es infinita. Cualquier cosa que pueda ser destruida no es real (T-6.I.4:3). Incluso las montañas se van desgastando lentamente y un día, dentro de millones de años, hasta el Sol se extinguirá. El Espíritu toma lo que hemos construido y, cuando nuestros proyectos mundanos fracasan, los convierte en lecciones espirituales. El ego-cuerpo está condenado a desaparecer, pero el Espíritu es eterno, y en la pérdida del cuerpo (purificación), vemos con más claridad nuestro camino a casa.

> *El Espíritu Santo, como siempre, se vale de lo que tú has hecho y lo transforma en un recurso de aprendizaje. Una vez más, y como siempre, reinterpreta lo que el ego utiliza como un razonamiento a favor de la separación, y lo convierte en una demostración contra esta.*
>
> T-6.V.A.2:4-5

La manera fácil de pasar el peaje

El milagro opera como el dispositivo electrónico que se usa para pasar por la Vía-T:[2] nos permite seguir adelante en el lugar donde tendríamos que detenernos. No tienes que parar y pagar el peaje. No hace falta que alguien con aspecto de médico, abogado, juez o terapeuta se lleve tu dinero.

Dios no conoce los detalles del drama que son nuestro sueños, precisamente porque son sueños. Él sabe que sus hijos están dormidos y tiene un plan para que podamos despertar y encontrar nuestro camino de vuelta a casa. El tiempo es bondadoso, y si lo usamos en beneficio de la realidad, se ajustará al ritmo de nuestra transición (T-16.VI.8:2). Si elegimos seguirla, ante nosotros se extiende una autopista fácil que nos lleva a casa. Al renunciar a la arrogancia y seguir el GPS, todos podemos volver rápidamente al hogar.

---

2 Dispositivo electrónico incorporado en el automóvil que permite pagar la autopista sin detenerse en los peajes.

Podría volver a casa

Todos venimos a este mundo con una variedad de talentos y tesoros. El hijo pródigo desperdicia su herencia y se empobrece. Después se arrepiente y tiene una revelación: «¡Podría volver a casa!». La aceptación del programa de estudios de la expiación y del «deshacer» del ego acaba por llevarnos a casa. Nuestra tarea es fácil. Debemos asumir plena responsabilidad por todo lo que se presenta en nuestro camino. Es posible que no suene fácil, pero es el camino más llevadero. La «Lección 25» del *Curso* dice: «No sé cuál es el propósito de nada». Esta idea explica por qué nada de lo que vemos significa nada. ¿Cuántas veces has pasado por una experiencia y has dicho: «No sé para qué es»; y años después te das cuenta «exactamente» de por qué escribiste el guion de esa manera? A medida que acepto responsabilidad por mi guion y crezco en confianza, el temor se disipa y la vida adquiera cada vez más propósito y significado. Una vez que dejo de intentar hacer las cosas a mi manera, una vez que empiezo a seguir el GPS, puedo moverme con propósito. El hijo completa su papel cuando vuelve a la casa del padre, como el hijo pródigo. En la película *La guerra de las galaxias,* Luke Skywalker se abre a su verdadero Ser, y de esa manera es capaz de producir su propia salvación. Y, al final, también redime a su padre, Darth Vader.

¿Desde cuándo está pasando esto?

En cuanto se da la respuesta, los resultados son maravillosos. Hacer lo que estamos llamados a hacer es vivir una vida inspirada. El actor americano Tony Randall (1920-2004) cuenta que descubrió la ópera a la edad de treinta años. Estaba tomando lecciones de voz y su profesor le pidió que fuera a escuchar a un cantante de ópera concreto. Randall se resistía, aquello no le interesaba en absoluto. Había evitado la ópera toda su vida. Pero en esta ocasión, a instancias de su profesor, fue. Se sintió entusiasmado, encantado, embelesado. De repente se le abría un mundo nuevo. Al final de la actuación, salió diciendo: «¿Desde cuándo han estado haciendo esto?».

No hace falta vivir en la esclavitud. No hay adicción, ni relación especial, nada tiene el poder de arrebatarme la paz de Dios a menos que yo le dé ese poder. Lo único que tengo que hacer es la voluntad de Dios. Cuanto más sereno esté, más fácilmente podré oír la voz de Dios. Es entonces cuando decimos: «No hay otra voluntad que yo pueda tener. Que no trate de forjar otra, pues sería absurdo y únicamente me haría sufrir» (L-307.2). Hacer la voluntad de Dios aporta perfecta felicidad. Nada más funcionará nunca. Cuando respondemos, cuando hacemos lo que Dios nos pide que hagamos, decimos: «¿Desde cuándo ha estado pasando esto?». La perfección nos espera, no al final del arco iris, sin detrás de la puerta del Cielo, muy cerca del corazón de Dios.

Levanta la mirada y halla tu infalible destino que el mundo quiere ocultar, pero que Dios quiere que veas.

C-Ep.3:7

Cómo acaba todo: no hay «yo» en el Cielo

El escultor renacentista italiano Miguel Ángel (1475-1564) dijo de su obra maestra, la estatua de *David*, que simplemente había retirado de un gran bloque de mármol todo lo que no era *David*. El místico español san Juan de la Cruz describió el camino espiritual como una *vía negativa*. Tenemos que retirar de nuestra vida, dijo, todo lo que no es de Dios, y entonces lo que queda es Dios. Si retiro de mi vida todo lo que no es de Dios, lo que encuentro es mi Ser, en toda su pureza y plenitud.

O he sido creado por Dios o bien soy auto creado. Si he sido creado por Dios, soy de Dios, y en último término lo único que conozco es Dios. Entonces no temo, ni me cabe duda sobre mi vida eterna. El ego parece real, grande e importante. Se parece a lo que creemos ser. Ir más allá de este falso yo es el mensaje definitivo del *Curso* y de todas las tradiciones espiritual profundamente comprometidas. Allí donde todos los conceptos del yo han sido abandonados, la verdad se revela tal como es (T-31.V.17:4).

El destino de todos es no ser nadie,
Y por tanto, algo eterno, aunque nadie en especial.

Al superar la ilusión, pasamos de identificarnos con el ego-cuerpo a identificarnos con la Mente = Espíritu = Ser. El ego se abandona cuando lo vemos tal como es: una nada, algo inexistente, ningún problema. Lo que queda es la Unicidad. No hay «yo» y Dios. En Dios no hay otro, no hay cuerpo, no hay un yo separado. Entramos en la experiencia de Dios más allá de nuestras ideas sobre Dios. Es una cuestión de aceptación, es cuestión de tener la experiencia.

Nuestras elecciones... muestran lo que realmente somos, mucho más que nuestras habilidades.

Albus Dumbledore, en *Harry Potter y la cámara secreta* (2000), de J. K. Rowling (1965-presente)

Cuando se hace la elección correcta, no hay que hacer ninguna elección más. No hay sujeto-objeto. No hay yo y otro. Solo está Dios, solo la Unicidad. La decisión final a favor de Dios nos despierta del sueño. ¿Por qué canta un pájaro? ¿Por qué maúlla un gatito? ¿Por qué baila un danzarín? ¿Por qué Helen Schucman escribió el *Curso*? No había otra elección. Se necesitaba a alguien que pudiera no escuchar al ego y dejar que se expresase la voz de Dios. Hacer todo el recorrido hasta el no-yo es liberarse de la soledad. Al final, significa identificarse con Cristo y, a través de Cristo, con la unicidad de Dios.

Cuando dije: «Estoy siempre con vosotros», lo dije en un sentido muy literal. Jamás me aparto de nadie en ninguna situación. Y puesto que estoy siempre contigo, tú eres el camino, la verdad y la vida. Tú no creaste ese poder, como tampoco lo creé yo. Fue creado para ser compartido, y, por lo tanto, no tiene sentido percibirlo como si fuera el patrimonio de uno solo a expensas de los demás.

T-7.III.1:7-11

Cuando más me veo a mí mismo como separado y especial, más experimento la soledad, más soy creado por la ilusión. Al despertar del sueño de ser especial se restaura la verdadera identidad. Se recupera la felicidad, el ser, la eternidad, la unicidad, la vida, el amor, Cristo y Dios.

Ser es perfecto.

Ser es intemporal.

Ser es inmutable.
Ser es nunca verse amenazado.
Ser es sin distinción.
Ser es lo opuesto de la soledad.
Ser es comunicación con todo lo que es.
Ser es increíble.
Ser simplemente es.

Ser libre del especialismo implica conocer el Cielo ahora. Tenemos un «recuerdo presente». No tiene que ver con el pasado, nunca. No tiene que ver con el futuro. ¿Cómo podría ser? El recuerdo presente significa saber ahora. Nuestra relación con Dios es vertical, no horizontal. No hay pasado ni futuro. Siempre debe ser ahora. Alfa y omega es donde todo comienza y termina.

> *En lo sucesivo, oye tan solo la Voz que habla por Dios y por tu Ser cuando abandonas el mundo para buscar en su lugar la realidad. Él dirigirá tus esfuerzos, diciéndote exactamente lo que debes hacer, cómo dirigir tu mente y cuándo debes venir a Él en silencio, pidiendo Su dirección infalible y Su Palabra certera. Suya es la Palabra de que Dios te ha dado. Suya es la Palabra que elegiste para que fuese la tuya propia.*

> L-Ep.3:2-5

Serrar madera y beber agua

En octubre de 2012, el huracán Sandy sopló en el jardín de nuestra casa, tumbando un viejo roble. Un hombre de setenta y seis años llamado Lester vino a cortar un árbol tres veces más viejo que él. Mientras serraba, yo me encargaba de llevar los pedazos. Cuando dejó de serrar para beber agua y descansar un momento, charlamos un rato. «Me encanta serrar —dijo— siempre ha sido así». Para Lester, serrar era una forma de meditación. Si nos gusta mucho nuestro estilo de vida, si escuchamos y seguimos la voz de Dios en nuestra vida, siempre estamos meditando, y siempre nos sentimos felices.

Mi madre siempre me dijo que la felicidad era la clave de la vida.
Cuando fui a la escuela, me preguntaron qué quería ser de mayor. Yo
escribí: «Feliz». Me dijeron que no había entendido la tarea, y yo les
dije que ellos no entendían la vida.

John Lennon, músico británico

En definitiva, si no somos felices en el mundo, «nunca» es debido a las circunstancias externas. Si no somos felices se debe a que hemos *elegido* no ser felices. Lo que poseemos, dónde vivimos, o lo que hacemos no nos hace felices ni infelices. Si no podemos ser felices donde estamos, definitivamente no podemos ser felices donde no estamos. Todo depende de cómo percibimos el mundo, porque, en último análisis, el mundo es nuestro «sueño». La proyección da lugar a la percepción, y la percepción es una cuestión de elección. El mundo que vemos es lo que hacemos de él, nada más que eso. Si estamos contentos con lo que tenemos y nos alegramos de cómo son las cosas, no nos falta nada.

Todo está en la mente. Despertar de nuestros sueños significa que «estábamos soñando». En *Alicia en el país de las maravillas*, Alicia está tumbada debajo de un árbol, durmiendo, y tiene la cabeza sobre el regazo de su hermana. Cuando el niño del cuento contemporáneo *El expreso polar* despierta, está en casa, seguro en su cama, y es la mañana de Navidad. Dorothy, de *El mago de Oz*, está dormida en su cama.

Verdadera felicidad

La verdadera felicidad viene de:

· Resistir la tentación.
· Saber que nuestras acciones surgen del amor.
· Olvidar los agravios.
· La alegría de haber perdonado verdaderamente.
· La restauración de la plena comunicación con Dios.

¿He sido criado por Dios o soy auto creado? Si he sido creado por Dios, entonces soy de Dios, y en último término todo lo que conoceré es

Dios. O bien el amor es real y el temor no lo es, o bien el miedo es real y el amor no lo es. O bien hay perfección o bien no la hay. Yo apuesto por la perfección. En esto consiste la confianza. Dios entra en escena allí donde el tiempo acaba y comienza la eternidad. El tiempo es una ilusión: estamos en el pasado o en el futuro, pero nunca aquí, nunca ahora. ¿Cómo podría ser que Dios estuviera en el pasado o aún por ocurrir? Lo que Dios dispone está aquí ahora mismo (L-131.6:1-6). Enfocar nuestra atención en la voz de Dios y en ninguna otra significa encontrar la perfecta felicidad ahora. Solo tenemos que aferrarnos a la verdad de manera consistente. Tal como lo expresa el *Curso*: «Tú *eres* el Reino de los Cielos» (T-4.III.1:4).

Las fantasías (el sueño del mundo por parte del ego) son una forma distorsionada de visión (T-1.VII.3:1). Para Peter Pan, nunca hubo un País de Nunca Jamás. En cada Jesús hay un Cristo eterno, en cada Siddharta un Buda imperecedero, en cada Cenicienta una princesa, en cada Pinocho un niño real, y tú eres la luz del mundo. Amén.

EPÍLOGO

¿Es posible la felicidad perfecta?

L a perfecta felicidad no solo es posible, sino que es lo único que existe. Todo lo demás es ilusión, un sueño, una fantasía. El *Curso* está tratando de ayudarnos a despertar del sueño de la separación y la división, un sueño en el que el ego parece muy real, y Dios parece una idea agradable. En verdad, solo Dios es real y la perfecta felicidad es nuestro estado eterno.

Todo lo que es verdadero es eterno y no puede cambiar ni ser cambiado. El espíritu es, por lo tanto, inalterable porque ya es perfecto...

T-1.V.5:2

Mientras recorremos nuestro camino de vuelta a casa, de paso, también podemos divertirnos. La diversión viene de hacer la voluntad de Dios y de compartir el camino con todas las almas con las que nos encontramos.

Entonces un día, Jonathan, de pie en la orilla, cerrando los ojos, concentrándose, de repente supo lo que Chaing le había estado diciendo. «¡Es verdad, soy una gaviota perfecta, ilimitada!». Sintió un gran alborozo.

De *Jonathan Livingston Seagull*, de Richard Bach

AGRADECIMIENTOS

La doctora Helen Schucman, el doctor William Thetford y el doctor Kenneth Wapnick me introdujeron formalmente a *Un curso de milagros* en abril de 1975. Desde entonces Ken ha sido un hermano mayor sabio y un amable guía en mi entendimiento del *Curso*. Ken es la montaña. Ve a visitar la montaña. En 1991 escribí un artículo sobre él titulado: «Impecablemente en el camino». Ken es tan impecable como siempre. Todos estamos en deuda con él y su esposa Gloria por el ejemplo que han establecido como guías en el camino hacia la perfecta felicidad.

Quiero dar las gracias a Judy Whitson, de la Fundación para la Paz Interior, por su amistad de más de cuarenta años; Judy fue quien me ayudó con las conexiones que hicieron que este libro fuera posible. Mi ayudante Fran Cosentino me ayudó en todas las etapas de su desarrollo. Me siento muy agradecido a ella por su habilidad en la corrección, diligencia y paciencia. También tengo en gran aprecio la ayuda de cuatro estudiantes/ maestros de *Un curso de milagros*: Lynne Matous, David Brown, Dorothy Gaydos y Sonja Spahn, cada uno de los cuales ha leído la totalidad del texto y ha ofrecido sugerencias para su corrección y mejora.

Mi amigo Shanti Rica Josephs ha sido la roca firme en la que me apoyo desde 1972, la persona a la que he podido abrirle mi alma y que ha sabido consistentemente la respuesta correcta.

Me siento agradecido por la guía amable y coherente de mi agente, Ivor Whitson, su esposa Ronnie, y mis correctores en Sterling Publishing, Michael Fragnito y Kate Zimmermann.

En lo más alto de esta lista quiero dar las gracias a mi compañera de vida, mi querida Dolores, que siempre está presente con amor y devoción en la vida que compartimos. Soy un hombre muy afortunado. El día que conocí a Dolores fue el mejor de mi vida. Ella me trajo a mi hija Sarah, la radiante luz de mi vida.

SOBRE EL AUTOR

Jon Mundy, doctor en Filosofía, es autor, conferenciante y director ejecutivo del Seminario Multiconfesional Internacional de la ciudad de Nueva York. Enseñó Filosofía y Religión en la universidad desde 1967 hasta 2009. Es el editor de la revista *Miracles*, autor de nueve libros y ministro emérito de la Hermandad Interreligiosa de la Ciudad de Nueva York. Conoció a la doctora Helen Schucman, la escriba de *Un curso de milagros*, en 1973. Helen introdujo a Jon al *Curso* y le sirvió de consejera y guía hasta que enfermó en 1980. Jon también se presenta ocasionalmente como el doctor *Baba Jon Mundane*, un comediante filósofo.

Si te ha gustado este libro, tal vez quieras suscribirte a la revista *Miracles*, disponible en inglés. La suscripción regular vale treinta y cuatro dólares americanos y veintinueve para los jubilados.

Visita: <www.miraclesmagazine.org>.

Box 1000, Washingtonville, NY 10992.

O llama al 212-866-3795 o al 845-496-9089 de Estados Unidos.